世界500强企业精细化管理工具系列

酒店管理
实用流程·制度·表格·文本

江美亮　主编

实战精华版

化学工业出版社

《酒店管理实用流程·制度·表格·文本》一书从规范化管理的基础入手解读，分四个部分25章导入了酒店管理流程、制度、表格、文本的模板和示例。

流程部分具体包括酒店营销管理流程、酒店前厅管理流程、总机中心业务流程、礼宾服务流程、客房楼层作业流程、公共卫生作业流程、酒店安全管理流程、酒店财务管理流程、酒店物资管理流程；

制度部分包括星级酒店前厅管理制度、酒店房务管理制度、酒店餐饮管理制度、星级酒店康乐管理制度、酒店安全管理制度、酒店财务管理制度；

表格部分包括前台管理常用表格、酒店房务管理表格、酒店餐饮管理表格、酒店康乐管理表格、星级酒店安全管理表格、酒店财务管理表格；

文本部分包括酒店目标管理文本、酒店营销管理文本、酒店安全管理文本、酒店各项活动策划方案。

本书进行模块化设置，内容实用性强，着重突出可操作性，为读者提供了实用的流程设置、制度范本、表单模板、文本参考。本书可以作为酒店服务行业的管理人员、工作人员、酒店企业培训人员进行管理的参照范本和工具书，也可供企业咨询师、高校教师和专家学者参考使用。

图书在版编目（CIP）数据

酒店管理实用流程·制度·表格·文本/江美亮主编.
—北京：化学工业出版社，2019.9（2024.11重印）
（世界500强企业精细化管理工具系列）
ISBN 978-7-122-34746-6

Ⅰ.①酒… Ⅱ.①江… Ⅲ.①饭店-商业企业管理
Ⅳ.①F719.2

中国版本图书馆CIP数据核字（2019）第123442号

责任编辑：陈 蕾　　　　　　　　　　　装帧设计：尹琳琳
责任校对：边 涛

出版发行：化学工业出版社（北京市东城区青年湖南街13号　邮政编码100011）
印　　装：北京天宇星印刷厂
787mm×1092mm　1/16　印张21½　字数450千字　2024年11月北京第1版第5次印刷

购书咨询：010-64518888　　　　　　　　售后服务：010-64518899
网　　址：http://www.cip.com.cn

凡购买本书，如有缺损质量问题，本社销售中心负责调换。

定　　价：88.00元　　　　　　　　　　　　　　　　　　　　版权所有　违者必究

前言 PREFACE

竞争是企业的生命，是促进企业发展的动力，在现代市场经济中，竞争正在全范围地跃动着。特别是在经济飞速发展的今天，不管哪一个行业，企业之间的竞争都是日趋激烈并更加残酷，企业将面临更加严峻的考验和挑战。为此，企业除了以全新的意识创造全新的竞争条件来适应全新的竞争环境外，还必须从企业内部进行梳理、挖潜，实施精益化管理，且辅以过程控制，才能在竞争中立于不败之地，并获得持续发展。

一个长期发展的企业，就要实施管理流程化、制度化，付诸表格、文本等支持性文件，进行规范化运作管理。制定流程的目的在于使企业的内部管理通过流程的梳理，不断加以改进，以使企业的效率不断得以提升；制度是所有管理模式的基础，没有制度的约束，任何管理都难以向前推进，进行制度化建设和管理可以促进企业向规范化方向发展。

"依据流程工作，依据制度办事"，便于企业员工掌握本岗位的工作技能，利于部门与部门之间，员工与员工之间及上下级之间的沟通，使员工最大限度地减少工作失误。同时，实施流程化、制度化管理更加便于企业对员工的工作进行监控和考核，从而促进员工不断改善和提高工作效率。

企业一旦形成流程化、制度化的管理运作，对于规范企业和员工的行为，树立企业的形象，实现企业的正常运营，促进企业的长远发展具有重大的意义。这样使企业的决策从根本上排斥"一言堂"，企业决策必定程序化和规范化，排斥没有科学论证依据的决策，企业的决策过程一定会程序化、透明化，从而大大减少了决策风险。

作为酒店也是如此，要突破目前的竞争困局，做大做强，必须调整好整个企业内部的人力、物力、财力，加强内部的管理，尽可能地降低成本；同时，要掌握好市场的动向，做好市场营销推广，为客户提供更优质的服务来吸引广大消费者，从而促使企业健康的成长与发展。

《酒店管理实用流程·制度·表格·文本》一书从规范化管理的基础入手解读，分四个部分25章导入了酒店管理流程、制度、表格、文本的模板和示例。流程部分具体包括酒店营销管理流程、酒店前厅管理流程、总机中心业务流程、礼宾服务流程、客房楼层作业流程、公共卫生作业流程、酒店安全管理流程、酒店财务管理流程、酒店物资管理流程；制度部分包括星级酒店前厅管理制度、酒店房务管理制度、酒店餐饮管理制度、星级酒店康乐管理制度、酒店安全管理制度、酒店财务管理制度；表格部分包括前台管理常用表格、酒店房务管理表格、酒店餐饮管理表格、酒店康乐管理表格、星级酒店安全管理表格、酒店财务管理表格；文本部分包括酒店目标管理文本、酒店营销管理文本、酒店安全管理文本、酒店各项活动策划方案。

本书进行模块化设置，内容实用性强，着重突出可操作性，为读者提供了实用的流程设置、制度范本、表单模版、文本参考。本书可以作为酒店服务行业的管理人员、工作人员、酒店企业培训人员进行管理的参照范本和工具书，也可供企业咨询师、高校教师和专家学者参考使用。

由于编者水平有限，加之时间仓促、参考资料有限，书中难免出现疏漏与缺陷，敬请读者批评指正。

编者

目录 CONTENTS

导读 规范化管理的基础——流程·制度·表格·文本

一、依据流程提升企业效率 ... 2
二、通过制度约束企业行为 ... 7
三、运用表格规范企业管理 ... 9
四、借鉴文本树立企业形象 ... 14

Part 1 酒店管理流程

第1章 酒店营销管理流程 ... 17
　1-01　团队市场销售流程 ... 17
　1-02　团队预订和接待流程 ... 17
　1-03　商务市场销售流程 ... 17
　1-04　系统内做预订的基本流程 ... 18
　1-05　团队预订流程 ... 19
　1-06　预订接/送机流程 ... 20
　1-07　重大节庆活动组织接待流程 ... 20
　1-08　陪同客户参观酒店流程 ... 20

第2章 酒店前厅管理流程 ... 21
　2-01　排房工作流程 ... 21
　2-02　旅业系统录入、换房、退房处理流程 ... 22
　2-03　散客入住服务流程 ... 23

2-04	团队入住服务流程	24
2-05	VIP入住服务流程	25
2-06	换房服务流程	25
2-07	续住服务流程	26
2-08	留言服务流程	26
2-09	保密服务流程	27
2-10	保险箱服务流程	28
2-11	叫醒服务流程	29
2-12	加床服务流程	29
2-13	失物招领服务流程	30
2-14	退房服务流程	31
2-15	外币兑换服务流程	32

第3章 总机中心业务流程 …… 33

3-01	转接电话服务流程	33
3-02	叫醒服务流程	34
3-03	留言服务流程	34
3-04	保密服务流程	34
3-05	请勿打扰处理业务流程	35
3-06	恐吓电话处理业务流程	35

第4章 礼宾服务流程 …… 36

4-01	散客入住行李服务流程	36
4-02	散客退房行李服务流程	37
4-03	团队入住行李服务流程	38
4-04	团队退房行李服务流程	38
4-05	客人行李存取服务流程	39
4-06	物品转交服务流程	40
4-07	换房服务流程	41
4-08	交通服务流程	42
4-09	接站/机服务流程	42

第5章 客房楼层作业流程 …… 43

5-01	客房清扫流程（1）	43
5-02	客房清扫流程（2）	44
5-03	客房清扫流程（3）	45

5-04 退房检查流程 45
5-05 托婴服务流程 46
5-06 开夜床服务流程 46
5-07 VIP服务流程 47
5-08 欢迎茶服务流程 48
5-09 失物招领业务流程 49
5-10 布草管理流程 49

第6章 公共卫生作业流程 50
6-01 VIP值厕服务流程 50
6-02 玻璃、镜面彻底清洗流程 50
6-03 地面推尘流程 51
6-04 灯具清洁流程 51
6-05 地垫铺设作业流程 52
6-06 地垫的清洁流程 52
6-07 地毯除渍作业流程 53
6-08 地毯抽洗作业流程 53
6-09 地毯干洗作业流程 54
6-10 公共洗手间彻底清洁流程 54
6-11 宴会厅的清洁流程 55
6-12 外围清洁作业流程 56
6-13 办公室的清洁流程 57

第7章 酒店安全管理流程 58
7-01 保安门卫工作流程 58
7-02 保安巡楼流程 59
7-03 火警报警器使用流程 61
7-04 处理酗酒闹事打架斗殴流程 62

第8章 酒店财务管理流程 63
8-01 酒店前厅收银业务流程 63
8-02 酒店餐饮收银业务流程 64
8-03 酒店财务夜审业务流程 65
8-04 酒店财务日审业务流程 66
8-05 酒店财务出纳业务流程 67
8-06 散客结账收款作业流程 67

8-07	团队结账作业流程	68
8-08	长包房结账作业流程	68
8-09	长包房催账作业流程	68
8-10	收银员交班结账作业流程	69
8-11	住店客人信用催账流程	69

第9章 酒店物资管理流程 ... 70

9-01	补充库存申请及审批流程	70
9-02	库存采购管理流程	70
9-03	验收货物流程	70
9-04	物资入库流程	71
9-05	库存采购核算流程	71
9-06	物品领用流程	71
9-07	领用核算流程	71
9-08	库存盘点流程	72
9-09	盘点核算流程	72
9-10	一般物资（非库存）申购流程	72
9-11	一般物资（非库存）采购流程	73
9-12	一般物资（非库存）验收货物流程	73
9-13	一般物资（非库存）采购核算流程	73
9-14	生鲜食品申购流程	74
9-15	生鲜食品采购流程	74
9-16	生鲜食品验收流程	74
9-17	生鲜厨房盘点流程	74
9-18	生鲜采购核算流程	74

Part 2　酒店管理制度

第10章 星级酒店前厅管理制度 ... 76

10-01	前厅部员工仪容礼貌规范	76
10-02	前厅纪律与行为准则	77
10-03	前厅各班工作分配规则	80
10-04	总台（订房）组业务操作规程	82

    10-05 问讯处业务操作规程……99
    10-06 大堂副理（夜班经理）工作程序……101
    10-07 行李处业务操作规程……107
    10-08 总机房操作规程……110
第11章 酒店房务管理制度……115
    11-01 客房清扫卫生规范……115
    11-02 客房服务管理制度……126
    11-03 客房部物品管理制度……130
    11-04 客房安全管理制度……132
    11-05 客房部应急处理预案……136
第12章 酒店餐饮管理制度……140
    12-01 餐饮部管理制度……140
    12-02 餐饮服务质量标准……145
    12-03 食品卫生安全管理制度……152
第13章 星级酒店康乐管理制度……159
    13-01 康乐中心运作流程……159
    13-02 康乐部检查工作细则……162
    13-03 康乐部服务质量例会制度……164
第14章 酒店安全管理制度……165
    14-01 保安员管理制度……165
    14-02 酒店消防管理制度……168
    14-03 车辆安全管理制度……173
第15章 酒店财务管理制度……175
    15-01 酒店采购管理制度……175
    15-02 仓库管理制度……177
    15-03 酒店流动资产管理……181
    15-04 固定资产管理制度……183
    15-05 费用支出管理制度……186
    15-06 财务盘点制度……189
    15-07 收银工作管理制度……192
    15-08 收入审核工作流程规范……195
    15-09 营收现金缴纳管理办法……198
    15-10 客用保管箱管理办法……200

Part 3　酒店管理表格

第16章　前台管理常用表格 ... 204
- 16-01　散客预订单 ... 204
- 16-02　团队预订单 ... 205
- 16-03　预订等候单 ... 205
- 16-04　临时住宿登记单 ... 206
- 16-05　境外人员临时住宿登记单 ... 207
- 16-06　商务服务记录单 ... 208
- 16-07　宾客留言单 ... 209
- 16-08　行李寄存牌 ... 210
- 16-09　行李存寄本 ... 210
- 16-10　物品租借单 ... 211
- 16-11　访客登记单 ... 211
- 16-12　保险箱记录卡 ... 212
- 16-13　撬开保险箱委托书 ... 213
- 16-14　叫醒记录本 ... 213
- 16-15　借物登记本 ... 214
- 16-16　遗留物品标贴 ... 214
- 16-17　遗留/遗失物品招领本 ... 214
- 16-18　外宾接待统计表 ... 215
- 16-19　会议团队接待单 ... 215
- 16-20　房间/房价变更通知单 ... 216
- 16-21　小商品/早餐券交接班本 ... 216
- 16-22　总台交班核对表 ... 217
- 16-23　当日预计汇总表 ... 218
- 16-24　团队登记单 ... 218
- 16-25　同意转账单 ... 219
- 16-26　宾客免赔单 ... 219
- 16-27　大堂副理夜班值班报告表 ... 220

第17章　酒店房务管理表格 ... 221
- 17-01　客房动态表 ... 221
- 17-02　客房主管工作日报表 ... 222

17-03	客房质量检查表	223
17-04	楼层工作检查表	224
17-05	房卡与对讲机领用登记表	224
17-06	布件盘点表	224
17-07	布件送洗记录登记本	225
17-08	每日客用品统计表	226
17-09	大清洁、计划卫生记录表	226
17-10	客人通知单	227
17-11	客房工程维修单	227
17-12	楼层服务当班记录（1）	228
17-13	楼层服务当班记录（2）	228
17-14	楼层服务当班记录（3）	229
17-15	楼层服务工作日志	229
17-16	查房报告	229
17-17	客人遗留物品登记表	231
17-18	客房夜床服务报告单	231
17-19	客房中心交接班本	232
17-20	楼层领班交接班本	232
17-21	客房清扫报表	233
17-22	＿＿月份消耗品报表	233
17-23	客人租用物品记录表	234

第18章　酒店餐饮管理表格　235

18-01	餐费表	235
18-02	团队订餐单	235
18-03	食品留样登记表	236
18-04	酒店餐具器皿盘存表	236
18-05	酒店菜单成本分析表	236
18-06	酒店厨房每月安全卫生检查表	237
18-07	厨房领料单	238
18-08	饮料领料单	238
18-09	餐厅账单	239
18-10	宴会预订单（工作人员用）	239
18-11	餐厅外场清洁检查表	240
18-12	食品安全检查表	241

第19章 酒店康乐管理表格 ... 243
- 19-01 康乐中心预订表 ... 243
- 19-02 康乐中心贵宾娱乐记录表 ... 243
- 19-03 VIP免费康乐预订委托单 ... 244
- 19-04 康乐中心当日工作情况汇报表 ... 244
- 19-05 康乐中心团队包场预订委托单 ... 245

第20章 星级酒店安全管理表格 ... 246
- 20-01 安保当值安排表 ... 246
- 20-02 安保交接记录表 ... 246
- 20-03 治安隐患安全记录表 ... 247
- 20-04 备用钥匙使用单 ... 247
- 20-05 酒店各部门门锁钥匙一览表 ... 248
- 20-06 门锁钥匙增配单 ... 248
- 20-07 酒店过夜车辆停车检查记录表 ... 249
- 20-08 危险物品管理登记表 ... 249
- 20-09 宾客财物被窃情况表 ... 250
- 20-10 客人丢失物品访问记录表 ... 250
- 20-11 客人遗留物品登记单 ... 251
- 20-12 物品处理登记表 ... 251
- 20-13 来访登记表 ... 252
- 20-14 员工携物出入酒店登记表 ... 252
- 20-15 内部警卫方案记录表 ... 252
- 20-16 外来施工单位登记表 ... 253
- 20-17 夜间安全巡查记录表 ... 253
- 20-18 消控中心值班记录表 ... 254
- 20-19 重点部位防火安全检查表 ... 254
- 20-20 动火作业申请表 ... 255
- 20-21 动火许可证 ... 256
- 20-22 消防检查整改、处罚通知书 ... 256
- 20-23 消防设备定检记录表 ... 257
- 20-24 消防设备检修记录表 ... 257
- 20-25 消防监控系统运行情况表 ... 257
- 20-26 部门经理夜间巡查报告 ... 258
- 20-27 各部经理夜间巡查统计表 ... 258

第21章 酒店财务管理表格 ... 259
- 21-01 贵宾卡消费折扣控制表 ... 259
- 21-02 贵宾卡使用情况月报表 ... 259
- 21-03 酒店客人签认单 ... 260
- 21-04 酒店签账卡对账单 ... 260
- 21-05 酒店应收账收回日报表 ... 261
- 21-06 酒店内部收受款项备查单 ... 261
- 21-07 酒店各营业部门送缴现金清点记录 ... 262
- 21-08 酒店现金缴纳登记表 ... 263
- 21-09 现金支取申请单 ... 263
- 21-10 总出纳现金收入日报表 ... 263
- 21-11 预付款单 ... 264
- 21-12 食品、饮料内部转账单 ... 264
- 21-13 承诺付款书 ... 265
- 21-14 杂项收费单 ... 265
- 21-15 物资采购计划 ... 266
- 21-16 采购申请单 ... 266
- 21-17 物资验收入库单 ... 267
- 21-18 物资收发存月报表 ... 267
- 21-19 物资领用单 ... 268

Part 4　酒店管理文本

第22章 酒店目标管理文本 ... 270
- 22-01 营销部经营目标管理责任书 ... 270
- 22-02 客房部管理目标责任书 ... 272
- 22-03 餐饮部经营管理目标责任书 ... 274
- 22-04 康乐部经营目标责任书 ... 277
- 22-05 洗衣房目标管理责任书 ... 279
- 22-06 PA部目标管理责任书 ... 281

第23章 酒店营销管理文本 ... 284
- 23-01 酒店开业营销策划书 ... 284
- 23-02 酒店长住客人订房协议书 ... 288

23-03　酒店商务客房预订合同 ············ 289
　　23-04　旅行社与酒店合作协议 ············ 291
　　23-05　酒店客房营销活动方案 ············ 293
　　23-06　酒店客房促销活动方案 ············ 294
　　23-07　酒店淡季客房营销活动方案 ········ 295

第24章　酒店安全管理文本 ············ 297
　　24-01　安全生产责任书 ·················· 297
　　24-02　酒店食物中毒应急预案 ············ 298
　　24-03　酒店空气传播性疾病应急预案 ······ 299
　　24-04　酒店抢劫案件应急预案 ············ 300
　　24-05　酒店绑架人质案件应急预案 ········ 301
　　24-06　酒店斗殴案件应急预案 ············ 301
　　24-07　酒店台风应急预案 ················ 302
　　24-08　酒店发生爆炸物（恐吓电话）应急预案 ······ 302
　　24-09　酒店停水应急预案 ················ 304
　　24-10　停电应急预案 ···················· 305
　　24-11　酒店地震应急预案 ················ 308
　　24-12　紧急疏散程序预案 ················ 311
　　24-13　春节、元宵节及其他节日庆典安全工作方案 ······ 315

第25章　酒店各项活动策划方案 ········ 316
　　25-01　酒店开业庆典策划方案 ············ 316
　　25-02　星级酒店开业庆典策划书 ·········· 318
　　25-03　星级酒店10周年庆典活动方案 ······ 320
　　25-04　公园环保志愿活动策划书 ·········· 322
　　25-05　酒店行业无偿献血活动策划书 ······ 324
　　25-06　星级酒店管理人员及骨干员工拓展训练方案 ······ 326
　　25-07　酒店员工春节联欢活动方案 ········ 327

导读 规范化管理的基础——
流程·制度·表格·文本

规范化管理就是从企业生产经营系统的整体出发，对各环节输入的各项生产要素、转换过程、产出等制定制度、流程、指标等标准（规范），并严格地实施这些规范，以使企业协调统一地运转。企业要引入现代管理制度，必须建立管理的标准体系。建立这些标准体系的一系列活动就是管理的规范化。

企业要提高管理水平，一定要从基础工作做起，把流程、制度、表格和文本建设好，并且一定要执行到位。

一、依据流程提升企业效率

工作流程是指企业内部发生的某项业务从起始到完成，由多个部门、多个岗位、经多个环节协调及顺序工作共同完成的完整过程。

（一）工作流程的标准化

任何一家企业都有不同的工作、不同的岗位，并且需要相应的人员来完成。然而，不同的工作流程就会有不同的效率，进而言之，就会对整个企业的形象产生不同的影响。

工作流程的标准化就是要在进行工作分析的基础上对相应的工作设立对应的岗位，并且安排具体的工作者来承担。即"一个萝卜一个坑"，无论何时在某个岗位上出现了工作的失误都能迅速且准确地找到责任人，这样可以有效地防止相关工作的不同岗位间的互相扯皮、踢皮球的现象发生。

其中工作分析是工作的重点，工作分析就是分析某一工作的性质和类型，并且考虑这个工作适合什么样类型的人来担任，这项工作直接关系到以后人员的选聘等其他工作。

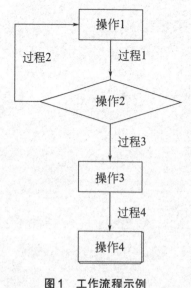

图1　工作流程示例

（二）工作流程图

全面了解工作流程，要用工作流程图。工作流程图可以帮助管理者了解实际工作活动，消除工作过程中多余的工作环节、合并同类活动，使工作流程更为经济、合理和简便，从而提高工作效率。流程图是由一些图框和流程线组成的，其中图框表示各种操作的类型，图框中的文字和符号表示操作的内容，流程线表示操作的先后次序。如图1所示。

工作流程图由一个开始点、一个结束点及若干中间环节组成，中间环节的每个分支也都要求有明确的分支判断条件。所以工作流程图对于工作标准化有着很大的帮助。

（三）工作流程图的设计步骤

工作流程图的设计有以下五个操作步骤。

1.目的分析

这一步是为了消除工作中不必要的环节，其中应分析以下几方面。

（1）实际做了什么？
（2）为什么要做？
（3）该环节是否真的必要？
（4）应该做什么？

2.地点分析

这一步是尽可能合并相关的工作活动，其中应分析以下几个方面。

（1）在什么地方做这项活动？
（2）为何在该处做？
（3）可否在别处做？
（4）应当在何处做？

3.顺序分析

这一步是尽可能使工作活动的顺序更为合理有效，其中应分析以下几个方面。

（1）何时做？
（2）为何在此时做？
（3）可否在其他时间做？
（4）应当何时做？

4.人员分析

人员分析的目的是分析人员匹配的合理性，其中应分析以下几个方面。

（1）谁做？
（2）为何由此人做？
（3）可否用其他人做？
（4）应当由谁来做？

5.方法分析

方法分析的目的在于简化操作，需要分析的问题有以下几个方面。

（1）现在如何做？
（2）为何这样做？
（3）可否用其他方法做？
（4）应当用什么方法来做？

通过上述五个方面的分析，可以消除工作过程中多余的工作环节、合并同类活动，使工作流程更为经济、合理和简便，从而提高工作效率。

本书为酒店企业提供了一些实用的流程范本供参考，具体包括表1所示几个方面。

表1　实用的流程范本

序号	管理模块	流程名称
1	酒店营销管理流程	团队市场销售流程
		团队预订和接待流程
		商务市场销售流程
		系统内做预订的基本流程
		团队预订流程
		预订接/送机流程
		重大节庆活动组织接待流程
		陪同客户参观酒店流程
2	酒店前厅管理流程	排房工作流程
		旅业系统录入、换房、退房处理流程
		散客入住服务流程
		团队入住服务流程
		VIP入住服务流程
		换房服务流程
		续住服务流程
		留言服务流程
		保密服务流程
		保险箱服务流程
		叫醒服务流程
		加床服务流程
		失物招领服务流程
		退房服务流程
		外币兑换服务流程
3	总机中心业务流程	转接电话服务流程
		叫醒服务流程
		留言服务流程
		保密服务流程
		请勿打扰处理业务流程
		恐吓电话处理业务流程

续表

序号	管理模块	流程名称
4	礼宾服务流程	散客入住行李服务流程
		散客退房行李服务流程
		团队入住行李服务流程
		团队退房行李服务流程
		客人行李存取服务流程
		物品转交服务流程
		换房服务流程
		交通服务流程
		接站/机服务流程
5	客房楼层作业流程	客房清扫流程（1）
		客房清扫流程（2）
		客房清扫流程（3）
		退房检查流程
		托婴服务流程
		开夜床服务流程
		VIP服务流程
		欢迎茶服务流程
		失物招领业务流程
		布草管理流程
6	公共卫生作业流程	VIP值厕服务流程
		玻璃、镜面彻底清洗流程
		地面推尘流程
		灯具清洁流程
		地垫铺设作业流程
		地垫的清洁流程
		地毯除渍作业流程
		地毯抽洗作业流程
		地毯干洗作业流程
		公共洗手间彻底清洁流程
		宴会厅的清洁流程
		外围清洁作业流程
		办公室的清洁流程

续表

序号	管理模块	流程名称
7	酒店安全管理流程	保安门卫工作流程
		保安巡楼流程
		火警报警器使用流程
		处理酗酒闹事打架斗殴流程
8	酒店财务管理流程	酒店前厅收银业务流程
		酒店餐饮收银业务流程
		酒店财务夜审业务流程
		酒店财务日审业务流程
		酒店财务出纳业务流程
		散客结账收款作业流程
		团队结账作业流程
		长包房结账作业流程
		长包房催账作业流程
		收银员交班结账作业流程
		住店客人信用催账流程
9	酒店物资管理流程	补充库存申请及审批流程
		库存采购管理流程
		验收货物流程
		物资入库流程
		库存采购核算流程
		物品领用流程
		领用核算流程
		库存盘点流程
		盘点核算流程
		一般物资（非库存）申购流程
		一般物资（非库存）采购流程
		一般物资（非库存）验收货物流程
		一般物资（非库存）采购核算流程
		生鲜食品申购流程
		生鲜食品采购流程
		生鲜食品验收流程
		生鲜厨房盘点流程
		生鲜采购核算流程

二、通过制度约束企业行为

"一切按制度办事"是企业制度化管理的根本宗旨。企业通过制度规范员工的行为,员工依据制度处理各种事务,而不是以往的察言观色和见风使舵,使企业的运行逐步规范化和标准化。

(一)企业的制度规范分类

企业的制度规范分类,如表2所示。

表2 企业的制度规范分类

序号	类型	定义	具体形式
1	基本制度	企业制度规范中具有根本性质的、规定企业的组织方式、决定企业性质的基本制度	财产所有形式、企业章程、董事会组织、高层管理组织规范
2	管理制度	对企业管理各基本方面规定活动框架,调节集体协作行为的制度	各部门、各层次职权、责任和相互间配合、协调关系制度
3	技术规范	涉及某些技术标准、技术规程的规定	技术标准、各种设备的操作规程、服务中所使用的物品的管理要求、设备的使用保养维修规定
4	业务规范	针对业务活动过程中那些大量存在、反复出现的事,所制定的作业处理规定	安全规范、服务规范、业务规程、命令服从关系
5	个人行为规范	所有对个人行为起制约作用的制度规范的统称	个人行为品德规范、劳动纪律、仪态仪表规范、岗位职责

(二)怎样使制度具有执行力

影响企业管理制度能否发挥作用的主要因素和改进措施如下。

1.制度的适当性

简单复制某些知名企业的管理制度的方式很难发挥作用,制度必须植根于企业的现状,针对企业的具体问题,结合企业实际。因此,制定适当的制度是企业应该首先解决的问题。企业应该从目标出发,规范业务流程,对业务流程的风险进行分析和评估,制定相应的配套控制措施,形成制度,并实行经常性风险分析的机制,结合风险变化对制度的适当性进行评估,及时改进完善制度。

2.推行制度的配套措施

仅制定书面的制度,并不是管理,让制度真正有效发挥作用最重要。必须采取措施落实制度的执行,需要如下配套措施。

（1）营造执行企业管理制度的企业文化。
（2）从人员素质、人事政策等方面为制度的执行创造环境。
（3）明确规定执行和违反制度的奖惩措施。
（4）建立制度执行效果的评价机制。
（5）严格根据评价结果和奖惩制度落实奖惩。

3. 制度执行的监督

制度执行的情况，应尽量留痕，并由专人负责对制度执行结果进行检查，对发现的违反制度规定的情况，及时要求改正。

4. 制度执行结果的处理

制度执行的好坏，依据专人检查结果而定。根据检查结果，分别与培训、考核挂钩，严格执行相应的奖惩措施。

本书为酒店企业提供了一些实用的制度范本供参考，具体包括表3所示几个方面。

表3　实用的制度范本

序号	管理模块	制度名称
1	星级酒店前厅管理制度	前厅部员工仪容礼貌规范
		前厅纪律与行为准则
		前厅各班工作分配规则
		总台（订房）组业务操作规程
		问讯处业务操作规程
		大堂副理（夜班经理）工作程序
		行李处业务操作规程
		总机房操作规程
2	酒店房务管理制度	客房清扫卫生规范
		客房服务管理制度
		客房部物品管理制度
		客房安全管理制度
		客房部应急处理预案
3	酒店餐饮管理制度	餐饮部管理制度
		餐饮服务质量标准
		食品卫生安全管理制度
4	星级酒店康乐管理制度	康乐中心运作流程
		康乐部检查工作细则
		康乐部服务质量例会制度

续表

序号	管理模块	制度名称
5	酒店安全管理制度	保安员管理制度
		酒店消防管理制度
		车辆安全管理制度
6	酒店财务管理制度	酒店采购管理制度
		仓库管理制度
		酒店流动资产管理
		固定资产管理制度
		费用支出管理制度
		财务盘点制度
		收银工作管理制度
		收入审核工作流程规范
		营收现金缴纳管理办法
		客用保管箱管理办法

三、运用表格规范企业管理

企业管理中的各类表格主要用于记载过程状态和过程结果，是企业质量保证的客观依据，为采取纠正和预防措施提供依据，有利于业务标识和可追溯性。

（一）表格登记过程中常见的问题

表格在登记过程中常见以下问题。

（1）盲。表格的设置、设计目的、功能不明，不是为管理、改进所用，而是为了应付检查（例如：我们在填写质量报表时，本来该真实记录的，为了应付检查而更改）。

（2）乱。表格的设置、设计随意性强，缺乏体系考虑，表格的填写、保管、收集混乱，责任不清。

（3）散。保存、管理分散，未做统一规定。

（4）松。记录填写、传递、保管不严，日常疏于检查，达不到要求，无人考核，且丢失和涂改现象严重。

（5）空。该填不填，空格很多，缺乏严肃性、法定性。

（6）错。写错别字，语言表达不清，填写错误。

（二）表格的设计和编制要求

（1）表格并非越多越好，正确的做法是只选择必要的原始数据作为记录。

（2）在确定表格的格式和内容的同时，应考虑使用者填写方便并保证能够在现有条件下准确地获取所需的信息。

（3）应尽量采用国际、国内或行业标准，对表格应废立多余的，修改不适用的，沿用有价值的，增补必需的，应使用适当的表格或图表格式加以规定，按要求统一编号。

（三）表格的管理和控制

表格的管理和控制要满足以下表4要求才能更好地被追溯。

表4　表格的管理和控制要求

序号	管理项目	说明
1	标识	应具有唯一性标识，为了便于归档和检索，记录应具有分类号和流水号。标识的内容应包括：表格所属的文件编号、版本号、表号、页号。没有标识或不符合标识要求的记录表格是无效的表格
2	储存和保管	记录应当按照档案要求立卷储存和保管。记录的保管由专人或专门的主管部门负责，应建立必要的保管制度，保管方式应便于检索和存取，保管环境应适宜可靠，干燥、通风，并有必要的架、箱，应做到防潮、防火、防蛀，防止损坏、变质和丢失
3	检索	一项管理活动往往涉及多项表格，为了避免漏项，应当对表格进行编目，编目具有引导和路径作用，便于表格的查阅和使用，通过查阅各项表格可以对该项管理活动有一个整体的了解
4	处置	超过规定保存期限的表格，应统一进行处理，重要的含有保密内容的表格须保留销毁记录

本书为酒店企业提供了一些实用的表格范本供参考，具体包括表5所示几个方面。

表5　实用的表格范本

序号	管理模块	表格名称
1	前台管理常用表格	散客预订单
		团队预订单
		预订等候单
		临时住宿登记单
		境外人员临时住宿登记单
		商务服务记录单
		宾客留言单
		行李寄存牌
		行李寄存本
		物品租借单

续表

序号	管理模块	表格名称
1	前台管理常用表格	访客登记单
		保险箱记录卡
		撬开保险箱委托书
		叫醒记录本
		借物登记本
		遗留物品标贴
		遗留/遗失物品招领本
		外宾接待统计表
		会议团队接待单
		房间/房价变更通知单
		小商品/早餐券交接班本
		总台交班核对表
		当日预计汇总表
		团队登记单
		同意转账单
		宾客免赔单
		大堂副理夜班值班报告表
2	酒店房务管理表格	客房动态表
		客房主管工作日报表
		客房质量检查表
		楼层工作检查表
		房卡与对讲机领用登记表
		布件盘点表
		布件送洗记录登记本
		每日客用品统计表
		大清洁、计划卫生记录表
		客人通知单
		客房工程维修单
		楼层服务当班记录（1）
		楼层服务当班记录（2）
		楼层服务当班记录（3）
		楼层服务工作日志
		查房报告

续表

序号	管理模块	表格名称
2	酒店房务管理表格	客人遗留物品登记表
		客房夜床服务报告单
		客房中心交接班本
		楼层领班交接班本
		客房清扫报表
		____月份消耗品报表
		客人租用物品记录表
3	酒店餐饮管理表格	餐费表
		团队订餐单
		食品留样登记表
		酒店餐具器皿盘存表
		酒店菜单成本分析表
		酒店厨房每月安全卫生检查表
		厨房领料单
		饮料领料单
		餐厅账单
		宴会预订单（工作人员用）
		餐厅外场清洁检查表
		食品安全检查表
		酒店康乐管理表格
		康乐中心预订表
		康乐中心贵宾娱乐记录表
		VIP免费康乐预订委托单
		康乐中心当日工作情况汇报表
		康乐中心团队包场预订委托单
4	星级酒店安全管理表格	安保当值安排表
		安保交接记录表
		治安隐患安全记录表
		备用钥匙使用单
		酒店各部门门锁钥匙一览表
		门锁钥匙增配单
		酒店过夜车辆停车检查记录表
		危险物品管理登记表
		宾客财物被窃情况表
		客人丢失物品访问记录表

续表

序号	管理模块	表格名称
4	星级酒店安全管理表格	客人遗留物品登记单
		物品处理登记表
		来访登记表
		员工携物出入酒店登记表
		内部警卫方案记录表
		外来施工单位登记表
		夜间安全巡查记录表
		消控中心值班记录表
		重点部位防火安全检查表
		动火作业申请表
		动火许可证
		消防检查整改、处罚通知书
		消防设备定检记录表
		消防设备检修记录表
		消防监控系统运行情况表
		部门经理夜间巡查报告
		各部经理夜间巡查统计表
5	酒店财务管理表格	贵宾卡消费折扣控制表
		贵宾卡使用情况月报表
		酒店客人签认单
		酒店签账卡对账单
		酒店应收账收回日报表
		酒店内部收受款项备查单
		酒店各营业部门送缴现金清点记录
		酒店现金缴纳登记表
		现金支取申请单
		总出纳现金收入日报表
		预付款单
		食品、饮料内部转账单
		承诺付款书
		杂项收费单
		物资采购计划
		采购申请单
		物资验收入库单
		物资收发存月报表
		物资领用单

四、借鉴文本树立企业形象

文本指的是企业在管理过程中用来记录信息、交流信息和发布信息的一种工具,通常包括公文、书信、契约、方案等。它是企业经营运作的信息载体,是贯彻企业执行力的重要保障性因素。规范严谨的商务文书,已经成为现代企业管理的基础而又不可或缺的内容。

企业文本的要求如下。

(1) 明确文本的意图。从主观目标看客观目标。

(2) 需要结构分明。有效划分层次和段落,巧设过渡和照应。

(3) 组织材料要注意多、细、精、严。

(4) 语言要确定。文本中不允许含糊不清、模棱两可的现象存在。例如,利润是企业经营的财务成果,但就"利润"一个单词,就有产品销售利润、营业利润、利润总额、净利润四个概念,每个概念都带有一个确定的含义、确定的计算公式,不能望文生义,自行推断解释。再如,在签订某机械产品购销合同时,对产品规格质量标准、数量与金额、交货时间与地点、付款方式都必须写得明确具体,以利于履行。而不能像写电影剧本那样:"表面光洁度:像玻璃一样光;硬度:像钢一样硬;交货时间:早春二月;交货地点:长江沿岸"等。

(5) 内容要真实。文本的真实性则是所写的内容,包括人物、事件、时间、地点、数据等,都必须是实实在在的,完全是真实的,不容许虚构和捏造,来不得半点差错。

本书为酒店企业提供了一些实用的文本范本供参考,具体包括表6中几个方面。

表6 实用的文本范本

序号	管理模块	文本名称
1	酒店目标管理文本	营销部经营目标管理责任书
		客房部管理目标责任书
		餐饮部经营管理目标责任书
		康乐部经营目标责任书
		洗衣房目标管理责任书
		PA部目标管理责任书
2	酒店营销管理文本	酒店开业营销策划书
		酒店长住客人订房协议书
		酒店商务客房预订合同
		旅行社与酒店合作协议
		酒店客房营销活动方案
		酒店客房促销活动方案
		酒店淡季客房营销活动方案

续表

序号	管理模块	文本名称
3	酒店安全管理文本	安全生产责任书
		酒店食物中毒应急预案
		酒店空气传播性疾病应急预案
		酒店抢劫案件应急预案
		酒店绑架人质案件应急预案
		酒店斗殴案件应急预案
		酒店台风应急预案
		酒店发生爆炸物（恐吓电话）应急预案
		酒店停水应急预案
		停电应急预案
		酒店地震应急预案
		紧急疏散程序预案
		春节、元宵及其他节日安全工作方案
4	酒店各项活动策划方案	××酒店开业庆典策划方案
		××星级酒店开业庆典策划书
		××星级酒店周年庆典活动方案
		××公园环保志愿活动策划书
		××市酒店行业无偿献血活动策划书
		××星级酒店管理人员及骨干员工拓展训练方案
		××酒店员工春节联欢活动方案

Part 1 酒店管理流程

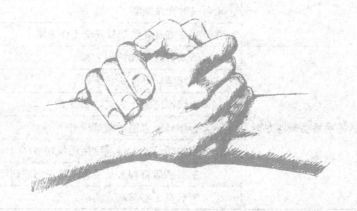

第1章　酒店营销管理流程

1-01　团队市场销售流程

1-02　团队预订和接待流程

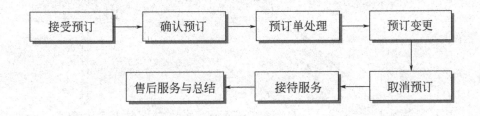

1-03　商务市场销售流程

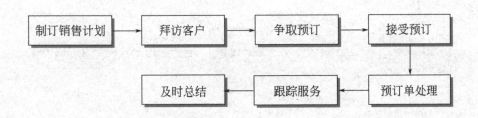

1-04 系统内做预订的基本流程

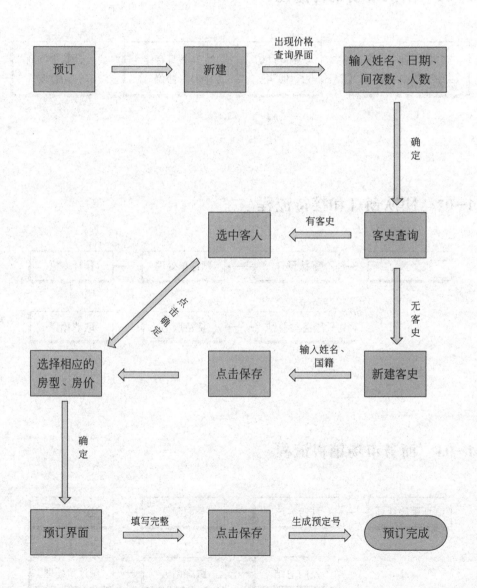

1-05 团队预订流程

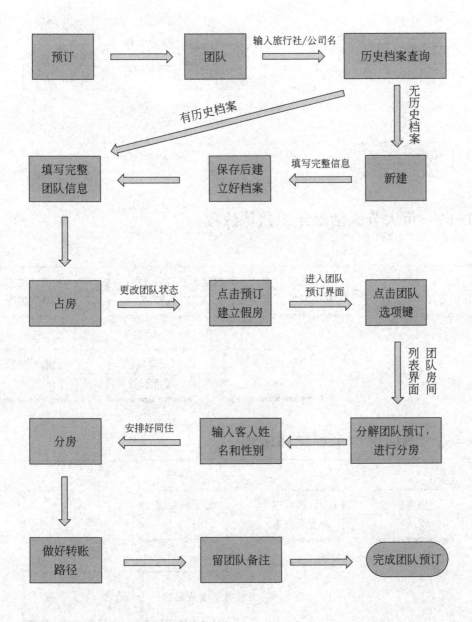

1-06 预订接/送机流程

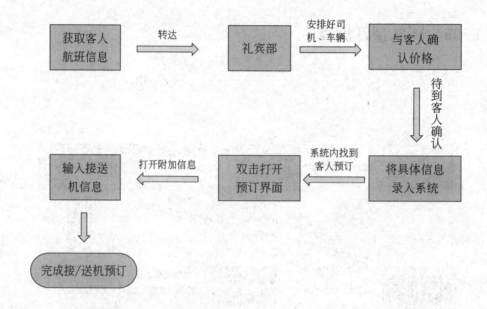

1-07 重大节庆活动组织接待流程

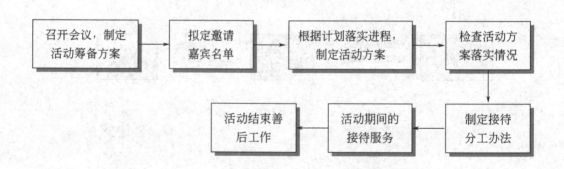

1-08 陪同客户参观酒店流程

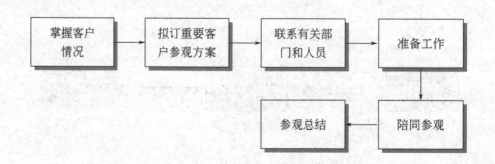

第2章　酒店前厅管理流程

2-01　排房工作流程

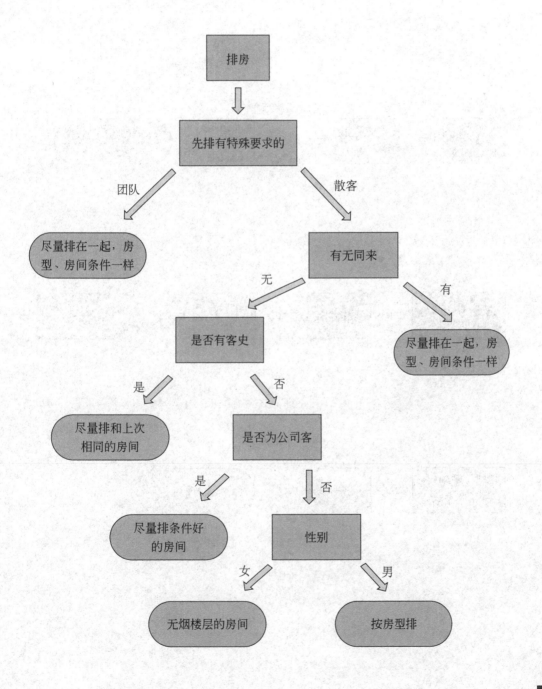

2-02　旅业系统录入、换房、退房处理流程

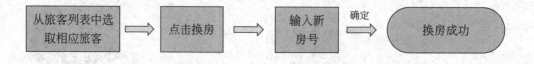

2-03 散客入住服务流程

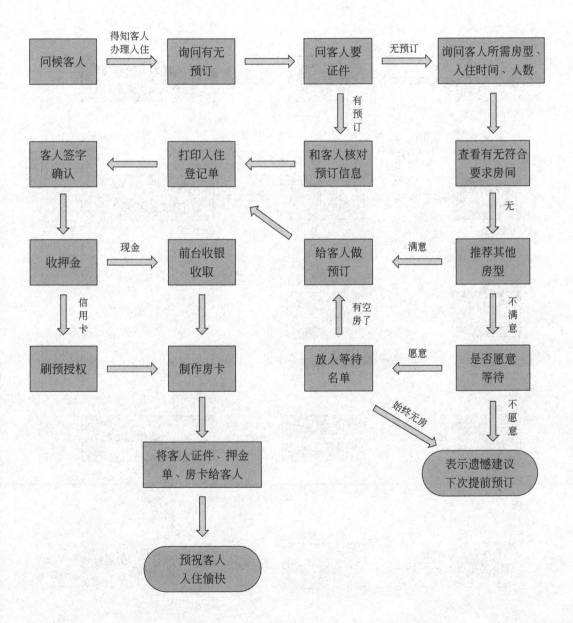

2-04 团队入住服务流程

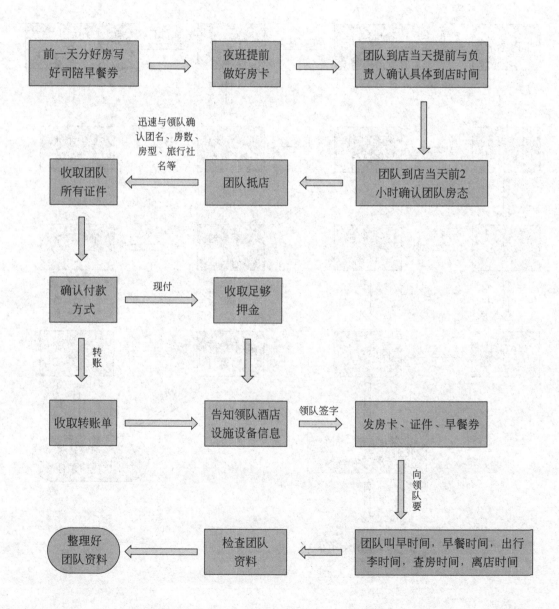

2-05 VIP入住服务流程

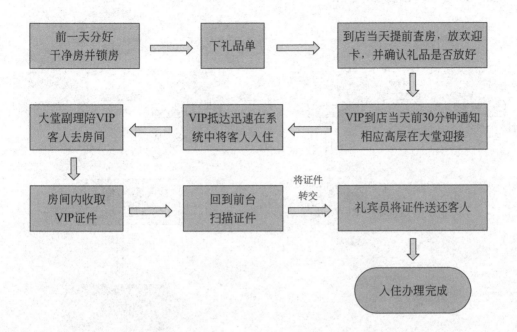

2-06 换房服务流程

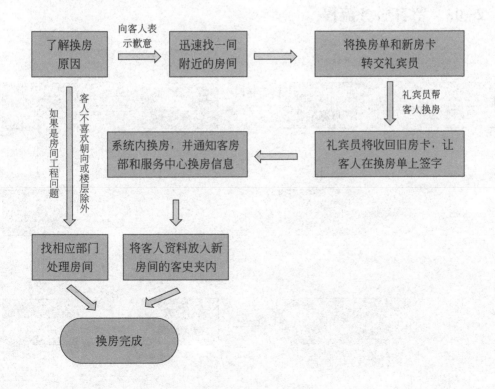

2-07　续住服务流程

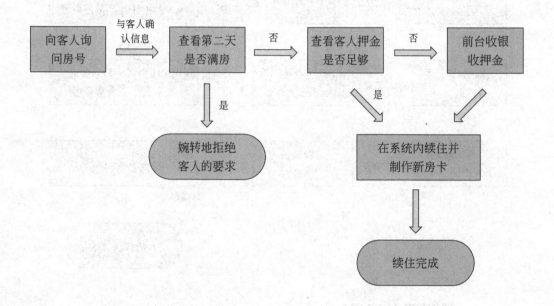

2-08　留言服务流程

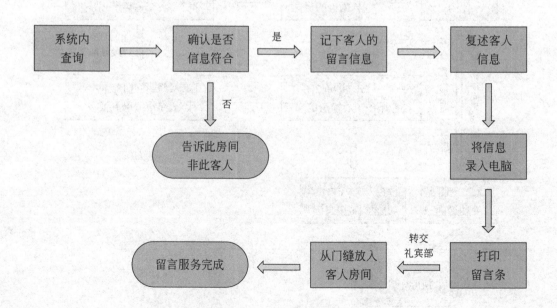

2-09 保密服务流程

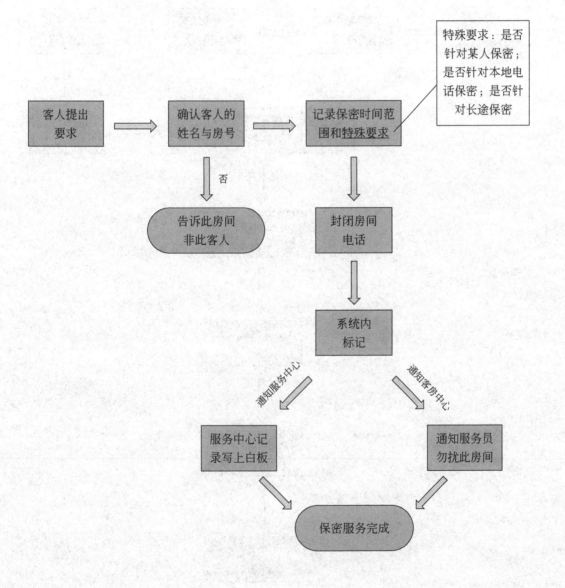

2-10 保险箱服务流程

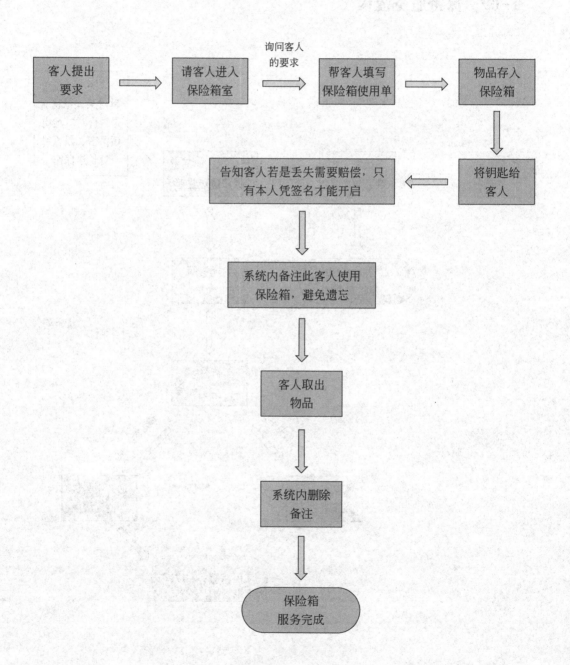

2-11　叫醒服务流程

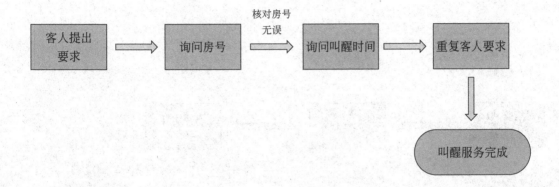

2-12　加床服务流程

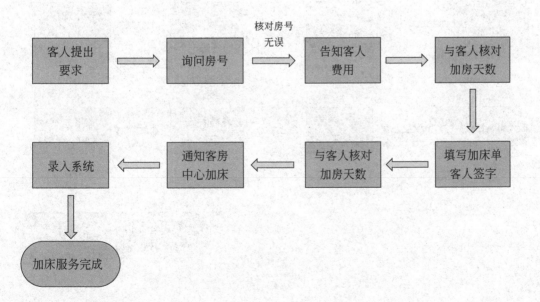

2-13 失物招领服务流程

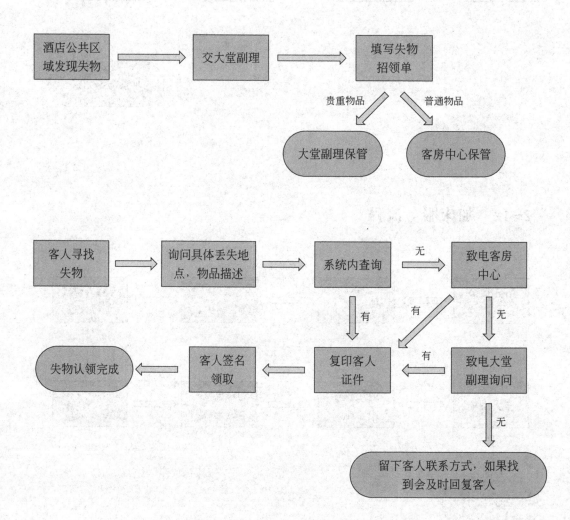

2-14 退房服务流程

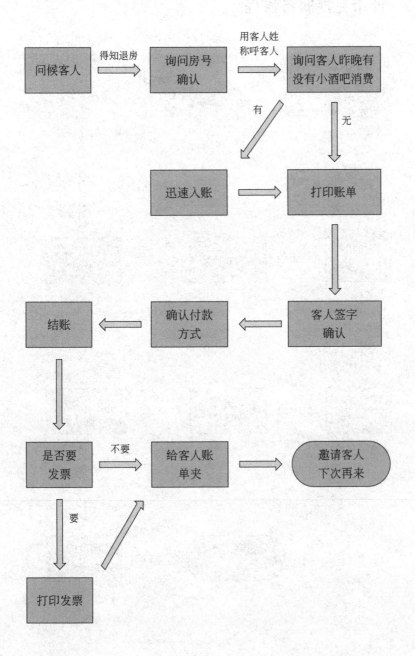

2-15 外币兑换服务流程

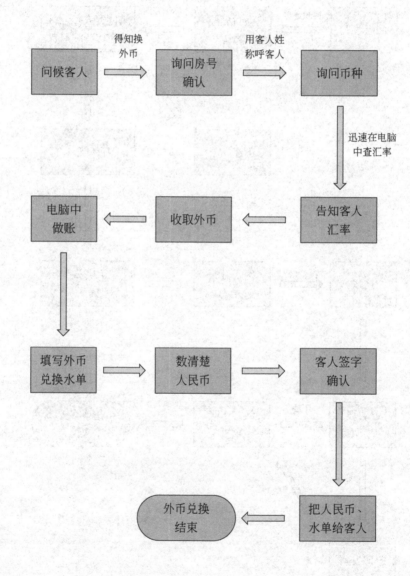

第3章 总机中心业务流程

3-01 转接电话服务流程

外来电话寻找客人

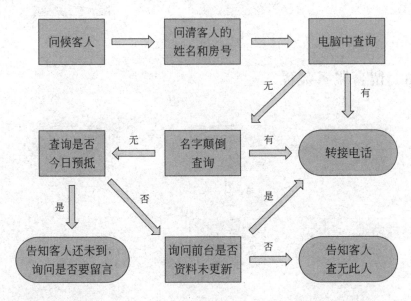

转分机号码

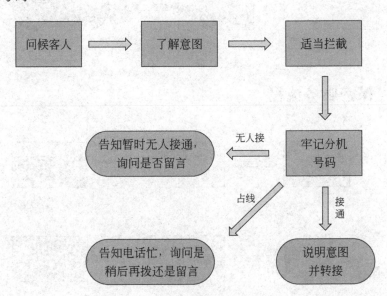

3-02　叫醒服务流程

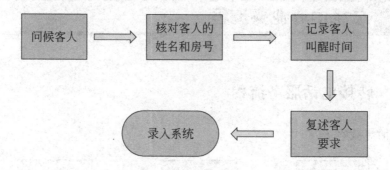

3-03　留言服务流程

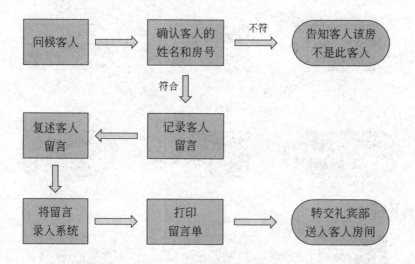

3-04　保密服务流程

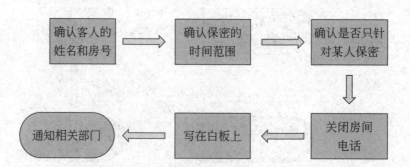

3-05 请勿打扰处理业务流程

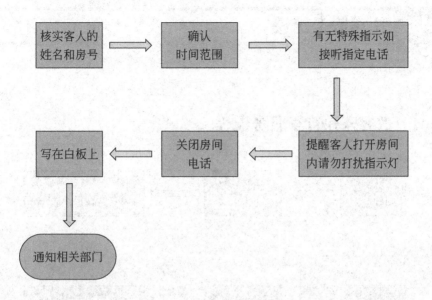

3-06 恐吓电话处理业务流程

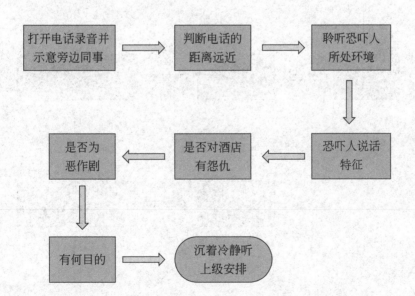

第4章　礼宾服务流程

4-01　散客入住行李服务流程

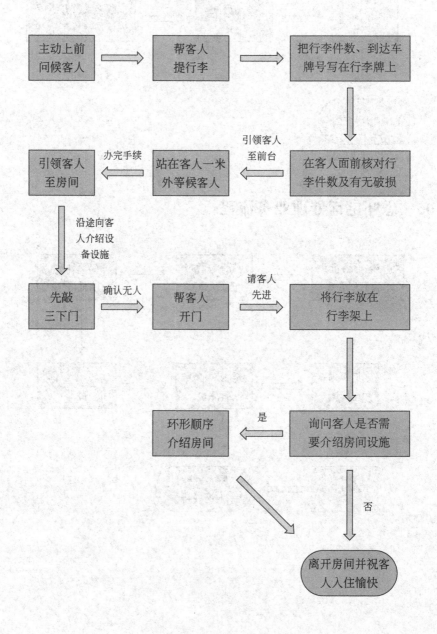

4-02　散客退房行李服务流程

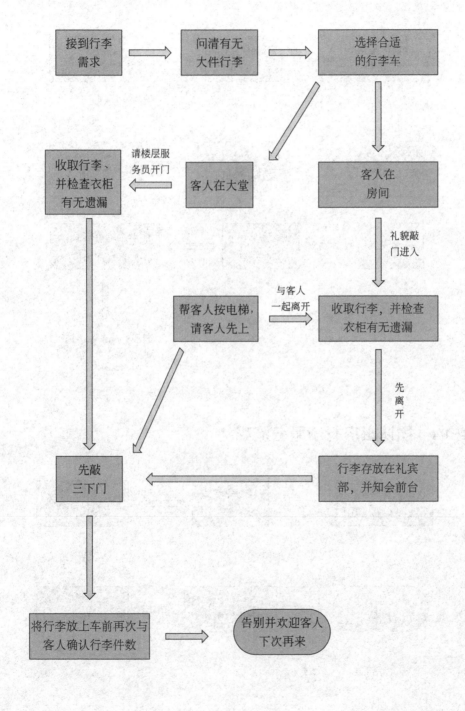

4-03　团队入住行李服务流程

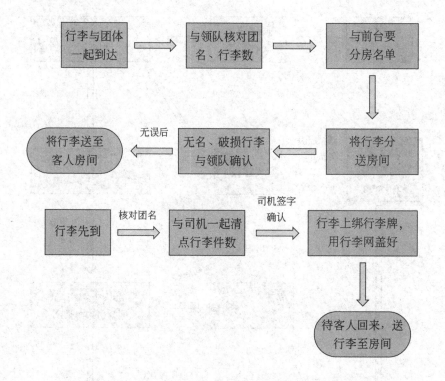

4-04　团队退房行李服务流程

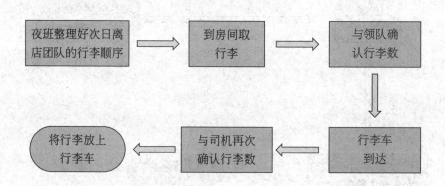

4-05 客人行李存取服务流程

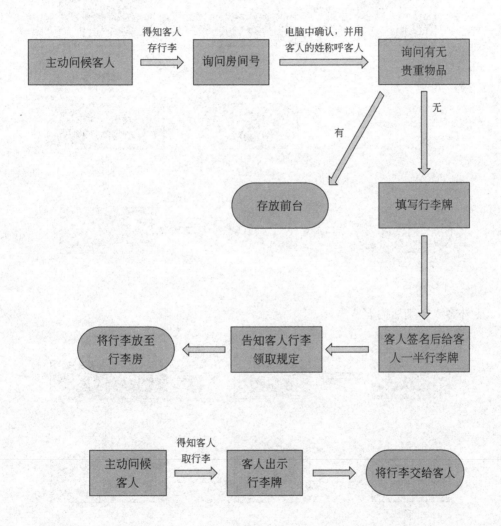

4-06 物品转交服务流程

店内客人转交店外客人

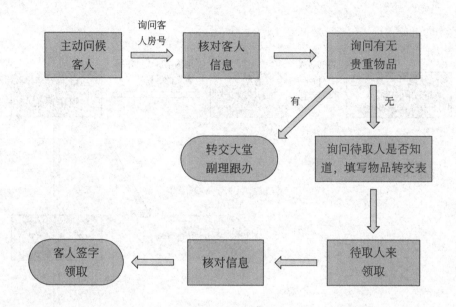

店外客人转交店内客人

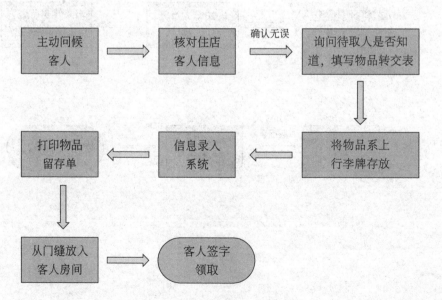

4-07 换房服务流程

客人在房间换房

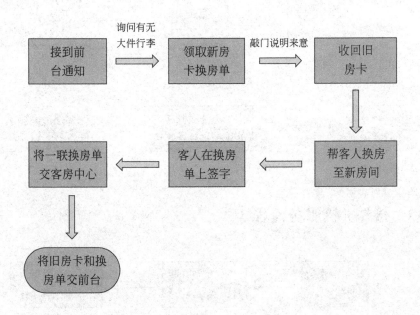

客人不在房间换房

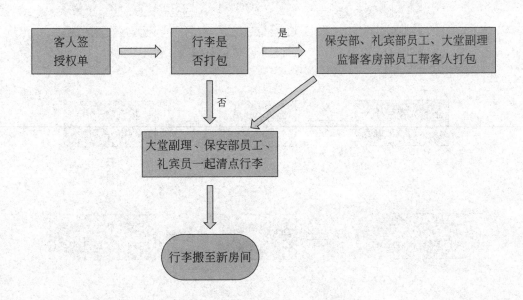

4-08 交通服务流程

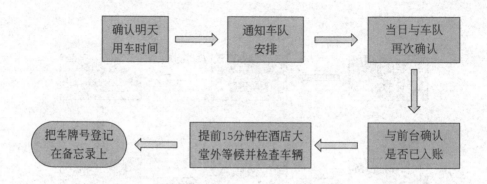

4-09 接站/机服务流程

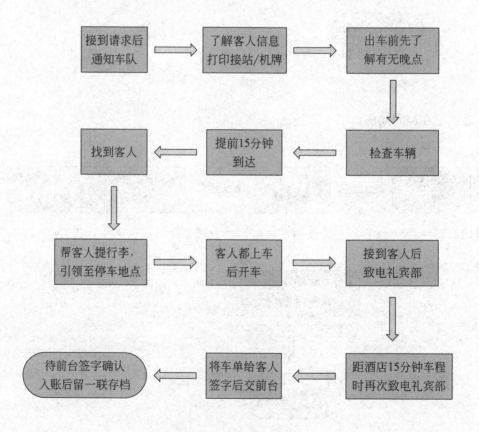

第5章 客房楼层作业流程

5-01 客房清扫流程（1）

走客房

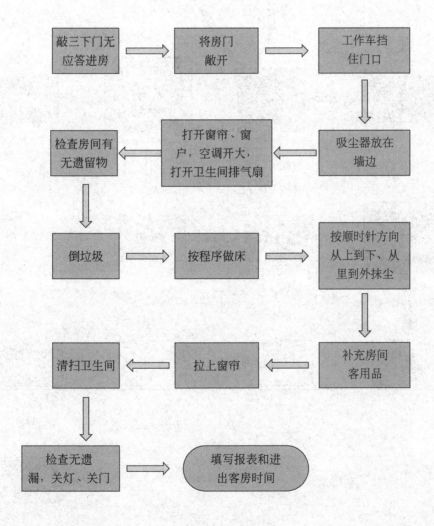

5-02 客房清扫流程（2）

住客房

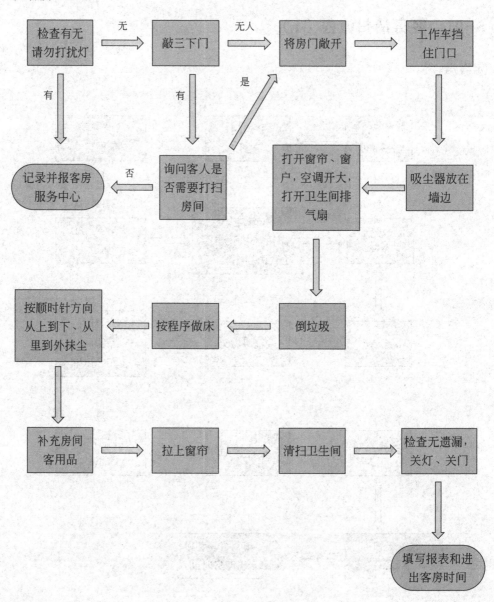

5-03 客房清扫流程（3）

空房

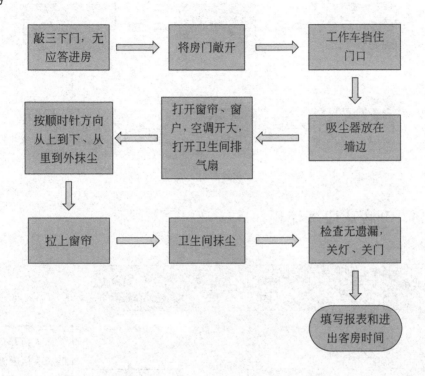

5-04 退房检查流程

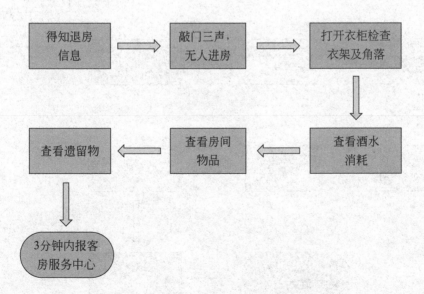

5-05　托婴服务流程

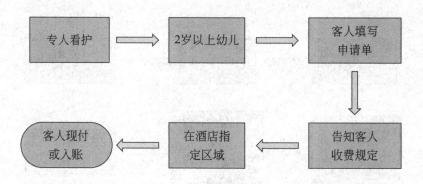

5-06　开夜床服务流程

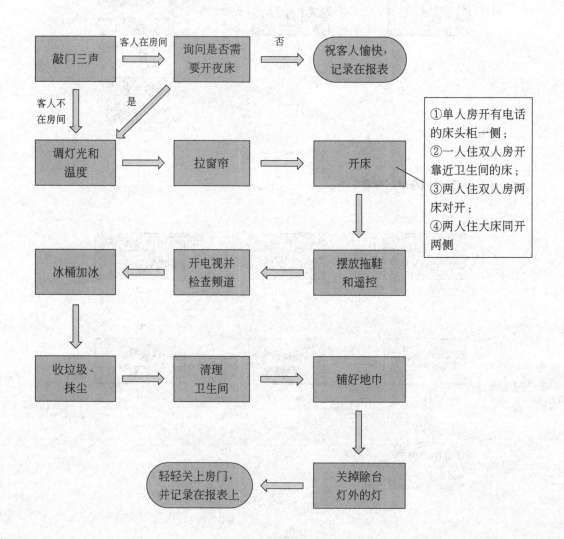

5-07　VIP服务流程

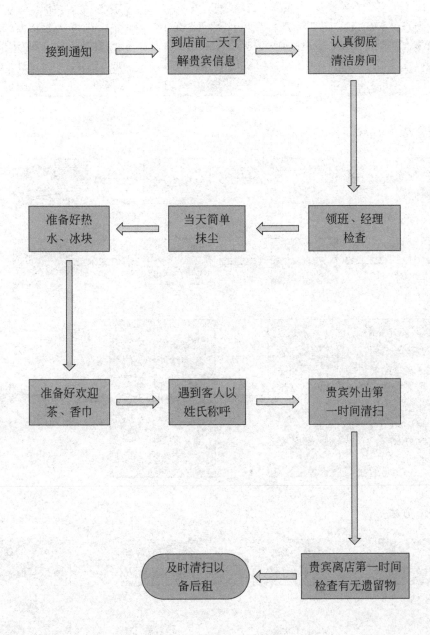

5-08 欢迎茶服务流程

托盘方法

| 左臂弯曲，左手掌心向上，五指分开，用五指和手掌边缘托住盘底的中心部位，（掌心不应与盘底接触）手托于胸前约10厘米，略低于胸部 | → | 行走时头要正、肩要平、上身挺直，托盘要平稳，脚步轻而稳，行走自如，随着脚步，托盘可以在胸前小幅度自由摆动（以物品不倒、不洒、不滑动为限） | → | 从托盘上取物品时，左手要随着盘上重量的变化做轻缓调整，保持平衡，注意即使物品很少、很轻，也不要以拇指按住盘边，四指托住盘底，这样既不符合要求也是对客人的不礼貌行为表现 |

上茶方法

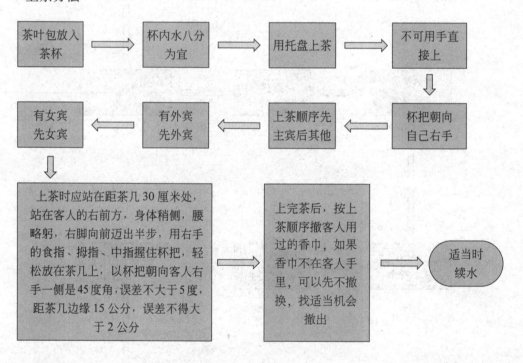

上香巾方法

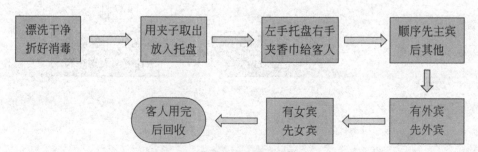

5-09 失物招领业务流程

遗失物

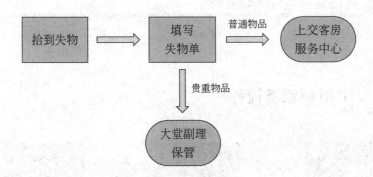

遗留物

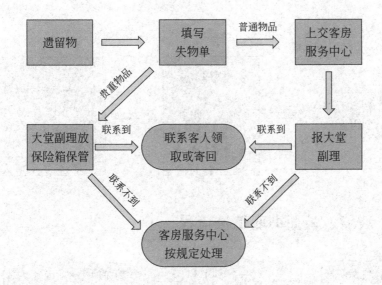

5-10 布草管理流程

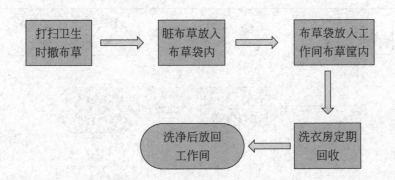

第6章 公共卫生作业流程

6-01 VIP值厕服务流程

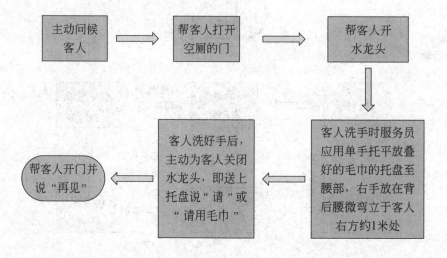

6-02 玻璃、镜面彻底清洗流程

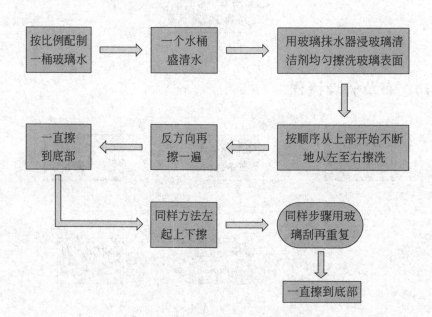

6-03 地面推尘流程

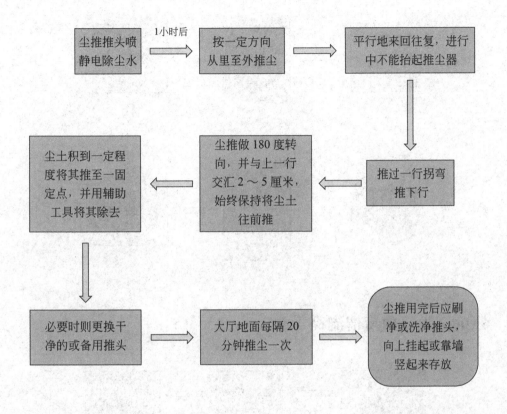

6-04 灯具清洁流程

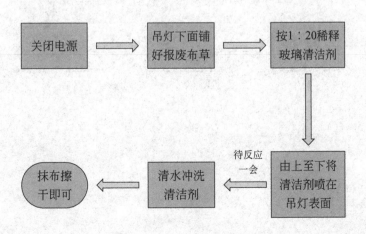

6-05 地垫铺设作业流程

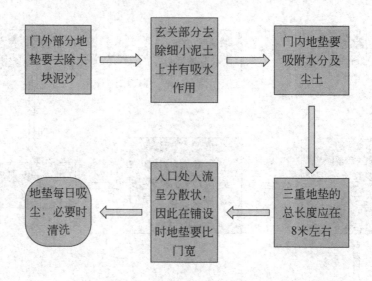

6-06 地垫的清洁流程

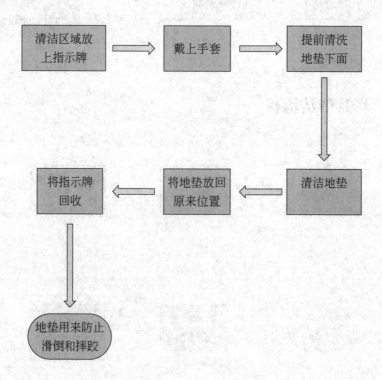

6-07 地毯除渍作业流程

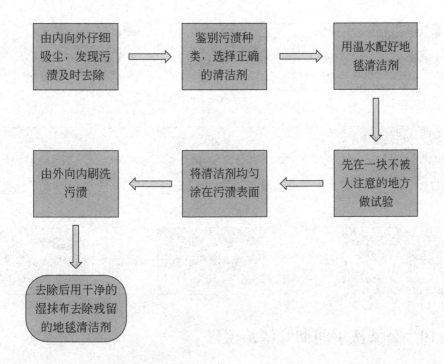

6-08 地毯抽洗作业流程

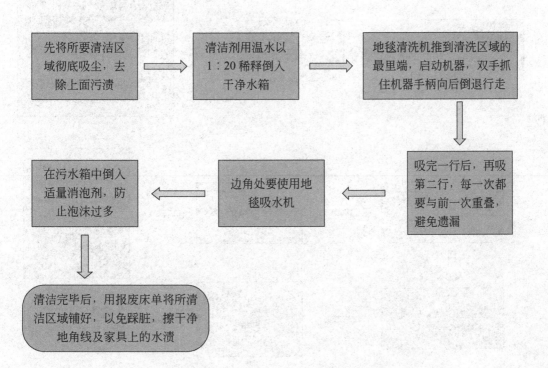

6-09 地毯干洗作业流程

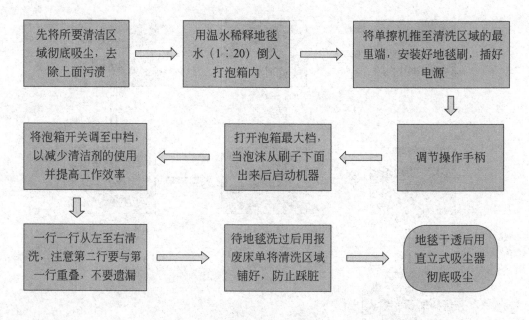

6-10 公共洗手间彻底清洁流程

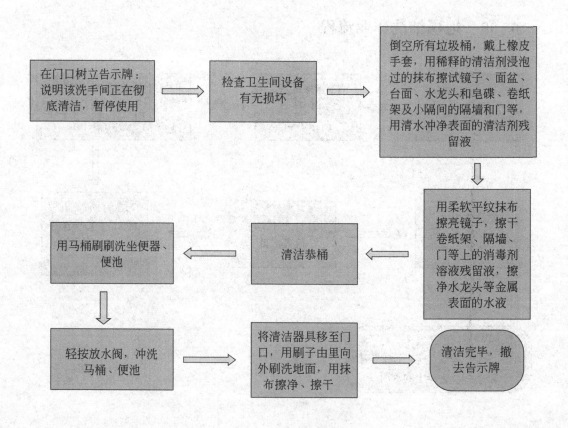

6-11 宴会厅的清洁流程

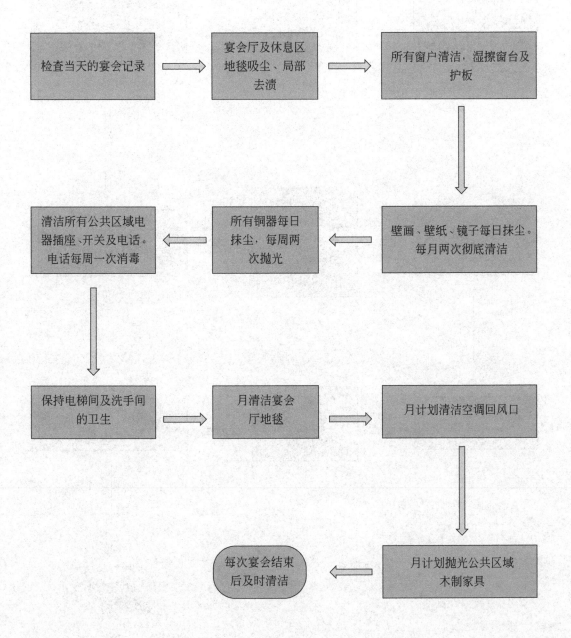

6-12　外围清洁作业流程

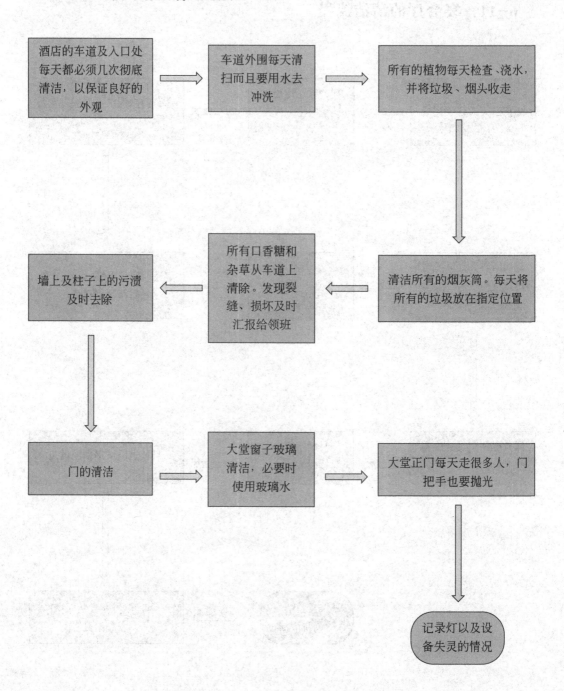

6-13 办公室的清洁流程

每天的工作

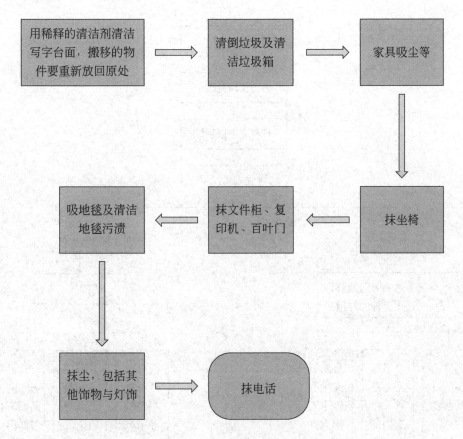

每周的工作

第7章 酒店安全管理流程

7-01 保安门卫工作流程

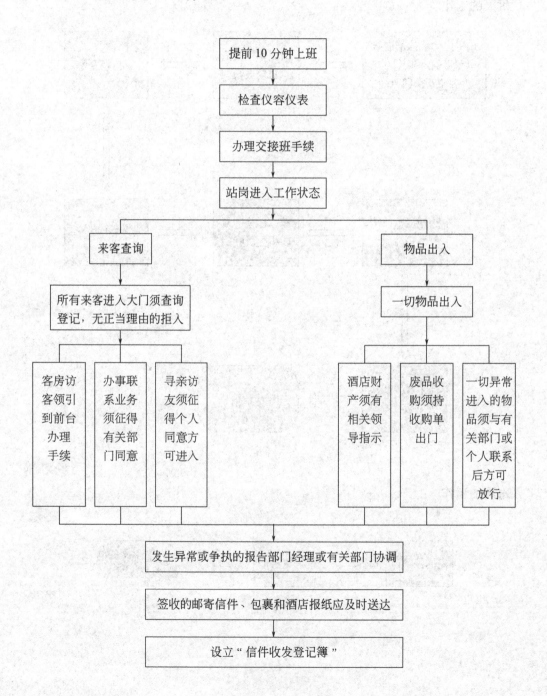

7-02　保安巡楼流程

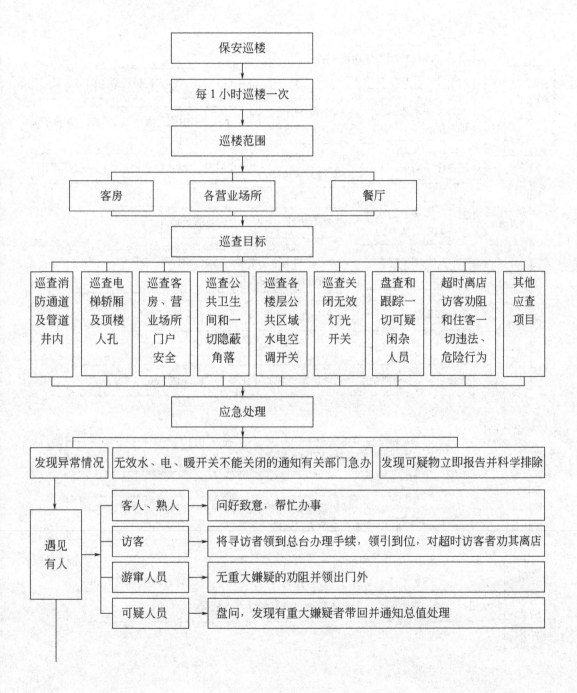

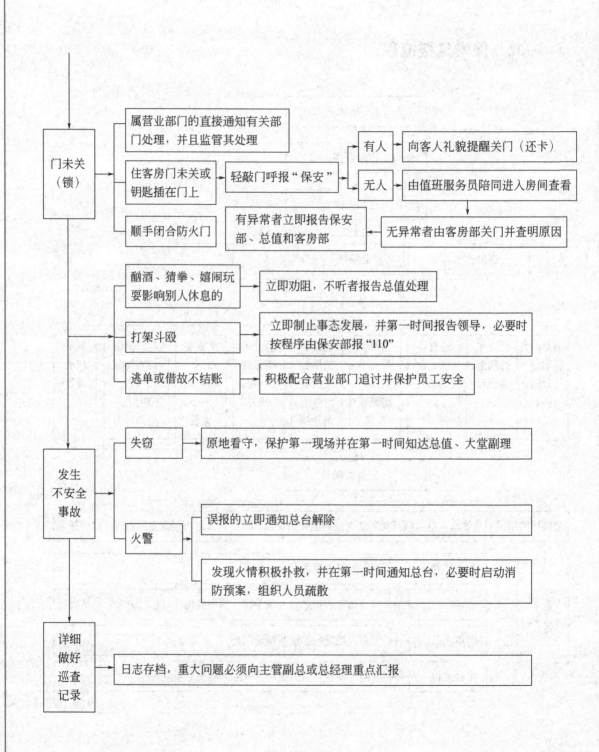

7-03　火警报警器使用流程

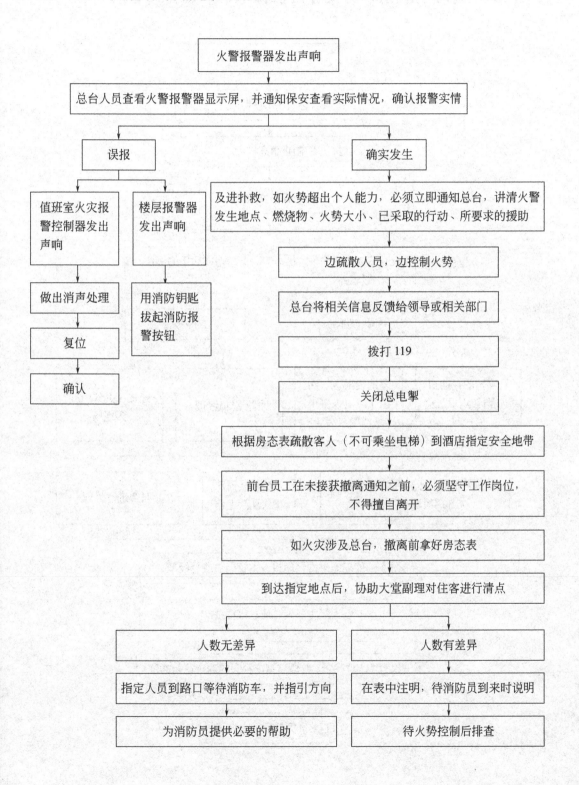

7-04 处理酗酒闹事打架斗殴流程

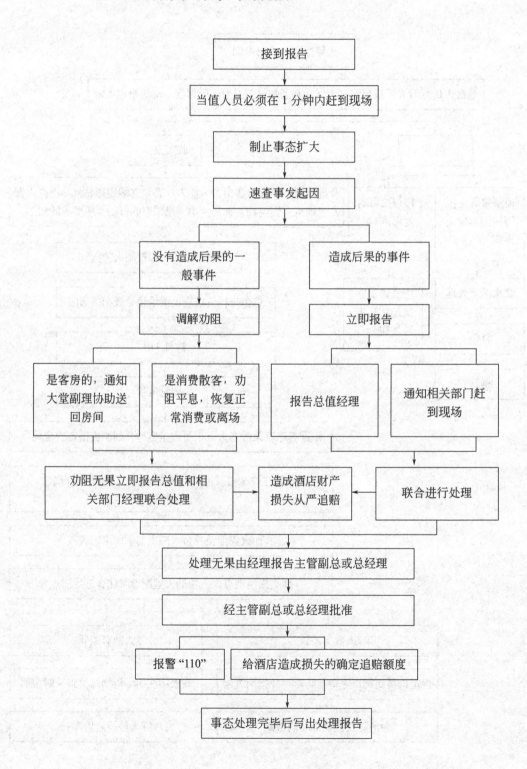

第8章　酒店财务管理流程

8-01　酒店前厅收银业务流程

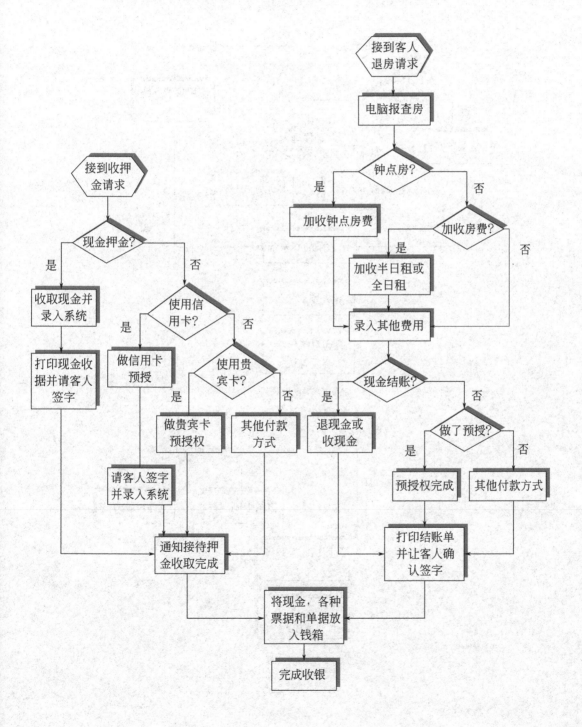

8-02 酒店餐饮收银业务流程

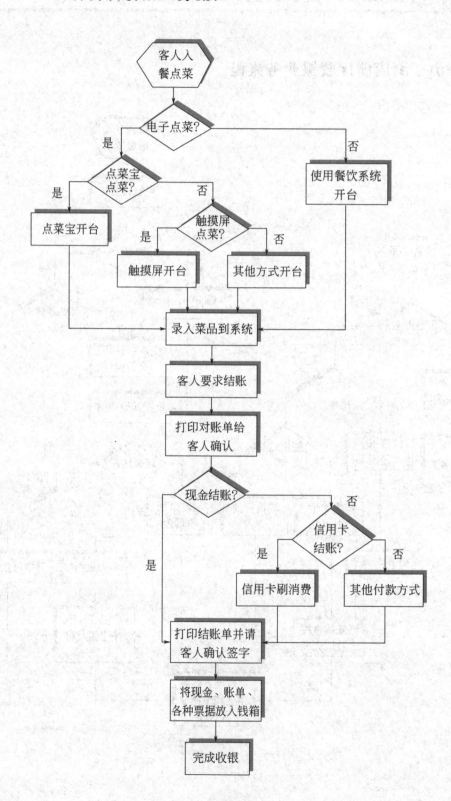

8-03 酒店财务夜审业务流程

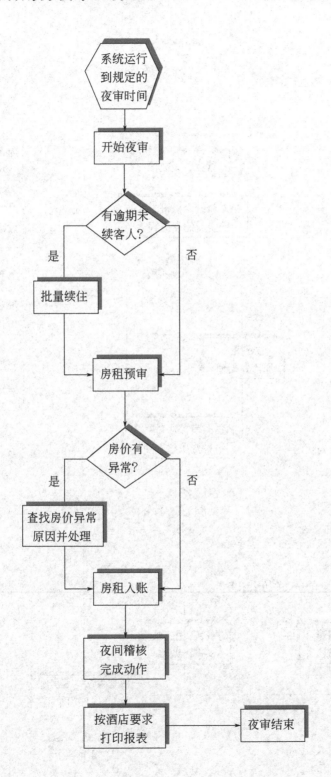

8-04　酒店财务日审业务流程

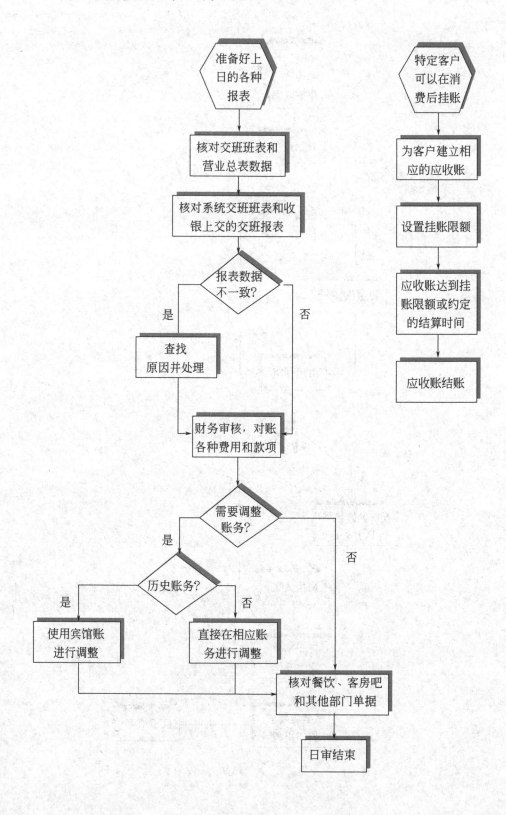

8-05　酒店财务出纳业务流程

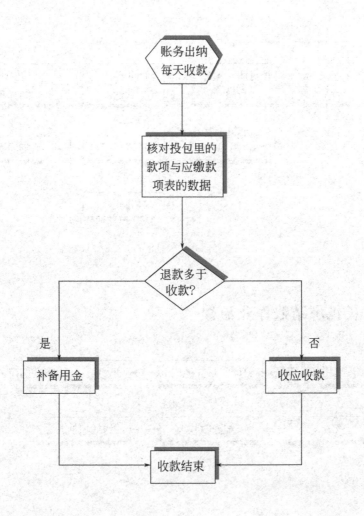

8-06　散客结账收款作业流程

8-07　团队结账作业流程

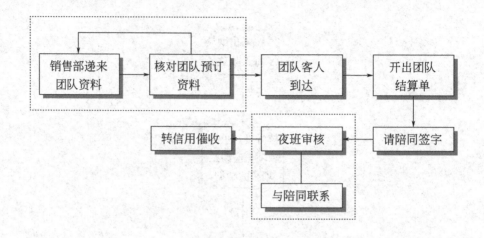

8-08　长包房结账作业流程

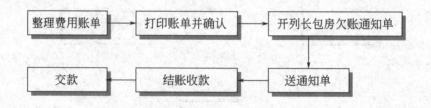

8-09　长包房催账作业流程

8-10 收银员交班结账作业流程

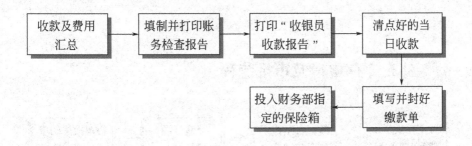

8-11 住店客人信用催账流程

第9章 酒店物资管理流程

9-01 补充库存申请及审批流程

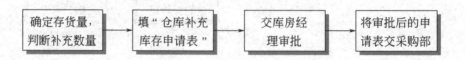

9-02 库存采购管理流程

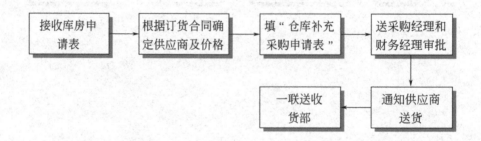

9-03 验收货物流程

9-04 物资入库流程

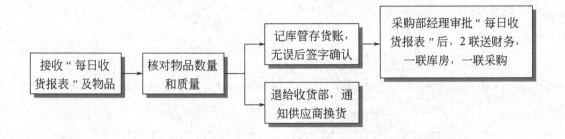

9-05 库存采购核算流程

9-06 物品领用流程

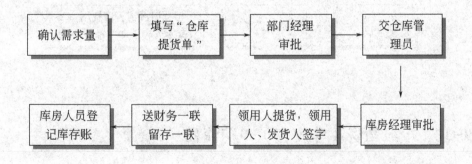

9-07 领用核算流程

9-08　库存盘点流程

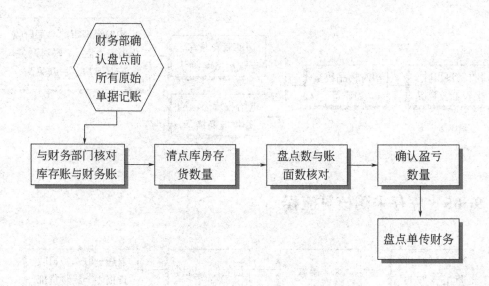

9-09　盘点核算流程

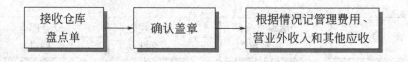

9-10　一般物资（非库存）申购流程

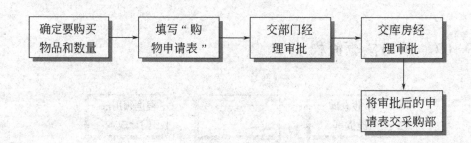

9-11 一般物资（非库存）采购流程

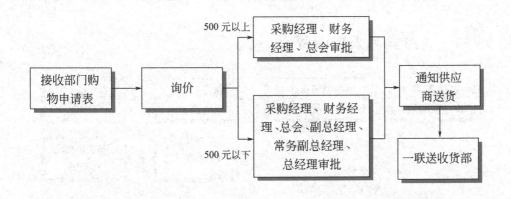

9-12 一般物资（非库存）验收货物流程

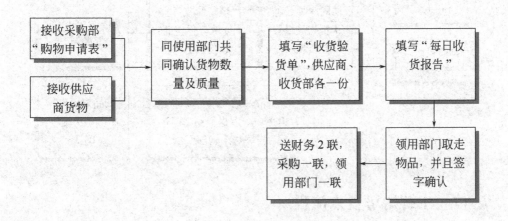

9-13 一般物资（非库存）采购核算流程

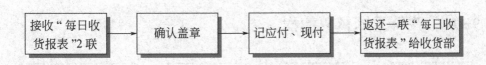

9-14　生鲜食品申购流程

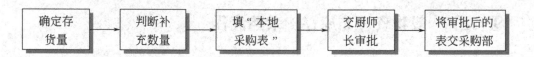

9-15　生鲜食品采购流程

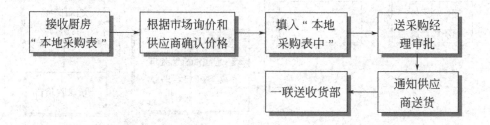

9-16　生鲜食品验收流程

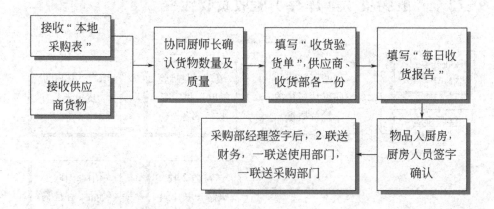

9-17　生鲜厨房盘点流程

9-18　生鲜采购核算流程

Part 2 酒店管理制度

第10章　星级酒店前厅管理制度

10-01　前厅部员工仪容礼貌规范

前厅部员工仪容礼貌规范

一、要求

前厅员工是酒店的先锋部队，也是酒店客人首先接触的员工，所以前厅员工在仪容及礼貌方面要不断地检点及警惕，员工的一举一动代表了酒店的形象及声誉。又由于前厅部职员是常处备受注目的环境之中，客人往往可以从前厅员工的操作情况看出酒店的管理水平。

二、仪容

制服要完整清洁及称身，不得穿脏或有皱褶的衣服。

头发——男：不得有头皮，而且不得过长（留酒店规定的长度）。

女：头发梳洗整齐，长发要捆绑好，不得戴太夸张的发饰，只宜轻巧大方的发饰，头发不得掩盖眼部或脸部。

脸部——男：不得留胡须，脸部要清爽宜人，口气清新。

女：不化过浓的妆容，只宜稍作修饰，淡淡描眉，轻涂口红，轻抹胭脂便可。

手部——男：不得留指甲，指甲要清洁，指甲内不得藏污垢。

女：不得留太长指甲，不宜涂鲜红指甲油，指甲油只可用淡色的。

脚部——男：穿清洁的鞋袜，鞋子每天上班前要擦亮。

女：穿清洁的鞋袜，不得穿有色的袜子，要穿酒店规定的袜色，鞋子每天上班前要擦亮。

气味——男：保持身体气味清新，不得有异味。

女：不得用强烈香料（香水）。

三、礼貌

（1）在工作的时候，要面带笑容，表现出和蔼可亲的态度，能令客人觉得容易接近。

（2）不得故做小动作（永远是成熟、稳重），打哈欠要掩着口部，不要做出搔痒、挖鼻、掏耳、剔牙等不雅的动作。

（3）工作时不得咀嚼口香糖、吸烟及吃东西。

（4）不得嫌客人啰唆，应耐心地为客人服务。

（5）在处理柜台文件工作时，还要不时留意周围环境，以免客人站在柜台片刻，员工还茫然不知。

（6）客人来到柜台前，要马上放下正在处理的文件，礼貌地问安，热情地为客人服务。

（7）留心倾听客人的问题，不能随意打断客人的叙述，然后再清楚地解答，以免答非所问，如遇到问题不能作答时，应该说："请稍等，待我查一查以便回答你的问题。"

（8）如遇到客人对某事情外行或不能随俗之处，不得取笑客人。

（9）柜台员工的工作效率要快且准。

（10）不得表现懒散情绪，站姿要端正，不得摇摆身体，不得倚傍墙、柜而立或蹲在地上，不可歪身及扮鬼脸做怪动作。

（11）除了工作上应交代的事外，不得互相攀谈私事，不得争论，不粗言秽语。

（12）不得擅自用柜台电话作私人之用，如遇急事可请求上司用后台的电话。

（13）用词恰当，不可得罪客人，也不可阿谀奉承，声调要平稳、和蔼，不可过大或过小，要清楚表达所要说的话。

（14）不得在工作时阅读报章、书籍。

（15）走路时，应脚步轻快无声，不可奔跑。

（16）尽量记住客人的姓氏，在见面时能称呼客人"××先生/小姐/女士，您好！"

（17）若客人的问询在自己职权或能力范围以外，应主动帮客人解决，而不得随便以"不知道"回答，甚至置之不理。

10-02　前厅纪律与行为准则

前厅纪律与行为准则

一、必须遵守的纪律与行为准则

作为前厅部的员工必须遵守以下纪律及行为准则。

（1）每天上班之前，养成习惯阅读告示栏上的新内容。

（2）上班期间除紧急情况外，一律不允许打私人电话（私人电话只限于在工作空隙期间，使用指定的后台电话）。

（3）制服应经常换洗，以保持其干净、平整。

（4）勤洗澡、勤剪指甲、头发梳理整齐；女员工要化淡妆。

（5）前厅各工作场地应保持干净整洁。各种文具报表摆放整齐，同时在每班交接时保证有足够的备用量。

(6)不许迟到早退,有事要请假。

(7)总台应保持每时都有足够人手在岗,按规定一般情况下最少要有两位总台人员值台。

(8)当班时不允许谈论私人问题。

(9)如有特殊原因不能上班或要晚到,须事先请示前厅经理或部门主管,以便于人手调配。

(10)用餐时间由各部带班主管/领班安排,工作餐地点按规定只限于员工餐厅。

(11)法定节假日或年假由各部门主管安排,并经前厅经理审批,以上休假须提前做申请,以利人手协调安排。

(12)每天上班前须仔细阅读工作交班本,以了解当日工作安排。

(13)在工作岗位上,不准吃口香糖等零食。

(14)在工作岗位上不准看报纸、杂志、小说等。

(15)只准利用休息时间,在员工休息室或更衣室吸烟,严禁在营业场所及其他公众场所吸烟。

(16)前厅各工作台或后台办公室除特别批准外,不准摆放食物。

(17)除本部门员工外,前厅各工作柜台办公室不允许接待私人访客或其他部门无关人员。

(18)仪态会直接影响个人形象,尽量避免或克服不好的习惯动作。

(19)除必需的用品外,个人物品一律不得摆放前台,特别情形要请示上级。

(20)禁止在前台大声谈笑及聊天。

(21)在客人面前不得用本地方言与同事交谈。

(22)当班时间不得串岗,下班后无事也不得在酒店范围内滞留。当班期间除用餐时间或安排的休息时间外,应坚守自己的工作岗位。

(23)除工作特别需要,不可让客人等候而自己与同事聊天。即便是处理其他紧急事情,也应跟客人先说对不起,请客人稍候。

(24)遇到客人投诉应仔细倾听,并告知客人会将其意见向有关经理转达。

二、纪律处罚补充规定

纪律处罚补充规定见下表。

纪律处罚补充规定

扣分行为	处罚扣分
1.非因工作需要未经上级批准而乘搭客用或货运电梯	10分
2.发出不必要的声响、喧哗	5分
3.擅离工作岗位或到其他部门闲荡	10分

续表

扣分行为	处罚扣分
4. 下班后逗留在酒店范围内	10分
5. 在更衣室存放食品、饮品和危险品以及酒店财物	5分
6. 工作时间嚼口香糖和吃零食	5分
7. 在员工食堂以外进餐	10分
8. 使用酒店电话办理私人事务	10分
9. 工作时间听广播和音乐	5分
10. 随地吐痰	5分
11. 高声与客人对话，无礼和出言不逊	5分
12. 迟到、早退	10分
13. 穿着酒店制服在非指定场所吸烟	10分
14. 在大堂等宾客用的沙发上就座休息	5分
15. 违反安全守则或部门常规	10分
16. 当班时瞌睡	5分
17. 未经酒店同意做任何形式的募捐	10分
18. 私自携带亲友或其他人到酒店	5分
19. 未敲门或未经房客许可而进入客房	5分
20. 在酒店内（1）酗酒；（2）赌博；（3）吵闹；（4）打架	（1）10分；（2）50分；（3）20分；（4）辞退
21. 唆使他人或代他人打卡、考勤	20分
22. 穿酒店制服离开酒店	10分
23. 在酒店内出卖或兜售私人物品	辞退
24. 擅自标贴、涂改、搬移酒店财物	30分
25. 休息时在酒店闲逛、停留	30分
26. 提供假资料或报告	50分
27. 未经许可（1）擅用万能钥匙；（2）复制钥匙；（3）打开更衣柜；（4）打开文件柜；（5）打开书桌抽屉；（6）进入办公室或进入客房	（1）开除；（2）辞退；（3）20分；（4）50分；（5）20分；（6）30分；（7）最后警告
28. 与客人私做交易，行贿受贿，贪图钱财或在酒店内进行不道德的行为	开除
29. 违反操作规程或不按服务程序操作	50分
30. 用非法手段涂改原始记录、账单或单据，利用已付账单再向客人多收钱，而中饱私囊	开除

续表

扣分行为	处罚扣分
31.摆弄、使用或故意破坏客人的财物	辞退
32.盗窃或骗取客人财物	开除
33.随意翻阅酒店办公文件	50分
34.向客人索取小费和回扣	100分
35.未经批准使用客人洗手间、游泳池等	20分
36.上班时间会客	10分
37.在酒店内进行任何粗言秽语	5分
38.没使用指定的员工信道和洗手间	20分
39.没保持仪容的整洁	10分
40.没穿整齐的制服	20分
41.没保持更衣柜和工作地点的整洁	5分
42.没按时上下班、打卡考勤	10分
43.没保质保量完成工作任务	10分
44.不服从部门主管的命令	20分
45.不接受保安人员的检查	50分

10-03　前厅各班工作分配规则

前厅各班工作分配规则

酒店的工作是日夜连续不停的，接待处必须二十四小时有员工当值，每天分三个班，每班八个半小时工作时间（其中包括半小时进餐），根据每天客人量的情况安排人手，不能各班平均使用人力，各班的工作基本分配如下。

一、早班

（1）与夜班同事做好交接班工作，了解昨晚发生的事情、处理的结果及需向早班交代的，要求早班帮助解决和特别要说明的事情。

（2）了解昨晚的开房情况、今天的走房数、今天的到房数、可开房数及客房状况。

（3）了解当天的开房情况，有多少"VIP"客人、特别客人、散客和团队客人等。

（4）准备当天退房客人的资料，以便处理客人退房事宜，早上是客人离店较集中的高峰时期，要做好离店客人的接待工作。

（5）早班主管检查夜班同事各项工作完成的情况，包括各种报表是否准确，以避免售错房间。

（6）负责问讯的员工对邮件、报纸要及时分发，客人代寄的邮件要通知行李员送出投寄。

（7）做好接待当日预订客人各项准备工作，并做好抵店入住客人的接待工作。

（8）至中午12:00时对仍未退房的散客要及时与客人联系，确认客人的离店时间，如客人续住，应请客人办理续住手续。

（9）当班过程中，如有重要通知及有待解决的事情和问题，必须写下交班记录。

（10）完成上司交给的其他各项工作和任务。

二、中班

（1）与早班同事做好交接班工作，了解早班发生事情、处理的结果及需向中班交代的，要求中班帮助解决和特别要说明的事情。

（2）了解当天的到房数、可开房数及客房状况。

（3）了解和知道今天的开房情况，有多少"VIP"客人、特别客人、散客和团队客人。

（4）熟悉订房资料的内容，尤其是"VIP"、特别客人和重点客人的订房情况及要求。

（5）继续关照好离店客人结账，注意接收客房钥匙。

（6）充分做好迎接客人到店的准备工作，有条不紊地为客人办理入住手续。

（7）积极介绍酒店的各种服务设施和服务项目，具有强烈的销售意识。

（8）迅速、准确地将住店客人的资料分类整理好，尽快将资料分发有关部门，并保证将住店客人的资料全部移交给总台收银处。

（9）严格检查入住客人的证件，对客人的临时入住登记表要认真查验并保证跟催交齐，维护国家的法律制度和酒店的规定，保障住店客人的生命财产安全。

（10）做好到店（住店）客人的接待工作，对客人的意见、投诉，要诚恳、耐心、礼貌、迅速、周全地予以解决。

（11）正确地填写好第二天的预期客人离店表，分发至各有关部门，以便总台和各部门能提前做好对离店客人的接待准备工作。

（12）对因故未到和取消预订的客人，在接到确切消息后，必须书面通知有关部门。

（13）做好客人的各种预订工作，将客人的邮件、信件、留言等物品尽快交到客人手中。

（14）注意大堂的动向，与大堂副理、大堂保安密切配合，维护大堂的秩序，避免发生意外。
（15）当班过程中，如有重要通知及有待解决的事情和问题，必须写下交班记录。
（16）完成上司交给的其他各项工作和任务。

三、夜班

（1）与中班同事做好交接班工作，了解中班发生的事情、处理的结果及需向夜班交代的，要求夜班帮助解决和特别要说明的事情。
（2）继续做好住店客人的接待工作和办理客人的入住登记手续。
（3）认真核查当天各班的所有工作情况，准确地制作各种报表。
（4）与财务部夜间核数员工共同审核当日房间的收入情况，对于发现的问题要予以即时更改，此项工作必须在凌晨4:00前予以全部完成，以便所有的资料均全部准确无误。
（5）正确地制作当日的营业日报表，将当天的营业情况报告管理部门及有关部门。
（6）将当日抵店全部客人的临时住宿登记资料全部分类整理好，并仔细检查，保证资料内容准确无误，以便早班员工上班后将资料传送至公安局出入境管理科。
（7）（打）印当日各项报表，分送各有关部门和人员。
（8）整理次日抵店客人的预订资料并开好团队名单。
（9）认真核对、检查客房的钥匙，将检查的结果写在交班簿上。
（10）夜班是在酒店领导休息，绝大部分员工回家的情况下工作的，因此要保持有高度的工作责任心，要保持与值班经理及各部门值班人员的联系，以便有事故发生时能及时通报，做到及时妥善解决。
（11）注意在大堂是否有可疑或行为不端的人，维护酒店和客人的安全。
（12）整理总台柜台，保持整洁美观。
（13）当班过程中发生的重要事情及处理的结果必须写下交班记录。
（14）将当日因故未到或取消的客人预订资料交到早班员工手中，通过他们将资料退回到预订处并查清客人是否还会到，以便做好接待准备。
（15）完成上司交给的其他各项工作和任务。

10-04 总台（订房）组业务操作规程

总台（订房）组业务操作规程

一、总台的职责

（一）要求

总台接待员是酒店和来客接触的前线，能给客人对酒店良好的第一印象，若客人在疲乏的旅程后,在入住酒店过程中,得到接待员笑脸迎人,有效率安排一间舒适的房间,必然使客人逗留酒店期间倍感愉快。

(二)总台的主要工作

(1)为客人登记。协助入住客人填妥入住登记表,并为客人安排房间。

(2)出售房间。包括对客人介绍酒店的设备、接受预订,争取提高酒店之入住率。

(3)提供咨询。解答客人的问题,提供酒店其他设备及服务。

(4)与客人的沟通。主动接触客人,了解客人对酒店的意见,从而可获得改进建议。

(5)处理投诉。总台经常是客人投诉的对象,如能妥善处理,可减低客人的不满。

(6)房务记录。除了接触客人的服务外,还要处理及制定一些文件、报告、营业状况和住客记录,以便管理层明了营业情况。

二、前台操作必备知识

(一)推销房间的必备知识

(1)熟悉酒店情况——即是指了解酒店的设计特点,装饰、布置、陈列,酒店的各种服务设施、服务项目、娱乐项目,特别是餐厅、客房的种类及其特点和酒店的价格政策等。

(2)宣传酒店好处——主要是突出它的环境位置,如我们酒店地理环境幽雅安静、园林式特点突出等。

(3)强调酒店的特点——这是指本酒店与其他酒店相比所具有的不同特点及长处。

(4)建立良好的关系——客人到店时,应向客人表示欢迎,并向客人介绍本酒店的情况;若正在听电话或为客人办理事情,对新到的客人也要表示欢迎,让客人知道你已注意到他的到来,不使他感到冷淡。客人有什么疑难,要及时帮客人排忧解难;若客人因某种原因改变住店计划,也热情为他介绍别的酒店;有的客人需要酒店资料或者了解情况,要热情接待,尽量满足他们的要求。要认识到他们是酒店的客人或未来的客人,要给他们留下良好的印象。

(二)房间的分配

负责分配房间的员工必须了解和掌握酒店的优缺点、位置、房租标准以及当日和每日订房情况,做到心中有数。在分配房间时要根据客人的不同特点、档次及旅行社的要求和酒店房间的具体情况给予妥当的安排,以下为一般规律。

(1)分房前应认真审核订房单的要求。

(2)优先分配"VIP"客人和其他政府接待的团体,对"VIP"客人要安排豪华或较好的房间,安排时注意保密、安全、卫生及服务方面等。

(3)分房时要考虑到原住客人的离店时间和当天到达客人的抵达时间,尽量把早走客人的房间分给先到的客人。

（4）根据客人的档次安排房间和楼层的高低。对一般零散客人，由于他们住店的目的不一样，在安排房间时要有所区别。如来做生意的客人，他们对房租不太敏感，可能安排房租较高的房间；旅游者对房租较敏感，可以安排房租较低的房间；旅行社或客户可以为酒店带来生意，可以安排较好的房间。总之，要区别不同对象、不同需要，给予恰当安排。

（5）对团体客人，应尽量安排同一层楼及按相同标准的房间，并尽量集中。

（6）对年老、伤残者、带有小孩的客人，一般应安排在离电梯较近的房间。

（7）对于新婚夫妇，要安排大床房间，使他们感到酒店服务周到、亲切。

（三）房间的控制和保留

（1）房间的控制——在预订的客人抵店的前一天或前几天提前将房间安排好，写好交班记录，使这些房间不能再出售给其他客人，如此可保证订房客人的住房，使房间得以很好控制。

（2）房间的保留——客人在酒店订的房间，无论客人住不住，只要客人要求保留，就应为客人保留，这种房间称为"保留房间"，不经客人允许不能再售给新的客人或挪作他用。此种房间按已售房处理，但需明确房费支付方式。

（四）客人入住之前

在客人抵店之前，为接待好客人应做好准备工作，如各种表格齐备、用品充足，对当天房间状况一清二楚。对于有预订的团体或散客应预先分配好房间，打印出报表送呈客房部，并把资料、房间钥匙及餐卡（有的话）、房卡等一一准备好，等待客人的到来。

（五）客人入住之后

在办理完入住登记手续后，马上通知客房部客人已入住，然后，将资料集中分类并存档，把有关资料复印分发给相关部门，最后将所有资料、凭据全部送前台收银处并签上接待员的姓名。

（六）房租

房租的计算方法：通常酒店计算客人的房租是由客人到前台办理入住登记至结账离开时为止。

（1）一天房租——指早6:00后入住至第二天中午12:00前退房，计收一天房租。

（2）半天房租——指早上6:00后入住至当天中午12:00，为半天房租；或至第二天中午12:00点后退房，加收半天房租，如超过第二天下午6:00后退房需加收一天房租。

（3）特别房租——指客人已预订房间，但由于客人抵达时，酒店因故不能提供同一等级的房间，只好提供级别稍高的房间给客人，但房租不变，这种房租称为特别房租，必须在住宿资料上注明。

（4）折扣房租——在淡季时，对"VIP"、熟客、常客及需要优待客人，在计算房租时给予一定的优惠称为折扣房租。如折扣率较大必须经由总监级以上人员批准。

（5）免收房租——酒店对重要贵宾，对酒店有贡献、在社会上有影响的人士、同行以及可为酒店带来生意的重要客户，在入住时给予免费招待，不计收房租，但必须经由总监级以上人员批准，同时要在订房单和账单上加以注明。

（七）特别事项

（1）客人已订房但酒店没有同一类型的房间可提供。遇到这种情况，应首先向客人道歉、解释，并同客人商量，询问客人是需要级别高点的房间，房租不变还是级别低点的房间，房租降低，提出让客人自己选择。

（2）客人已抵达酒店但没有该客人的预订资料或预订资料不符。出现这种情况，应再三核对清楚，确认有问题时，可先安排客人住下，如有可能应叫客人先交押金，再尽快与客人订房的人或机构联系核实，然后再按核实后的价格处理。

（3）换房。换房可能是客人的愿望，也可能是酒店的要求。如果是客人希望换房，一般来说，换房工作可顺利进行，如果是酒店希望客人换房，事情就会变得比较复杂，可能会引起客人的抵触情绪，所以在处理时特别慎重，但不论何种原因的换房，都应按照下列步骤和事项去办理。

① 弄清（或向客人解释）换房的原因。

② 换房前应征求客人的意见，并告诉客人换新房的情况及换房的时间。

③ 为客人换房时，最好有客人在场指导，若客人因事外出并委托酒店代为办理时，须由行李员与客房服务员等两人以上在场，最好有大堂副理或主管在场。

④ 搬运行李时如有客人在场，可按客人的指示搬放，若客人不在，搬运行李时应按原样放好。

⑤ 衣柜内若挂有衣服，要注意连衣挂一起拿，不要将衣挂取下。

⑥ 换房完毕要填写转房单分送有关部门，以便为客人服务，如房价有变化还应书面通知前台收银处。

（4）续住。客人如有特别需要延长住宿时间，只要酒店有房，应予以同意，但须先明确付款方式，然后通知前台收银和客房部，并在有关资料上更改离店时间。

（5）订房资料必须于前一天送达接待处，以便做好当日开房的计划，确认今日可出租的房间数。

（6）酒店客满时，对于一个初到异地，一时找不到住处的客人来说，其心情是可想而知的，接待员一定要热情接待，想办法给客人安排或联系其他酒店，使客人有栖身之处，这样做可以赢得更多的客人对本酒店的信赖。

（7）若发现可疑的人入住酒店时，可以酒店客满或全部预订为由拒之。

（8）接待未经预订的客人和无行李或极少行李的客人时，应请客人先付房租或交押金，以免跑账。

（9）接待处对于已知即将到来的客人的姓名及抵达时间，应通知行李员、大堂副理及客房部，待客人一抵达酒店，各岗位工作人员都能准确地称呼客人的姓名，并向他们表示欢迎和问候，这将会给客人留下一个深刻的印象。

（10）酒店欢迎卡是为方便客人而设，也是客人是否住店的凭证，在客人入住时发给（团体除外）。住店期间客人可凭卡（有效期与住店时间一致）领取房间钥匙，在各消费场所签单，待离店时一起结账。

（11）结账退房。办理客人结账退房的手续，主要是前台收银处的工作，作为前台接待处，应予以协助，如将来到前台的客人带到收银处结账。接待处的主要工作是要保证住店客人在住店期间所产生的一切费用的手续、资料已落实或办妥，以方便收银处开单收账；另一个主要工作是追回客房的钥匙，避免丢失。若客人丢失，则需赔偿100元人民币，对于超过中午12:00而仍未退房的客人，应马上跟客人联系，以弄清和决定客人的退房时间及是否收取客人的延住房租。对于行李少而没有预付房租和押金的客人要特别留意，以防跑账。

三、与客房部核对客房的现状资料

（一）目的

前厅部与客房部的资料要相符，保证酒店的利润不受损失。

（二）程序

每天下午3:00及晚上10:00，客房部都会准备一份客房现状报告表，在该表上记录着所有客房的实际情况。

（1）客房现况（Room Status）通常又可分为以下四种。

① 已入住（Occupied）。

② 迁出没清洁（Vacantdirty）。

③ 已清洁的空房（Vacantclean）。

④ 待修理（Outoforder）。

（2）客房的人数。

（3）客房里有没有其他特别服务，比如：加床、婴儿床等。

（三）当总台接待员接到客房部下午3:00的客房现况报告后，应做的工作

（1）核对房间的资料与客房现况报告表有否出入。

（2）有差异之处，应调查资料是否过时，是否因有疏忽而导致错误。

（3）用电话通知客房部有差异的房态及房号，待客房部员工调查清楚实际情况。

（四）当总台接待员接到客房部晚上10:00的客房现状报告后，应做的工作

（1）核对房间的资料与客房现况报告表是否有出入。

（2）把资料差异填写在一式三份的房间状态差异报告表上：房号、客房部的报告房态、接待处的报告房态。

（3）请行李员把差别报告表交于客房部。

（4）客房部根据差异的房号再作一次房间检查。

（5）检查完毕后，客房部便会在房间差异报告表的另一栏填写复查的结果。

（6）差异报告表，重交接待处核查。

（7）经复查后，如是客房部的错误，接待处的工作便完毕。

（8）经复查后，如是接待处的错误，接待员便应：抽出登记卡，调查是否因疏忽导致错误，资料登记的错误。查出错误后，便应马上更改资料，避免日后再犯同样的错误。

（9）总台接待员再签署房间差异报告表后，正联由总台存案，二联送客房部，三联送财务部。

四、接受房间预订

（一）要求

散客的预订多是经过柜台或电话直接向总台预约的。因此，各柜台之服务员及订房处主管应了解客房未来的预订情况。订房处通常设有一个黑板，上面写上已经订满的日期。由于订房情况经常改变，前厅部工作人员应每天留意预订的情况。为方便内部沟通，订房情况通常是用颜色表示：红色表示所有房间已经订满，不能再接受当天的预订；绿色表示需要接受所有房类的预订；黄色表示普通房已经订满；蓝色表示一般房间已经订满，只余套间可以再接受预订。

（二）正常预订程序

当客人用电话或亲自到前台要求订房时，应礼貌地询问客人需要订房日期，若该日期是开放订房的（绿色），接受订房者须取出订房表进行记录。

（1）填上接受订房日期。

（2）在订房的小方格内打钩，表示此表已有订房显示。

（3）将全部来客的姓名，以正楷字体书写。

（4）填写到达日期及离开日期时，应与客人进行确认，以免误会。

（5）填写客人是乘什么交通工具，火车及飞机班次、到达时间。

（6）填写客人所需房类及数量，如：1○普通房——表示1人进入一间普通房；2○○高级房——表示2人进入一间高级房；3○○○○家庭房——表示4人进住一间家庭房。

（7）填上房价，并说明是否另附附加费。

（8）向客人要求预付订金，通常是一晚的房租，以便落实预订。

（9）备注是用以填写特别事项的，如有关折扣、餐饮、车辆接送及旅游安排等。

（10）填写订房者的姓名及电话号码。

（11）填写订房者的公司名称及地址。

（12）询问客人有否需要酒店的订房证明书，若需要，可将订房表复印1份发给客人。

（13）接受订房人员在经办人栏内签名。

（14）若有关的预订需要通知其他同事，在副本分发一栏内应填上该部门，然后照数复印副本分发。

（15）完成订房之后，应多谢客人，并交订房表给予预订处主管处理，并应告知客人要注意的事项如下。

① 没有订金的预订，且又没有到达时间资料的，如遇订房紧张时，会在下午6:00后自动将订房取消。

② 没有订金的预订，如客人在火车或飞机班次抵达后两小时尚未能前来登记，则酒店有权将预订自动取消。

③ 所有订金不会退还。

（三）预订的日期已满处理程序

1.如遇客满

如果客满应表示抱歉，并提议其他有空房的日期，也许客人可以通过更改行程来配合。

2.等待名单

如客人行程不能改变，应提议为客人作一个等待名单的预订，向客人解释由于所订日期现已客满，但可将资料记录下，待其他日期相对的预订取消时，便可将这个预订接上，若客人同意等待名单提议，应按正常预订程序把资料填在订房表上，但须在等待名单的小方格上打钩，由订房处主管处理，待订房情况有变，需要在那天接收订房时，便由订房处主管以电话通知客人。

3.无法接受客人预订

若因日期不合，不能为客人完成订房，也应提供其他酒店的电话号码，协助客人尝试别的酒店，并礼貌地多谢客人来电（或前来），希望日后有机会再为他服务。

（四）取消预订

（1）取消预订时，预订人员应取出一张新的订房表，在"取消"一栏的小方格上打钩，以表示预订取消。

（2）在此表上列出预订来客的姓名。

（3）填上预订来客的到达及离开日期。

（4）填上预订的房间数量及房类。

（5）将通知者的姓名写在订房者一栏。

（6）填上有关通知者的公司名称、电话号码及地址，作为记录。

（7）预订人员签名后，应向客人道谢，希望以后有机会能为其服务。

（8）取消订房表应交与订房处主管，便于在订房记录上取消预订。

（五）更改预订

（1）已经做好预订，但要求更改一些资料，一般如：飞机或火车班次时间，到达或离开日期，客名和房间数量的资料，预订人员应取出一张新的订房表，然后在"更改"一栏的小方格上打钩，再在旁边横线上写上更改的缘由，如：更改□飞机班次。

（2）列出客人原来的订房资料，再填上更改后的资料。

（3）将此有关更改预订的订房表，交与订房部主管，做好应有之更改。

（六）注意事项

（1）如客人需要更改日期，已经客满（红色）应向客人表示歉意，作出婉拒。

（2）如客人需加订房数量，在当天订房情况客满时，也不能接受增加。

五、处理超额订房问题

（一）简介

处理超额订房是一件极富技巧的工作，必须有经验和坚韧的耐心，因此处理这类问题时，需由前台主管或值班经理处理。

（二）超额订房的成因

1. 人为的错误

（1）预测错误——订房处对未来的入住率计算错误。

（2）登记错误——客人的离店时间登记错了，如某客是应该明天才迁出的，接待处却登记了今天的日子，在订房紧张时，这一间客房的错误，也可导致客房不够的情形。

2. 坏房影响

在旅游旺季时，当每一个客房都订满了的时候，出现某些客房的设备出现问题，被迫空置，不能租出，减少了房间供应量。

3. 其他原因

有些原因是在酒店不能控制下发生的。

（1）如某团体应该在今天全部迁出，但因天气恶劣，航空公司取消飞机班次，酒店被迫把团体留在酒店内。

（2）如客人遇到意外，身体受伤，不能如期迁出，又会影响酒店的入住情况。

（三）做好准备

（1）应知道让客人去别的酒店住宿是最后的选择，因为这是对客人和酒店本身都没有好处的。

（2）查看当天来客表，试看客人中有否连住可能，如：家庭、同游者和互相认识的客人，本来是预订多间客房，但当他们登记时，希望争取住同一个房间，以减少占用客房。

（3）联络订房的单位，询问客人的到达时间，并解释订房的规定是：如客人未通知店方其到达时间，订房将在下午6时自动取消，提醒订房单位须预缴订金以便保留房间。

（4）了解附近同级酒店是否有空房，如有需要则代为预订所需房数。

（5）查看当天住客登记表，做好转往其他酒店入住的准备。

（四）处理程序

（1）当客人到达时，接待员应立即通知值班经理或前台主管。

（2）值班经理处理问题时，应与客人到僻静处处理。

（3）和客人解释客满情况，技巧地着重强调酒店已替他作出了安排，避免提及不能提供的事情。

（4）如是要转到其他酒店入住，在附近同级酒店订好房间，并为客人取得最理想的房价。

（5）如客人是在别的酒店暂住，其后要搬回本酒店住的，应记录好入住日期及时间，以便安排酒店汽车接送（酒店费用）。

（6）转移客人时，应用酒店专车。

（7）在记录本上记下客人归来的日期时间，当天应安排好住房。

（8）如客人只在别的酒店住一天，可提议他寄存一些大型行李于行李室，以待第二天返回时领取。

（9）向客人解释清楚账目上的问题。

（10）客人第二天入住时，应安排较好的房间，并赠送一些酒店小礼品和酒店道歉信。

六、如何编排住客房间

（一）要求

编排住客房间是指当天客人来到时，为客人预先编排好房间，这样可以减低客人迁入时间的混乱，同时可使客人尽快到房间休息。编排住客房间是由总台接待员负责，编排房间的种类有以下几种。

（1）当天团体客人。

（2）当天散客。

（3）为预订未到的客人编排房间。

编排房间时，要根据客人要求的房间类型、房间方向、房间楼层、常客对某房间的特别爱好来确定。

（二）为当天团体客人编排房间

（1）总台接待员根据团体协议去编排已预订的房间类型。

（2）尽量编排在同一楼层、相同类型的房间，以免引起同一团体的其他客人有异议。

（3）在房间指示上标明该房间已被编排，不能再作其他用途。

（三）将当天散客房间编排好

（1）通常投诉的都是散客，因此总台接待员在编排房间时要特别注意。

（2）尽量按客人所要求的编排。

（3）如来客表示有两间预订房间的，客人是朋友或相熟的，应尽量把他们编排在相邻的房间。

虽然总台接待员在编排房间时都是尽客人的要求而为，但有时还会有以下情形出现，会影响房间编排：①某类房间出现短缺的情形；②家庭或套房及其他套房数量有限；③旅游季节繁忙的时候。

（四）如何编排住客房间

订房人员在预先编排房间时，需了解各类房间的存量。总台接待员为当天来客编订房间时，通常会遇到以下问题。

（1）客房不足。这种情形通常会在旅游旺季，超额订房时所致。

（2）某类型客房不足。当多数客人预订同一类型客房时（例如：预订向江的一面）便会出现这种情形。

（五）客房不足的补救方法

1. 通常客房不足，可以用以下方法补救

（1）前一晚或当天预订未到的。

（2）客人提早迁出。

（3）谢绝客人延期或延时迁出。

（4）在迫不得已时，由前厅部经理决定是否为客人另找酒店。

2. 某类型客房不足时优待客人入住高一级的房间

（1）因为酒店只按客人原预订的房间价格收费，因此必须由前厅部经理批准。

（2）被优待的客人逗留时间只能在两天之内，以免酒店损失太多。

（3）告诉客人已经被优待。

（六）自来客（WALK-IN）的房间编排

（1）自来客是指事先未预订房间的客人。由于总台接待员不能预先为这类客人编排房间，所以，需要花长一点时间去为客人编排房间。

（2）为了使酒店的豪华客房有较高的销售量，总台接待员应有技巧地向客人推销该类房间，但切记不能用欺骗或过分推荐的手段。

（3）介绍房间类别及价钱

① 没有预订房间的客人来总台，接待员应礼貌地解释不同价格房间的区别，使客人了解并选择自己所需的房间类型。

② 当客人决定入住房间的类型时再向客人复述该房间的价钱，以免产生不必要的误会。

七、客人入住手续的办理

（一）要求

当客人在酒店门前下车，行李员应主动上前相迎，并接过客人的行李，把客人引领到总台办理入住登记手续，领取钥匙后，引领客人到房间休息，这一个简单的手续，如能处理得好，定能使客人对酒店的服务倍具信心。

（1）总台接待员应暂停原来的工作，向客人展露笑容，礼貌地询问客人姓名如："先生，您好，欢迎您光临××酒店，请问先生应怎么称呼？但愿我能为您服务。"

（2）当客人说出自己的名字后，应说："多谢×先生"，然后在订房架上拿出订房卡，取出一张入住登记卡让客人填写。

（3）当客人正在填写入住登记卡时，接待员应马上按照订房卡上的资料编排房间，填写住客手册，注明客名、房号、迁出日期及房价。

（4）客人填妥入住登记卡后，应查看客人有否遗漏了什么重要事项，如：离去日期、证件号码、国籍、付账方式及签名等。

（5）查看客人的证件，核对编号是否填错。

（6）当客人填写付账方式是信用卡时，应请客人出示信用卡，并打印出一张信用卡表，目的是方便客人在迁出时节省时间。

（7）如客人是现金付账（微信或支付宝），那么便要礼貌地请客人先付全部租金（包括服务费及税金）。

（8）一切手续办好后，便在客人面前展开住客手册，向客人解释他的房号、离开日期及房间的租金，然后将手册给予客人，再将房卡交与行李员，再向客人说："×先生，行李员××会带领您到房间去，祝您在××酒店愉快。"

（9）接待员应将入住登记卡分开，把订房卡订在第一联入住登记卡的后面，以方便查阅。

（10）把订房资料订在入住登记卡的第三联后面，连同账单，一并交与前厅收银部。第二联登记卡则存在一起，第二天早上一并向公安局申报。

（11）把客人的姓名、房号、人数、离开日期，依据第二联的入住登记卡的号码次序，填写在当天入住客人登记簿上。

（二）散客入住登记的程序

（1）询问客人有无预订。抵店的客人分为两类：已办订房手续的客人和未办订房手续而直接抵店的客人。这两类客人办理入住登记的过程是完全不同的。接待员应面带微笑，主动问候客人，对他们的光临表示热情欢迎，然后询问客人有无预订，如客人已办理预订，则应复述客人的订房要求，然后请客人填写登记表。

（2）对于未经预订直接抵店的客人，接待员应首先了解客人的订房要求，热情向客人介绍酒店目前可出租的房间类型和价格，确认客人能够接受的房间类型、付款方式和离店日期，尽量满足客人的要求。

（3）填写欢迎卡，向客人介绍其用途并请客人在上面签字，如是自费的客人应写清楚房价和折扣率，并请客人交付押金。

（4）检查客人的登记表内容是否与证件一致，是否清晰、正确和齐全，最后填上房间的号码，并签上接待员的名字。

（5）向客人介绍和推销酒店的服务设施和项目，询问客人是否需叫醒或其他服务。

（6）将钥匙交给行李员，安排引领客人进房，并祝客人在本酒店住得愉快。

（7）如客人有传真、邮件、留言等，应在办理入住登记时一并交给客人。

（8）对于持订房凭证的客人，接待员应注意检查下列八个方面的内容：客人的姓名（旅行团号）、酒店名称、居住天数、房间类型、用餐安排、抵店日期、离店日期和发放订房凭证单位的印章。接待员应向客人解释订房凭证所列的内容并解答客人的疑问。

（9）将客人资料整理好并做好记录。

（10）将客人资料全部交前台收银处。

（三）团体入住的登记程序

团体客人是酒店的重要客源，接待好团体客人对建立稳定的客源市场，提高酒店的出租率，保持与增加收入有重要的意义。在团体客人抵店前，接待处应做好一切准备工作，如是大型团体，酒店可以在指定区域或特别场所为客人办理入住手续，做好团体客人抵店前的准备工作，以避免客人在抵店时，酒店大厅内出现拥挤阻塞的混乱现象。以下是团体入住登记的基本程序。

（1）团体客人均有接待计划，且一般都预订了房间，在团体客人抵达酒店的前一天，必须做好房间预报，并在客人到达的当天早上就将房间分配好，做好一切准备工作，客人房间数按两个人一间房为原则来安排（不负责自然单间，但要预备陪同床位），除非预订计划明确要求单人间或三人间。

（2）团体客人抵达时，接待员向领队、陪同致意，确认团号，核实人数、房数、用餐等有无变化和是否相符，如有变化，则要与领队、陪同弄清情况，取得一致意见后方可给予开房。

（3）请领队、陪同分配房间，并落实该团的住宿计划，如确定叫醒时间、出行李时间、用餐时间、有无特别要求及领队房间号码等，然后请地陪在团体资料上签名，若该团有全陪，要安排全陪入住，分完房拿到分房名单后方可给予房间钥匙，安排客人进房休息。

（4）向领队、陪同要回团体客人住宿登记表，如是台湾客人，表内应有台胞证号码、签证号码、签证有效期，客人姓名、性别、出生年月日、永久地址等项目，如是港澳客人，表内应有回乡证号码、回乡证有效期，如是外国客人，表内应有团体入境签证印章，如无团体签证，则要客人填写一份外国人临时住宿登记表。

（5）团体客人临时提出加房、加床的要求，要严格按照合同和操作程序处理，首先应让订房机构确认，如订房机构同意确认，应请陪同、领队书面注明原因、挂账单并签名，然后将此单交订房处，底单连同客人资料一起交前台收银处。如订房机构不同意，则应请客人即时现付加房、加床的费用或交押金，并请领队、客人在书面通知上签名，然后将书面通知的底单连同客人资料一同交前台收银处，该单由接待处存底备查。

（6）重要"VIP"团入住时，可先发房间钥匙给客人，让客人先上房间，留下领队及陪同办理入住手续即可。

（7）完成接待工作后，接待员要将该团全部资料集中在一起，将团体接待单、更改通知单、特殊要求通知单、客人分房名单等资料尽快分送有关部门，将该团全部资料交前台收银处。

（8）制作团体总账单，将团体客人资料分类整理好。

（四）填写登记表

在办理入住登记的过程中，应减少客人办理入住登记的时间。对于已经办理订房手续的散客，在客人抵店前，便可把有关资料记录在客人的登记表上，待客人抵达时，请其在登记表上填上其他内容，然后签名，核对客人证件无误后即可。对于已办订房手续的贵宾或常客，接待员可以根据客人订房单和客史档案资料的内容，提前准备好登记表、房卡、钥匙信封等，待客人抵店时，核对客人证件并签名后即可进入客房。未经预订直接抵店的客人，由于酒店无法进行客人抵店前的准备工作，因此，要求这部分客人填写空白登记表，在客人填写表格的过程中，接待员应尽量提供帮助，尽可能地缩短客人办理入住登记的时间。客人的临时住宿登记表共一式三份，第一联可用作申报临时户口之用，第二联应与客人的账单和订房资料一同交前台收银处，第三联可用作客史资料存档。

（五）入住登记时出现的问题及对策

（1）繁忙时刻。繁忙时刻，客人等候办理入住手续的时间过久，可能引起抱怨。为避免客人等候过久的现象出现，在工作中要努力做到以下几点。

① 客人抵店前，接待员应熟悉订房资料，检查各项准备工作。

② 根据客情，合理安排人手，在客流高峰到来时，保证有足够的接待人员。

③ 繁忙时刻保持镇静，不要打算在同一时间内完成好几件事。

④ 保持记录的正确和整洁。

（2）客人暂不能进房。在接到客房部关于客房正在打扫的通知时，接待员不能将客房安排给抵店的客人，因为客人对客房的第一印象是十分重要的，出现这种情况时，接待员可为客人提供寄行李服务或请客人在大堂休息区稍候，同时与客房部联系，请他们加派人手赶快打扫，当客房打扫完毕、检查完毕后，才可让客人入住。

（3）酒店提供的客房类型、价格与客人的要求不符。接待员在接待订房客人时，应复述其订房要求，以获得客人确认，避免客人误解，房卡上填写的房价应与订房资料上一致，并向客人口头报价（仅指自付客人）。如果出现无法向订房客人提供所确认的房间，则应向客人提供一间价格高于原客房的房间，按原先商定的价格出售，并向客人说明情况，请客人谅解。

（4）入住登记完成后，未能正确、及时地将信息传达给其他部门，影响了对客服务的质量。要求前台人员在入住登记完成后，应正确、及时地制作各种表格，通知有关部门，酒店应将此项工作纳入前台人员绩效考核的范围。

八、客房钥匙的分发及管理制度

（一）酒店钥匙的种类

酒店钥匙的种类应分为：万能钥匙、客房总匙、楼层主匙和客房钥匙及公众钥匙五种。

（1）万能钥匙——可打开酒店内所有客房的门锁，并且能够实施客房双重锁和能够打开客房双重锁，此匙由总经理（驻店经理）及值班经理（大堂副理）保管，（财务总监保管一条封存备用），便于总经理检查任何客房及值班经理于紧急情况下使用此钥匙。

（2）客房总匙——可打开酒店内所有客房的门锁，但不能打开双重锁及实施双重锁，由行政管家（客房经理）保管使用，便于客房部经理检查房间的工作。

（3）楼层主匙——只能打开一层楼所有客房的门锁，由楼层领班保管使用，便于楼层领班检查房间状况和清洁卫生，以及楼层各班服务员整理客房、开床或客人丢失、忘带钥匙时为客人开门之用。

（4）客房钥匙——是住店客人在住宿期间使用的钥匙，由接待处（问讯处）保管。

（5）公众钥匙——是各营业场所每日使用的工作钥匙，也是清洁领班安排非营业时间内清洁营业场所时开门之用。应统一保管于前台收银处的专门钥匙箱内，通常规定指定人员方可领用，并存可领用人的签名名单于前台收银处，便于签领时登记查核之用。

（二）客房钥匙的分发和管理

（1）客房钥匙的分发须严格控制，接待员（问讯员）可直接把钥匙分发给熟悉的贵宾、长住客和酒店的常客。分给钥匙时，一定要小心慎重，绝不可漫不经心地将客人的钥匙弄错，引起客人的反感。

（2）住客来拿取钥匙时要热情迎接，向客人问候，要能主动、准确地将客人的钥匙拿给客人。

（3）对于你不认识、不熟悉的客人来拿钥匙时，应该有礼貌地询问客人的姓名，然后与住客名单仔细核对，确认准确无误后，方可给予客人钥匙，如遇疑问，还应请客人出示房卡，以供核对。

（4）非住店客人若要取用客房钥匙一定要有住客的书面授权或书面证明方可，非住店客人如有特殊情况必须进入客人房间时，一定要有大堂副理及保安人员在场陪伴。

（5）注意与前台收银、大堂副理、团体领队及陪同保持联系，提醒离店客人归还钥匙。

（6）钥匙从客人手中收回时，应马上放入钥匙格内，以免到处放容易丢失，将钥匙放入钥匙格时一定要看清楚房号，不要放错，避免引起工作不便。

（7）前台柜台严禁外人及无关人员出入及动用客房钥匙。

（8）定期擦拭钥匙，保持清洁卫生。

（9）如发现钥匙遗失，当班员工必须在房间控制表上的相应位置注明"钥匙遗失"的标记，同时还应填写钥匙遗失的报告，报告的内容除证实该客房钥匙遗失外，还应填写遗失的原因，以便前厅部管理人员可以从遗失的客房钥匙数量及遗失原因中，发现改善管理的必要性，从而决定应该采取何种安全措施。

九、转房程序

（一）要求

客人入住客房后，在各种不同原因之下，也许会出现要求换房的情况，作为酒店服务员，应在合理的情形下尽量满足客人的合理要求。

（二）一般客人换房的理由

（1）客房噪声太大。

（2）客房方向不满意。

（3）客房层数高低有异。

（4）远离朋友的房间，接触不方便。

（5）要求不同的床类（双人床、单人床）。

（6）要求不同价目之房间。

（三）换房前应注意的事项

（1）因客房价格有别，应有技巧地向客人说明。

（2）将入住的房间是否已由客房部清洁好，如暂时还未清洁但又没有别的选择，应与客房部联系，优先整理，并问清所需时间，然后向客人说明。

（3）未经清洁的房间，绝不可让客人更换，以免影响客人对房间的印象。

（4）礼貌地请客人预先收拾行李，以便行李员搬运。

（四）程序

（1）总台接到通知后，应在房间资料本上查看，选择合适的房间，询问客人会在什么时间把行李准备好，行李员应在什么时间协助搬迁，请客人在客房等候。

（2）总台应填妥一份客房/房租变更表，此表为一式三联，并在打印时印上时间。

（3）总台把客房/房租变更表及时交与行李员，并将要迁住的房间钥匙一并交与行李员，按时前往客房替客人换房。

（4）行李员替客人更换妥后，应把变更表上在行李处一栏内签署，再把第三联给予房务员，余下两联交返总台。

（5）总台收回变更表后，把第一联交与前厅收银员，以便更改账目及住宿登记表或团体房号表上有关资料。

（6）总台应把第二联备存，然后更改房间资料架及其他有关的记录，通知总机更改客名资料架上的房号，如有影响订房部资料（如整房安排）的也应通知订房处。

（五）客人不在房间的转房程序

有时候客人要求转房，但他要马上外出，或因其他原因不能留在房中等待，为了满足住客的要求及不影响酒店的房间调配，酒店有必要在客人不在时替他更改房间。

（1）总台应了解客人的房间要求。

（2）向客人解释不可马上更换的原因（大多是因为房间没有即时清洁或客人还未迁出）。

（3）如客人需要外出而希望酒店能自动替他换房时，应通知客人预先把行李收拾好。

（4）要避免告诉客人即将迁调的房号，这样可以挑选最早清洁的房间，为他安排。

（5）通知客人返回酒店后，可向总台询问及拿取新的钥匙卡。

（6）总台待房间清洁完毕后，填写客房/房租变更表。

（7）客人不在房间的换房，行李员必须由保安员陪同前去处理。在行李员从旧房取出行李后，保安员应检查客人有否遗漏任何物品，然后陪同行李员把行李放在新的房间内的行李架上，最后关门离去。

十、职员住房要求

（一）职员住宿酒店的各种原因

（1）酒店餐饮部订餐繁忙，员工需要在深夜下班，第二天早上又要马上继续上班。

（2）遇到飓风（大风暴）夜班职员留夜，以防早班员工未能准时接替。

（3）各部门经理因为公事上的需要。

（4）各部门因为某种原因，如清算盘点及职员短缺等，有些员工需要连续接班。

（二）程序

（1）各部门经理需要填写一式两份的职员住宿要求书，详列职员的名称及住宿原因。

（2）值班经理或前厅部经理根据当天订房情形，许可住宿要求。

（3）当住宿要求被批准后，值班经理或前厅部经理须在要求书上签署。

（4）总台员工安排职员房间。

（5）总台员工在人名资料架上写明职员住房。

（6）通知客房部。

（7）通知保安部，以防职员在房间内喧哗或赌博。

（三）夜间报告

夜班接待员在填写好职员住房报告后，正本可附于分发给总经理的报告表上，副本则附于前厅部经理的夜间报告上。

十一、前厅夜班客房报告

（一）简介

前厅部除了直接与客人接触的服务外，也有很多夜间报告，主要是夜班总台接待在夜班核数员的协助下需完成的任务,以便管理层得以明了业务上的进度及住客的情况,各项住房报告均在所有住客已经安顿后(在凌晨时分)将账目及其他资料作一总结。

(二)前厅部的夜间报告表

1.客房透视表

此表须复写一份,需把每一个房间的总人数、房租收入等填写清楚,然后将每一层楼的房租收入列一总数,交与夜班核数员,夜班核数员从收银机记录上,核对总数是否正确,如有差异,便马上找出原因。

2.客房营业统计表

(1)此表为当天的住房登记情况及第二天占住率的预测,是前厅部重要报告之一,此报告应一式九份,分别派发给总经理、副总经理、前厅部经理、客房部经理、人力资源部经理、餐饮部经理、总工程师、财务总监,自留一份存档。

(2)客房营业统计表上的住房情况,是夜班接待员从房间资料架上取得的资料,分别把房间类型的现状填妥,而团体、零散、免租及优待的房间百分之和,便是当晚客房的占住率。

(3)当天房租营业栏的现数、日租收入是经夜班核实员结算后给予夜班接待员的资料,两天数项相加之和,便是当天的房租收入,预算和去年今日栏是为便于管理层对当天入住作一明显比较而设。

(4)双人房率的目的是要了解房间住客的双人房占住率。计算方法如下:(住客人数-售出房数)÷售出房数×100%。

(5)迁入总数栏是当天所迁入酒店的房数总和,一般是从迁入登记簿上点数填上。

(6)迁出总数栏是当天所迁离酒店的房数之和,计算方法为:当天迁入+昨天占住房数-今天占住房数。

(7)订房取消量是当天的预订中因各种原因,已通知酒店将预订取消的房数总和。

(8)当天接受是因为当天的预订尚未定满,因而当天临时接受入住的房数,这是日间总台接待员之记录,由夜班接待员作出统计报告。

3.免租住客表

从房间资料本上取得所有当天免租住客的房号,再从前厅收银处取得客人已登记记录,制作免租住客表,连同客房营业统计表一并派发各有关部门。

4.坏房表

从房间资料本上取得当天因为各种原因未能出租的故障房间,目的是使管理层跟踪这些房间的进度,以便能及早投入供应,增加收入。此表一式七份,分发给总经理、副总经理、前厅部经理、客房部经理、总工程师、财务总监,自留一份存档。

5. 预订不到/取消表

此表是记录一切当天原定迁入的预订，但由于各种原因而把预订取消和预订未到者，夜班接待员作出此表，以便管理层能了解预订取消情况及作为日后记录。预订不到表是一式七份，分发给总经理、副总经理、前厅部经理、客房部经理、餐饮部经理、财务总监，自留一份存档。

6. 预期迁出表

此表是把所有次日预料迁出的房间列出，以便其他部门作出应有的准备。夜班接待员记录下次日即将迁出的房间号码并打印出来，散客的客房之下已有横线表示，没有横线的便是团体客房，此报告应一式五份，分发给副总经理、保安部经理、行李处主管、客房部经理，自留一份存档。

10-05 问讯处业务操作规程

问讯处业务操作规程

一、问讯处员工应掌握的信息范围

问讯处员工要耐心、热情地解答客人的任何疑问，要做到百问不厌，态度和蔼可亲。为了能正确、迅速地向客人提供问讯服务，问讯处员工必须熟悉下列信息。

（1）了解主要客源国的风土人情、生活习惯、爱好、忌讳等。
（2）世界地图、全国地图、本省及本市的地图。
（3）旅游部门出版的介绍本地各风景名胜点的宣传册。
（4）本酒店及本酒店所属集团的宣传册。
（5）电话号码簿。
（6）邮资价目表。
（7）酒店当日活动安排表。
（8）当地电影院、剧院的节目安排表。
（9）当日报纸。

二、留言服务

（一）留言分类

酒店里常见的留言，大概可分为以下四类。
（1）外来电话找不到客人，要求总机或柜台服务员代为留言。
（2）访客到来，找不到要见的住客而为其留言，要求转交房客。
（3）客人外出前，给可能会来找他的朋友留言。

（4）酒店本身发出的通知。

（二）留言程序

（1）为客人留言，应记录房客的姓名及房号，核对清楚是否正确。

（2）记录客人留言并请客人过目签字。

（3）把留言者的姓名及电话号码记录下来。

（4）记录留言的时间及日期。

（5）接办人签名。

（三）留言单处理

访客留言单应一式三联，第一联放在问讯处；第二联应由行李员从客房门下送入客房；第三联送话务处，由话务员打这客房的留言指示灯，客人返回后，话务员则向客人口述。

三、电讯及邮件的接收

（一）邮件的种类

邮件的种类大约可分为传真、电报、信件、挂号信、包裹。

（1）传真。由订房部主管或其他前厅部人员从传真机取下，交于总台发送。

（2）信件。每天由邮递员直接交于总台。

（3）包裹。由邮递员送达总台，一般都要总台接待员在收据上签收，由于包裹的体积较大，是由行李部签收及暂存，再与总台联系，送发收件人，因此，在接收包裹时，应先查阅此人是否在酒店入住或订房。

（二）处理邮件的基本规则

（1）不可拆阅或扔掉任何信件及包裹。

（2）熟悉各部门主管的名字，不要与客人的信件混淆。

（3）如收信时发觉信件已被破坏，应用铅笔在信面上注明，以使其他同事知悉。

（三）程序

（1）总台在接收任何信件、传真时，都应及时记录接收的日期及时间。

（2）将邮件分为两类：一类是属酒店其他部门，另一类是酒店的住客。

（3）将属同一部门的信件，用橡皮筋扎在一起，送交行李处派发至部门的信箱（如属急件，应马上递交部门办公室）。

（4）从总台的住客资料中，查获住客的房号，并以铅笔在信面写上房号。

（5）如属电报、挂号信，应在记录本上填写，以便客人签收。

（6）用电话通知客人，请他前来总台取信，然后将信放在钥匙架内，如客人要求送到房间，可由行李员送上。

（7）如不能接触客人，应填写信件通知单，此单一式两份，正本由行李员从门底送入客房，副本夹在信上，放于钥匙架上，待客人领取。

（8）所在钥匙架上的普通信、房客留言及传真，若在晚上10时客人仍未前来领取，总台便应到行李处，由行李处填写送信记录，然后从客房门底送入。

（四）收件人尚未搬入

若从订房资料中，得知客人将在当天入住，如是团体客人，应将信件夹在团体订房记录文件上，交于总台将信件放进所编排定的钥匙信封内，待团体入住时，即时交与客人；如是散客，应将信件放好，并在订房记录卡上写上（有信件）或（有传真）等字句，写上客人预订入住的日期，并放在暂存邮件盒内。

（五）客人已迁出

（1）若得悉客人是当天迁出，应马上询问行李处，查看客人是否仍有行李暂放或仍未离开酒店，以便将邮件交送客人。

（2）若客人已经离去，可查看客人有否在离开前留下转邮地址，以便可以将信件转寄给客人。

（3）如邮件在暂存十四天后仍不能转交客人，则应按原址退回。

10-06　大堂副理（夜班经理）工作程序

大堂副理（夜班经理）工作程序

一、夜班经理的职责

夜班经理是酒店在夜间工作中的最高负责人，负责酒店夜间所有工作，确保一切夜间的业务得以正常运作，因而必须具备一定的管理才能和对酒店一切操作有相当熟悉的了解。

（1）处理客人的投诉、财务、失窃及其他意外事件，向上级汇报。

（2）监察酒店内的夜间工作，保障酒店的财务、人力和物力不致浪费。

（3）签批总台及夜间核数员的夜间报告，确保计算及预测正确。

二、大堂副理记录本

大堂副理记录本是由前厅部的大堂副理及夜班经理在值班时的工作记录本，通常是把酒店内所发生的重要事情记录下来以供参考、改善及处理。记录本是在每天早上8:30前（星期天除外）呈报前厅部经理，由前厅部经理转交总经理审阅。

（一）记录本上事项记录程序

（1）日期。每一天都在新的一页上写上日期。

（2）时间。写下事情发生的时间。

（3）事件情况。将事情发生的经过详细地记录下来。

（4）处理。将事情发生后的处理方法记录下来。

（5）善后处理。记下事情的最后处理结果。

（二）一般需要记录的事情包括
（1）客人的投诉。
（2）任何失窃事件。
（3）打架斗殴。
（4）意外事故。
（5）员工犯规情形。
（6）重要人物入住。
（7）其他事情。

三、处理客人的投诉

（一）对投诉客人的应有态度（意识）
（1）永远保持酒店的良好形象，不应显得不耐烦。
（2）为客人调查挂账的情况。
（3）仔细倾听客人的投诉。
（4）仔细分析客人的意见是否合理。
（5）向客人表示歉意。
（6）无论是酒店或客人的错误，事情处理完毕后，都应多谢客人提出的宝贵意见。

（二）处理投诉的程序

1. 接待投诉客人
（1）如情况许可，在事前应先将事件发生的过程了解清楚。
（2）态度要诚恳。
（3）礼貌地请问客人姓名，并介绍自己的姓名及职位。
（4）引领客人到办公室，请客人坐下，并请客人喝饮料，一定等客人心平气和后，再作进一步处理。

2. 倾听客人的投诉
（1）全神贯注地聆听客人的投诉，将事情记录下来。
（2）不要打断客人的陈述，客人遇到不愉快的事，极需要一个倾诉的对象，以发泄不满。

3. 表示歉意及同情心，并感谢客人指出的问题
（1）无论客人投诉的是什么事，都要诚心地表示歉意，客人总觉得自己是对的。
（2）说话要礼貌、婉转，并对客人的投诉表示关注。
（3）感谢客人帮我们指出了问题，并表示会尽快处理。

4. 查出真相
（1）寻找投诉者的资料，查询有关的员工，客观地分析客人的投诉。
（2）找出被投诉的有关工作人员或设备。
（3）当面询问被投诉的员工。

5.记录及做善后工作

(1)在记录簿上记录下时间、客人姓名、房号和所投诉的事项及善后的处理方法。

(2)同有关部门商讨改善的方法。

(3)由前厅部经理代有关部门发致歉信,通知客人他所投诉的事,已正在进行处理或已经改善,并多谢客人的宝贵意见。

6.履行酒店的规章

在处理投诉时,我们也许被迫要向客人说"不"字,作为处理投诉者,如遇客人无理要求,应正视对方,按酒店的规定婉拒客人。

四、客人结账的问题处理

(一)要求

当客人结账时,发觉账单上的总结数目与所预算不同而发生投诉时,管理人员应慎重处理。平时应具备这方面的常识便可使问题迎刃而解。

(二)各种不同的账单差异及其处理方法

1.住房价目的差异

(1)收银单上的房价与登记卡上的价目不符。应以订房时报给客人的房间价目为准。

(2)登记卡与住客手册上的房间价目不符。如果住客手册上的房间价目比登记卡上的为少,为了保持与客人的友好关系,应以住客手册上的价目收费。

2.长途电话账目的差异

(1)住客打电话时,受到电流干扰,不愿付钱。应向客人解释,电话费是电信部门及电话公司所收取的费用,酒店不得不收,只可以给服务费。如果该项长途电话只用了少于三分钟的时间,而客人却极力拒绝付费,则为了保持和客人的友好关系,也可作出让步,由前厅部经理签署取消。

(2)电话接线生登记或计算错误。应立即向客人道歉,并纠正错误。

(3)客人赖账。记住我们的态度是永远保持友好,但坚持要客人付账。坚持客人付账的过程比较困难,须特别注意沉住气,冷静、友好地给客人解释,不急不躁,但肯定而支持,绝不可出言不逊,甚至嘲讽讥笑赖账的客人。

3.餐饮的差异

(1)客人忘记有该项账目。

(2)客人认为该项餐饮账目太大。

(3)服务员的登记出现错误、差漏。应立即调查餐饮单的存案,让客人复核。如果客人认为餐饮单上的其中一二项是错误时,按当时情形,可以取消收费。

4.迷你酒吧的差异

(1)客人投诉并没有使用迷你酒吧的饮料或食物。

(2)服务员忘记补充其中一两项食品或酒水,事后又报酒水消费单至前台,应做如下处理。

①调查迷你酒吧登记记录。
②调查客房部客人迁入的时间记录，因为有可能是刚迁出的客人使用了酒水。
③为了保持与客人的友好关系，按客人的解释理由，可以取消收费。

（三）如何避免账单上的差异

首要是细心操作，保持记录正确无误，减少人为的错误，即使在忙碌中，也应保持镇定，从容应对，忙而不乱。

（1）小心计算数目，避免加减错误。
（2）登记准确及时，避免把账目记在别的客人账单内。
（3）夜班前台员工每晚都应小心核对客人账项，及早发觉错误之处，便于及时处理。

五、住客不能结账的处理

当客人办理迁出手续时，如因为自己所持的信用卡出现问题，又没有足够的现金付账时，前厅收银员一定通知前厅部经理处理。

（1）礼貌地要求客人可否用其他方法付账。
（2）如客人无法以其他方式付账，应询问他是否有同伴、本地的朋友或公司可以帮他支付酒店费用。
（3）如没有充分时间等待客人的银行电汇，应记下客人的资料：姓名、详细地址或公司地址、电话号码或传真号码、护照号码。
（4）请客人签署账单。
（5）向客人说明账单将寄往他所提供的地址，并希望客人尽快寄发支票付款。

六、处理客人发生意外事件的程序

（一）住客常遇的意外

（1）在浴室滑倒或在公共场所绊倒。
（2）玻璃刺伤。
（3）急病或晕倒。

（二）处理程序

（1）员工若发现客人有任何的意外发生，应马上通知保安部值班室或当值大堂副理。
（2）值班室应传呼当值保安部主管及前厅部的大堂副理前往现场察看。
（3）如客人的意外事态严重，应立刻通知救护车送医院救治。
（4）门前保安员应疏通交通，以便救护车停车方便，并指引救护人员至现场。
（5）如客人是在酒店的范围内受伤，若经酒店的医护人员处理好后，保安部主管应协助伤者填报一份意外受伤报告表，以便酒店进一步调查和记录。

七、客人损坏酒店财物的处理程序

（一）客人破坏酒店财物的几种原因

（1）孩童的无知或顽皮。

（2）宾客的恶作剧。
（3）宾客的疏忽、粗心大意。
（4）外来人员的肆无忌惮和恶作剧。
（二）处理方法
（1）如发现有孩童在破坏酒店的财物时
① 员工应马上上前善言劝阻。
② 通知保安员劝阻。
③ 如孩童的父母不在场，应马上寻找孩童的父母，告知详情，并希望孩童的父母阻止。善意劝告日后不要有同样的事情发生。
④ 员工应注意不能吓坏小孩，也不能过于责备小孩的父母。
（2）房务员每天进入客房搞卫生时，要注意观察房间内的设施设备是否有损坏的迹象。
（3）如发现有损坏马上通知客房部经理处理。
（4）客房部经理会同前厅部经理或值班经理、保安部经理到该房间用相机把损坏的东西拍下来。
（5）该房房门将会被双重锁锁起来，或将房间封闭起来。
（6）总台接待员在记事本上记下客人的资料，在房间资料上标明显示该房间已被双重封房。
（7）待该客人回来时，告知客人前厅部经理有事商谈。
（8）由前厅部经理决定客人损坏酒店财物应付的赔偿。
（9）员工若发现有不速之客在酒店，应通知保安员进行监视，以防有不轨行为发生。
（10）如发现外来客人破坏酒店的设施设备，应立即通知前厅部经理和保安部经理。
（11）必要时，可警告该人不得再擅自进入酒店。
（12）事态严重的，便将其扭送到公安局处理。

八、处理醉客问题

（一）要求

客人醉酒的情形要谨慎处理，处理不当会令客人有被轻视的感觉。一般客人醉酒在酒吧或餐厅发生较多，当餐厅部主管不能应付时，都会通知前厅部的大堂副理及保安部经理协助处理。

（二）客人在酒吧、餐厅里喝醉酒

（1）餐厅服务员若发觉顾客已喝得太多或有醉意时，应马上通知餐厅主管并上前劝客人饮用其他非酒精类饮品。
（2）如主管不在时，通知前厅部经理。
（3）如确定客人已不能再继续喝酒，应技巧地劝阻客人，并停止供应任何酒水。

（4）立刻引领醉酒者离开酒吧，以免骚扰其他客人。

（5）保护醉客，以免醉客伤害自己及其他客人。

（6）护送醉客到其房间，请其朋友照顾醉酒者。

（7）如有需要，则为客人准备热水、热茶或咖啡等。

（8）如非酒店住客，请醉酒者离开酒店。

（9）如遇醉客难以应付，应通知保安员协助处理。

（三）客人在房间喝醉

（1）若楼层房务员发觉有客人在房间饮酒喧哗，影响邻近住客时，应通知客房部经理来婉转规劝客人。

（2）当楼层房务员发觉有住客喝醉，应马上通知客房部经理。

（3）客房部经理到醉客房间劝阻客人停止使用酒水。

（4）如有必要，令房务员拿走房间的迷你吧供应品。

（5）通知餐饮部拒绝酒水服务。

（6）保安员应在房外留意醉客动态，以免发生意外。

九、处理酒店失窃事件

（一）酒店失窃的类型

酒店的失窃，大约可分为以下两类。

（1）住客报称有财物在客房内失窃。

（2）酒店内的财物失窃。

（二）住客财物在客房内失窃的处理程序

（1）若接到有关酒店范围内失窃之事，应马上通知保安部或前厅部经理，并保护好现场，现场环境绝不可移动。

（2）前厅部经理与保安部值班主管同时前往现场察看。

（3）如有需要，则用相机对现场进行拍摄记录。

（4）前厅部经理应向客人了解情况，如所失物是体积细小者，应征得客人同意后，帮客人在房间仔细寻找。

（5）如是客人的疏忽，放错地方，则找到该失物后，绝不可表现不悦之色。

（6）如在房间内找不到失物，保安员应协助客人填报一份失物报告表，以作为酒店的调查资料，存案备查。

（7）前厅部经理与保安部值班主管将事情经过记入记事本内，报总经理审阅。

（8）失物确定无法找回，而客人坚持报警时，立即通知保安室人员代为报警。

（9）将事件经过报告当天值班经理。

（三）酒店内的财物被盗的处理程序

（1）前厅部经理与保安部当值主管前往现场察看。

（2）如有需要，用相机将现场拍摄记录。

（3）保安部询问有关员工，了解情况，做进一步的调查。
（4）前厅部经理及保安部当值主管应把事情记入记录本中，呈总经理审阅。
（5）如有需要，由值班经理确定是否需要向公安局报案。
（6）将事件经过报告当天值班经理。

10-07　行李处业务操作规程

行李处业务操作规程

一、行李处的职责

行李处位于大堂近正门处，其主要职责是迎送客人，协助客人搬运行李等，是客人首先接触到的酒店服务员，因此行李员的礼貌和工作效率，在一定程度上代表酒店的服务水平。行李处职责如下。

（1）欢迎客人。客人抵达酒店时，应礼貌地欢迎及为客人开门，引领客人到大堂办理入住手续。

（2）协助客人搬运行李。确保客人的行李在搬运和暂存过程中，不致遗失或损坏。

（3）信息传递。为客人派发留言、信件，同时也为酒店其他部门传递信件、文件和报告及代为找人——住客或房客等。

（4）疏导交通。留意车道交通，协助客人上下汽车。

（5）接收及投寄包裹。派发邮件包裹给客人，以及协助客人投寄包裹。

二、行李员对客人入住服务程序

（一）散客入住

（1）行李员看到客人到达时，应立即为客人开门，微笑地向客人问安，并欢迎客人光临酒店。

（2）帮助搬卸行李下车，并告知客人卸下的行李数量，且礼貌地询问客人姓名（如能从客人的行李名牌上知道更好）。

（3）引领客人到总台办理登记入住手续。

（4）待客人办妥手续后，从总台接待员手中接过客人房间的钥匙。

（5）核对钥匙无误后，引领客人入房间。

（6）带领客人途中，可简单介绍本酒店的设施（例如酒店内的餐厅及酒吧等）。如客人已是常客，则无须做此介绍，而宜做一般闲谈。

（7）引领客人到达房门前，放下行李，为客人打开房门，让客人先进入房间，然后把行李放在行李架上。

（8）简单告诉客人房内设施的操作方法，然后把钥匙交给客人。

（9）离开前，应问客人还有什么吩咐并预祝客人住得愉快。然后为客人把房门轻轻关上（切勿逗留过久，以免令旅客误会）。

（10）返回行李处柜台，填写客人入住记录（房间号码、时间、行李件数等）。

（二）团体入住

（1）早班的行李员在当天上班后，便到总台拿取一份当天客人入住登记表。

（2）详细了解当天团体客人的情况，如有多少个团体入住本酒店，人数有多少，及团体的大概到达时间。

（3）团体到达时，应微笑地向客人问安，并欢迎各位客人光临本酒店。

（4）迅速引领客人到大堂安坐，以免阻塞大堂门前的交通。

（5）迅速将行李搬到适当的空置地方，清点行李件数，并挂上行李牌。

（6）根据客人入住登记表上的预编房号，核对客人行李名牌姓名，把房号写在各行李牌上。

（7）将行李根据楼层分类放好，以便运送。

（8）行李员将各楼层的行李分别送到客人房间。

（9）到达客人房间时，应先敲门，并告诉客人行李已到达，客人开门后将行李搬进客房，在适当的地方放下，以使客人便于查收，且把进房行李件数记下。

（10）送完行李后，将各房间的行李件数准确地登记在"团队行李记录表"上。

三、离店客人的行李服务

（一）团体的迁出行李服务

（1）夜班的行李员应该查核前台团体离店表，然后把当天离店团体房号、收行李时间及相关的资料填在团体迁出总结表上。

（2）再将各准备离开的团体归纳于一张团体迁出总结表上。

（3）行李员应在指定时间到房间收集行李并记录件数。

（4）行李员到达房间时，应先敲门，问安，并请问客人准备好没有。

（5）如客人未准备好，不得露出不耐烦的神色。

（6）把收集好的行李集中在保存室暂时安放，并应用绳串联，以免与其他行李混淆。如放置在公众场所，应不妨碍行人，并用网罩好。

（7）当行李车到达酒店接团体离开时，行李员便应通知旅行团领队陪同盘点行李，确认数量后，才小心运送行李上车。

（8）切记在团体离开酒店前，所有客人及旅游公司账目已经在前厅收银处办妥，并接过结账书。

（二）散客离店行李服务

（1）当行李员接到客人或总台接待员的通知某房间需要离店，应将客人房号及通知时间记录在散客离店表上。

（2）行李员应在指定时间到客人房间提拿行李，离开前把"请清洁房间"牌挂在房门外，询问客人有否订车，如有需要，替客人把车子订好。

（3）带领客人到前台收银处办理离店手续，行李员应站在客人后面等候（留意客人有否交还钥匙），完毕后，接过结账单，带领客人到预订的汽车，把行李放好，请客人盘点清楚，向客人道别，欢迎他日后再度光临。

（4）返回行李处柜台，把客人的离开时间、车辆编号记录在零散客人离店表内。

四、行李的处理及保管

（一）要求

客人来酒店住宿，行李是他们的必需品，也是客人的财物，作为酒店的工作人员应对客人财物予以爱护。客人的行李若在酒店受损或遗失，对客人一定会造成诸多不便，甚至可能引起酒店的索赔，因而影响酒店的声誉。

（二）行李服务中应注意的事项

（1）在接收行李时，应注意行李外表是否有损破，如有，应立即通知行李主管转告客人。

（2）不可将行李压叠或倒置。

（3）提拿行李时，应手持行李把手，不可牵提手带或其他不堪重负的地方。

（4）在任何情形下，不得脚踢、拖拉、抛接、脚踏或坐在行李之上。

（5）暂卸行李的地方不应妨碍交通及行人。

（三）行李的保管

1. 散客的行李保管

散客若需要暂存少量行李，应开具行李账单，将资料如房号、客名、日期、时间及件数填上，撕下下方部分给客人，上部分则挂于行李上，同时将资料记录在记录本上，以便查阅。在客人取拿行李时，必须交还收据，才可以提取行李。

2. 团体行李的保管

团体客人也许会集体离开酒店一段时间到指定的旅游地区住宿，在回程时再入住酒店，因此他们不会携带全部行李随行，便会留下一些暂时不需要的行李，行李处在团体离店时，须按时到房间收取行李，放在近大堂正门一角挑出需要代为保管的行李。保管时，应记录件数，并开具行李收据给团体负责人。要保存的行李应存在行李室内，并做好记录，待团体到达时，向团体负责人取回收据，再将行李编上房号，一并送交客人。

3. 收据处理

收据收取后，应订在存根后面进行存档，以便需要时查阅。

4. 遗失收据

若客人遗失了行李收据，应通知行李处主管处理，需客人签署收据遗失证明后，才可以放行李。

10-08　总机房操作规程

总机房操作规程

一、总机的职责

（一）目的

（1）方便客人对内/外的电话联系工作。

（2）为客人提供各方面的资料和消息。

（3）密切注意酒店内的安全报警系统。

（4）为住店客人提供叫醒服务。

（二）总机的职责

（1）为客人接拨长途电话。

（2）为客人留言。

（3）早晨叫醒服务。

（4）熟悉本地所有紧急事项的联络电话。如：医院、消防大队、公安局、航空服务单位等，便于必要时能准确而快速地联络。

（5）了解国际时差，以便提供客人询问的回答。

（6）注意消防报警系统的运作。

（7）熟知发生火警时的操作程序。

二、客人资料的认识

（一）要求

为了解住店客人的资料，便于提供有关咨询及良好服务，总机房应设置一个宽约12厘米，长约90厘米的铝质人名资料架，方便查阅。该架子放有很多铝片，每一个铝片可放一张人名资料卡。如无该资料架，则须由总台送给一份客人名单表，作为查询之用。

（二）用途及处理方法

（1）当总台替客人办好入住手续后，随即准备好一份一式四联的人名资料卡，其中一联便由行李员送到总机房。

（2）接线员收到该资料卡时，应马上根据住客的姓名（或拼音）顺序编排好插在相应的资料架格内；或按格架所排列的房号对应插入资料卡。

（3）资料卡上写有住客名字、房号、到达及离开日期和其他重要资料。

（4）访客或住客亲友打电话到酒店找住客时，接线员便很容易从资料架中找到住客的房间号码，为其提供快速的查询及电话转接服务。

（5）当客人需要叫醒服务时，客人说出房号及姓名时，接线员可重新核对一下该资料是否与资料架上的内容相同，如果客人把房号因记错而说错了接线员可以即刻加以纠正。

（6）当总台接待员分发住客信件时，可利用人名资料架迅速查出住客的房号。

三、接听电话的礼貌用语及技巧

（一）要求

电话是酒店中重要的联络工具，无论是对外还是对内都是最快而最有效的信息传递工具。作为一名接线员，在言语表达及态度方面应有良好的技巧，力求不至于令对方产生误会。

（二）技巧及规范

（1）接听电话时要声音清晰柔和，给对方舒心亲切的感觉，努力将你的笑语和善意融入声音之中，让对方产生面对面的感觉，使对方觉得电话里的接线生的声音有一份温暖和微笑。这样说起来似乎很抽象，但作为一个好的酒店服务员来说，却又是必须具备的条件之一。

（2）应以礼貌、诚恳的态度，不厌其烦地回答对方的问题。由于电话接听服务的优与劣，直接反映酒店的服务水准。因此，若接线员态度恶劣，则必会影响酒店的声誉。

（3）接线员对电话机的性能与功用、电话线路、号码等应有清楚的认识并须牢记在心，则在接听电话时必能应付自如，节省时间，以免令对方久等。

（4）所有电话在铃响三声以内均须接听，不得让对方久等。

（5）如果你一个人正在接听电话，而此时另外一部电话又在响起，那么应该跟正在接这个电话的客人表示歉意并说："对不起，先生/小姐，请您稍等。"接着马上听第二条线，向来电者解释你正在接一个电话，并请他留下电话号码或房间号码（规范语是："对不起先生/小姐，我正在接另一个电话，请您留下电话号码给我，我过一会儿跟您联系好吗？"）。若对方同意，则在你讲完前一个电话之后，便马上回电给他；如果他坚持要等你一会儿的话，那么请他稍等（"好吧，那么麻烦您稍等一会儿。"），同时，须有技巧地或迅速地结束第一个电话，不至于第二条线的客人久等（但是，必须注意：接线生不能为了光想急于接听第二条线而无礼地催促第一条线的客人，而应该技巧地结束该谈话）。

（6）接听电话时，首先要向对方问好，接着简单地介绍自己及所在单位，使用清楚温和的话语进行表述，使对方知道他要打的电话没有打错。通常可以按以下方式进行。

①"早上/下午/晚上好，（这是）××酒店。"（外来线路）

②"早上/下午/晚上好，（这是）××酒店，我想问一下……"（总机对外）

③"您好，是××港吗？我是××酒店总机，想麻烦你帮忙查一下……"（对外）

④"您好，××酒店。"（外线简洁用语）

⑤"您好，总机。"（内线最简洁问好及介绍语）

（7）接线员应对酒店的各项活动、设施的开关时间，本市及附近的环境、活动、舟车甚至邻近城市的航班均应清楚了解，并应做好对不同种类咨询的心理准备。

（8）客人可能会问起各类不同问题，如遇到不能回答的，应向客人表示歉意并说："对不起（很抱歉），先生/小姐，关于这个问题我不太清楚，不过请稍候，我会马上帮您查询一下。"然后马上请教部门经理或有关人士，再给客人作答复，不能随随便便以"我不知道啊，你问别人。"作答了事。以下是一些简单范语可供参考。

① "对不起，先生/小姐，这方面的情况我不太清楚，我帮您将电话转去总台问一下好吗？"

② "很抱歉，先生/小姐，这个问题我不太了解，我帮您查询一下再告诉您好吗？"——切记：查完之后，不论有无答案，均须复电话告知客人，"您好，是××先生吗？非常抱歉，您问的……没有能了解到，……（最好能解释一下原因，以安抚客人。）" "您好，请问是××小姐吗？很高兴通知您，您问的……问题查清楚了，是这样的……"

（9）如遇有客人问及其他（酒店）各部门的情况。如某客人想咨询有关歌舞厅的消费项目及收费方式等问题，若接线员知道答案，则应礼貌地说："××先生，我把您的电话接到歌舞厅去好吗？他们会很详细地告诉你的（他们会很详尽地给你解释的。）"假如该部门电话正忙，应对客人说："对不起先生，歌舞厅的电话正忙着，要不您再稍等一会，我再给您接过去好吗？"如客人说等，便应礼貌地说："那好吧，请您稍候。"但是千万需注意，对方的线如在半分钟内所要接的部门还不能接通的话，此时不能扔下对方一直在等下去，而应向对方说："很抱歉，先生，歌舞厅的电话还在忙着，无法接通，请先生稍后再打来吧，真是对不起了。"或者要求对方留言，以待该部门恢复线路空置时再做处理。

（10）若遇电话对方找人，应问清楚寻人者姓名及电话来源，以便于找到所要找的人时好做清楚简述。例如：××公司王小姐打电话来找客房部李经理，则可能会有以下几种情形。

① 开始的对话——"您好，××酒店。" "麻烦帮我找一下客房部李经理。" "请问您是哪里？小姐贵姓？" "您是深圳××公司的王小姐，对吗？……好的，这就帮您找，请稍等。"

② 找到李经理，"李经理吗？您好，我是总机。深圳××公司有位王小姐找您。请问要不要接听电话（请问电话接到哪里？）" "我正在开会，你让她半个小时后再打来。" "王小姐让您久等了，李经理正在开会，他请您半小时后再打来。" "那好吧，谢谢你，我迟些再打来。" "王小姐请别客气，再见。"

③ 李经理愿接电话——"李经理吗？您好！有长途电话，深圳××公司王小姐找您，请问把电话转接到什么地方？" "请接到我现在用的这个电话吧，228" "转到228吗？好的，请稍等。"向王小姐说："王小姐吗？……李经理找到

了,请别挂电话,我马上帮您接过去。"再向李经理:"电话(接)通了,请讲!"

④ 如果未找到,则应考虑电话对方在等待中可能会焦急,因此在找人过程中,每隔半分钟左右便向对方说明一下你正帮他找寻,并请其稍候,最好能同时问一声他是否愿意等,若对方愿意等,那么再继续帮他找;若对方等了或者晚一点再打过来,则可在表示歉意后便将电话挂断。若估计找不到时,不可一味地占用这条线,以免影响了其他客人使用电话,而应礼貌地请对方过后再打来,或请对方留言,表示可以代为转告,尽快结束通话。如:"对不起,王小姐,找不到李经理,可否请您晚一点再打来呢?""对不起,王小姐,李经理这会儿不在,您晚一点再打过来好吗?或者您有留言的话,我会帮您转告她的。""喂(声线要亲切柔和),王小姐,我们正在帮您找,请稍等……(15~30秒后)喂,王小姐吗?……对不起,我找了好几个地方她都不在,不如这样,你留下电话号码,我找到她后请她给您回电话?"

(11)一定要牢记各类紧急电话号码,以保证一旦遇有意外,便可马上通知。如医院、消防局、派出所等。

(12)如遇意外,接线员应镇定应付,首先通知前厅部经理,征询进一步的处理指示,然后再马上通知有关领导,应清楚地告知发生情形。须切记,任何重大紧急事项,如火警、刑事案件、盗窃案、召唤救护车等,在未得到酒店领导指示及许可之前,千万不可自作主张地报警、报案,以免影响酒店的声誉。

(13)如遇到外来电话拨错打错的现象,则不可无礼对待,而应礼貌地去处理,即使对方不礼貌,也应豁达大度地应对自如。切记不能对任何一个打错电话的客人无礼或抱怨,而应礼貌地向对方说:"你好,先生/小姐,这里是××酒店,电话线可能出了问题,请先生重新再拨你想打的号码。"

四、叫醒服务

(一)叫醒服务程序

(1)当接到客人需要叫醒服务时,应礼貌地询问客人的姓名及房号。

(2)核对客人的房号及姓名。

(3)把住客的房号记录在叫醒服务表的"叫醒时间"下,如"住客希望在早上5:00被叫醒",接线员便把该客人的房号记录在表上"5:00"一栏下。

(4)填写房号应字体清楚,以防夜班员工把房号看错了。

(5)夜班接线员要根据叫醒表把住客准时叫醒。如果叫醒服务出现失误,往往会给客人造成损失引起投诉。

(6)做完了每一个房间的叫醒服务,应在房号旁打钩(√),以示已做过叫醒服务。

(7)当客人接听电话后,应说:"早上好,先生,这是叫醒服务,现在是××点钟了。"(电脑自动叫醒程序另外)。

(8)夜班接线员交班前,要在叫醒记录表上签名,并交领班或总台主管查阅跟催。

（二）住客没有接听叫醒电话时

当接线员在指定时间把住客叫醒，房内无人接听电话时，应如下处理。

（1）通知客房楼层没有人接听电话的房号。

（2）由客房部派人到该房敲门叫醒客人，如无人应，则应开门进房查看。

（3）如房务员报告该房间无人应门或门外有"请勿打扰"牌或灯示信号，应通知值班大堂副理或当班前台主管人员。

（4）值班大堂副理或当班前台主管人员通知保安部当值主任前去房间查核处理。

五、对长途电话的认识

总机操作人员应具备的常识如下。

（1）住客要求拨打长途电话时，须马上记录住客的姓名、房号、对方姓名及电话号码、长途电话的性质（对方付钱、叫号或叫人）。

（2）告知住客大概什么时候会接通，以免住客久等或住客离开房间（如有房间直拨功能，则帮住客开机接通直拨功能即可）。

（3）与长途台联络挂接（直拨功能不需此程序）。

（4）接通后，马上把电话转接到住客房间（直拨功能不需此程序）。

（5）待住客讲完话后，在"长途电话单"上计算及记录拨打时间、电话费、附加费（服务费）及总数。

（6）告诉客人刚才电话所用的时间及收费。

（7）取消长途电话。

（8）了解世界各地与本地区的时间差及国内外长途电话区号。

（9）了解各地电话收费的价目及注意各地有无日费或星期天收费的不同差别。

（10）电话收费是根据对话时间的长短来计算的，前三分钟的一定收费（不到三分钟也当三分钟计算）是固定的，超出三分钟范围，以后每过一分钟须另再计算每一分钟的收费，如此类推。

（11）长途电话单填妥后，当值接线员须在电话单上签署姓名。之后便将有关记录填写在长途电话收入表上。

（12）长途电话单交由前台收银处记账。

（13）住客在房间打长途电话，一定要登记入住的客人、其他如客人的朋友等，接线员一定要问清楚该房住客是同意及负责付账后才予以接通（或开通直拨功能）。

第11章　酒店房务管理制度

11-01　客房清扫卫生规范

客房清扫卫生规范

一、客房清扫总要求

（一）客房清扫顺序

（1）从上到下。

（2）从里到外。

（3）先铺后抹。房间清扫应先铺床，后抹家具物品。

（4）环形清理。清扫房间时，也应按顺时针的方向进行环形清扫。

（5）干湿分开。在抹拭家具物品时，干布和湿布的交替使用要注意区分，例：电器设备、镜、灯罩、卫生间的金属电镀器具只能用干布擦拭。

（6）先卧室后卫生间。先整理房间，后清洁卫生间。

（二）客房卫生标准

（1）眼看到的地方无污迹。

（2）房间优雅安静无异声。

（3）手摸的地方无灰尘。

（4）浴室空气清新无异味。

（三）客房卫生"十无"

（1）天花、墙角无蜘蛛网。

（2）地面干净无杂物。

（3）楼面整洁无害虫（老鼠、蚊子、苍蝇、蟑螂、臭虫、蚂蚁）。

（4）玻璃、灯具消毒无积尘。

（5）布草洁白无破烂。

（6）茶具、杯具消毒无痕迹。

（7）铜器、银器光亮无锈污。

（8）家具设备整洁无残缺。

（9）墙面干净无污迹。

（10）卫生间清洁无异味。

（四）客房清扫次序

服务员要查看并掌握房间的状况，遵照下列顺序进行清洁。

（1）VIP房。

（2）挂"请即打扫牌"的房间。

（3）客人口头提出要求清理的房间。

（4）走客房。

（5）普通住客房。

（6）长住房。

（7）空房。

注意：不要进入挂着"请勿打扰"牌子的房间，但如超过下午15:00房间仍挂此牌，需要向有关领导汇报，请示处理意见。

二、客房卫生清洁规范

（一）准备工作

（1）提前10分钟上班，穿本岗工作服，佩戴好工号牌，（女员工化淡妆）整理好仪表仪容上岗。

（2）整理清洁车

① 用抹布清洁好工作车的各个角落。

② 检查清洁车是否损坏，使用是否灵活。

③ 将应备的各种物品（客用品和清洁用品、用具等）规范地放在工作车内（客用品包括：床单、被套、枕套、浴巾、面巾、小方巾、地巾、香皂、纸巾、茶叶、拖鞋、卫生袋、沐浴液、洗发液、牙刷等各种生活用品）。

（3）检查吸尘器各部件是否完好，是否有损坏、漏电等情况，将尘袋倒干净（定期更换尘袋），准备操作时，禁止湿手操作，以免触电。

（4）准备工作就绪后，注意将清洁车和吸尘器堆放在楼层走廊一侧，以免影响客人进出。

房务工作车的准备步骤和做法见下表。

房务工作车的准备步骤和做法

步骤	做法和要点	备注
1.擦拭工作车	（1）用半湿的毛巾里外擦拭一遍 （2）检查工作车是否有破损	
2.挂好布草袋和垃圾袋	对准车把上的挂钩，注意牢固地挂紧	
3.将干净布草放在车架中	（1）床单放在布草车的最下格 （2）"四巾"放在布草车的上面两格	
4.摆放房间用品	将客用消耗品整齐地摆放在布草车的顶架上	
5.准备好清洁篮	（1）准备好工作手套 （2）准备好干湿抹巾、百洁布、毛刷等 （3）准备好各种清洁剂和消毒剂	

工作车是客房清洁员清理房间最重要的一种工具，有三层或四层大小不同的规格，工作车上所放置的物品不宜太多，以免影响美观及增加推进的难度。工作时应将工作车停放在紧靠客房门口，开口向内侧。

（二）房间清洁规范

清洁程序可以概括为下表中的13个字。

房间清洁程序

1	2	3	4	5	6	7	8	9	10	11	12	13
进	开	撤	扫	铺	擦	洗	添	归	检	拖（吸）	关	登

1．进——进入客房

（1）准备进房——将清洁车和吸尘器放在要进入的房间对面的走廊边上。观察室外情况，包括：门框、门扇、门柄、房间号码牌的清洁程度，有无破损，发现破损，要做好登记，注意严禁通过视镜孔向房内窥视。

（2）若房间挂着"请勿打扰"牌或灯光显示"请勿打扰"时，不要进入房间和敲门（住房）。

（3）敲门（不可按门铃，门铃是供客人使用的），手指微弯曲，以中指第二骨节部位在房门表层轻敲三下，时间节奏为半秒钟，并报称："您好，服务员"，然后正面向着房门，站立在房门外正中位置，距房门40厘米处，目光平视开门线，敲门5秒钟内自报部门或工作职务。

（4）第二次敲门（在无人应答的情况下）。操作规范同上。

（5）开门（在仍无人应答的情况下）。将钥匙放在感应器上，听到磁的一声，亮了绿灯，轻握门柄将门轻轻开启。开门时在房门口再报一次职务，如客人在房，须征得客人答允后方可进入房内，如问候后无人应答，5秒钟后即可进入房间。

（6）敞开房门。在清洁客房的整个过程中，房门始终要敞开着。

（7）填表。在卫生值班表上填写开始做房的时间。

注意事项：

——勿用拳头或手掌拍打门，要体现文明服务，敲门太急促会令客人感到服务冒失，报称的声调要适度，报称时不要低下头或东张西望。

——姿势要自然，即使遇上客人也不失大方。

——开门切勿用力过猛，以免发出不必要的噪声。

——及时填写表格，确保原始记录的准确性。

2．开——开电源、窗帘

（1）打开房门后，开启客房电源总开关，检查所有照明设备是否正常。

（2）打开窗帘、窗纱，让房间空气流通，使室内光线充足，以便于清扫。

（3）视客房内能见度强弱，关上多余照明电灯。

(4)检查窗帘是否有脱钩或污损现象,窗帘是否使用正常。

(5)在做房期间发现遗留物品应通知当值领导,在第一时间报交总台,以便尽快交还客人,并在日报表上做好记录。

3.撤——撤物品、用具、垃圾

撤掉垃圾和布草。先把房间的垃圾撤干净再把床上布草撤掉,撤布草时应注意是否夹带着客人的物品,数量是否属实,撤垃圾时注意不要把客人的物品丢掉。将杯具放在洗手间的云石台上(撤杯具时要注意杯内是否有客人的假牙或隐形眼镜等物品,有则不要撤出。)

(1)撤床铺程序。撤床铺程序如下表所示。

撤床铺程序表

步骤	做法和要点
1.观察床面的状况	(1)有无破损、撕裂或烟印、烟洞 (2)特别要留意床单、枕袋、被套中是否夹带客人用品
2.拉床	站立在床尾30厘米外,两脚前后交叉呈一定距离,下蹲并重心前倾,双手紧握床架尾部稍抬高,将床架连同床垫慢慢拉出,使床身离开床头50厘米
3.清理棉被(撤被套)	(1)解开棉被套结,将被芯撤出被套 (2)留意被芯有无污渍
4.卸枕套	(1)注意枕套内有无遗留物品 (2)留意枕头有无污渍
5.卸床单	(1)从床垫与床架的夹缝中拉出 (2)注意是否夹带客人的睡衣或其他物品
6.撤走用过的床单、枕套	(1)撤下的床单、枕套要放进装收洗布草的工作车上 (2)注意清点数量

(2)撤床上用品必须一层一层地撤,以免卷包走客人的遗留物品。

注意:先撤垃圾再撤布草,以免将枕芯、被芯搞脏。

4.扫——扫尘污

(1)按照从里到外顺序清扫地面。

(2)注意边角位、床底、家具底;有家具阻挡的地方,先移动家具,扫完后复原。

5.铺——铺设床上用品

(1)床上用品(每床)有:保护垫1张、床单1张、棉被1张、枕头2个。

(2)铺好的床要求结实、平整、挺括、对称、美观。

(3)做床要注意掌握好六个环节:抖单、定位、包角、包边、装枕芯、起枕形。

铺床的步骤和做法见下表。

铺床的步骤和做法

步骤	做法和要点
1.拉床（撤床铺时已拉出，则免此步骤）	（1）站立在床尾30厘米外，两脚前后交叉呈一定距离，下蹲并重心前倾，双手紧握床架尾部稍抬高，将床架连同床垫慢慢拉出，使床身离开床头50厘米 （2）床垫拉正对齐 （3）根据床垫角边标明的记号，定期翻转床垫，以使其受力平衡
2.整理保护垫	拉平、理顺，发现污迹及时更换
3.铺床单	要求：中线居中，正面向上，左右方向包角，四角包成隐45度，显90度角（顺时针操作），表面平整（四边、角挺括、紧），操作快、巧、准 （1）站在床尾操作，开单。用左手抓住床单的一头，右手将床单的另一头抛向床面，并提住床单的边缘顺势向右甩开床单 （2）打单 ① 将甩开的床单抛向床尾的位置 ② 将床头方向的床单打开，使床单的正面朝上，中线居中 ③ 手心向下，抓住床单的一边，两手相距约80~100厘米 ④ 将床单提起，使空气进到床尾部位，并将床单鼓起 ⑤ 在离床面约70厘米高度时，身体向前倾，用力打下 ⑥ 当空气将床单尾部推开的时候，利用时机顺势调整两边 （3）包角 ① 包角从床尾右角包起 ② 包右角。左手抬床垫，右手拉紧床单并提起床单，左手将下垂床单从床右侧掖进，并以左手虎口位作包角定位，右手将右侧下垂床单拨进床垫下并顺势拉紧，使床单边包成隐45度角，显90度角 ③ 包左角：方法与右角相同，但左右的动作相反 ④ 床头两角与床尾两角包法相同
4.套被套	（1）将棉芯的两个角套进被套，棉胎不得露在外面，开口向尾，将被套打成结，被结不可外露。要求平整均匀 （2）头反折25厘米
5.套枕头	要求：套好的枕头必须四角饱满、平整，且开口处枕芯不外露，操作时，不能在枕面留下手印 （1）将枕芯平放在床上 （2）两手撑开枕袋口，一手将枕芯头纵向中折，一手拿枕套往枕芯里套，使枕芯全部进入枕袋里面
6.放枕头	要求：套好的枕头放在床头正中位置，枕袋开口处于床头柜相反方向；方枕三角摆在枕头正中，图案向正面

6.擦——擦拭家具、设备

擦拭的原则如下。

（1）从上到下，从内到外，干湿抹布分开，环形方向，依次进行，把房间的家具、物品抹一遍，家具物品要边抹边归位，注意家具底部、柜内及边角位均要抹到。

（2）操作时要默记待补充的用品和消耗品。

（3）同时检查各种设施设备（如：电视、电话、照明灯具等），发现故障立即报修并记录。具体要求：房门门铃、门牌、门框、门板要擦干净，保持整个门面的整洁。

擦拭的项目及要求如下表所示。

擦拭的项目及要求

序号	项目	要求
1	风口	一般是定期清洁，防止风口积尘，避免一通风就尘土飞扬
2	壁柜	擦时要注意边角位都要擦到，包括衣架，注意不能弄脏客人的衣物，发现物品不够时要补充
3	梳妆镜	要先用湿布，后用干布擦，镜面不能有手印、布毛等。保证清洁、光亮
4	行李架	要擦浮尘，注意不要挪动客人的行李，不能弄脏行李架上的物品
5	写字台	擦台面时，不能乱动客人的物品，擦抽屉时，注意四角位置，不得翻动客人的任何物品。擦台时，要检查宾客指南内的物品是否齐全，并及时补充
6	电视机	要先关电源，用干布擦掉表面的灰尘，擦干净后，打开电视机，检查使用效果是否正常
7	酒水车	要将表面灰迹、茶迹抹干净，注意底部轮子是否使用灵活，并补充各种饮料
8	电话	先检查电话有无故障，听听有无忙音，然后用布擦净话机，消毒、抹拭完毕将电话线绕话机一圈理好
9	台/壁灯	用干布除尘，切勿使用湿布除尘
10	沙发、茶几	沙发用干布除尘，注意整理沙发前及沙发边缝棱角的积存物。清洁茶几时，要用湿布擦去脏迹，然后用干布擦干、擦净
11	窗台	先用湿布抹后用干布擦拭干净，无水迹。擦完后拉上窗帘
12	壁画	擦时要用一块干净的干布铺在椅子上，然后脱鞋踩在椅子上再擦壁画（不能弄脏椅子），擦壁画时（有框的画）要先湿布后干布擦，擦后将壁画摆正，保持美观
13	床头板	擦时注意湿布不要贴墙，防止将墙壁擦出污迹，影响房间的美观，擦拭床头后如发现床罩不平整时，要加以整理

续表

序号	项目	要求
14	床头柜	除擦尘外,重点要检查各种开关是否使用正常,发现异常马上报修,如有电子钟,要注意调准,还要检查床头柜内存放的一次性拖鞋、擦鞋器(或擦鞋纸),检查禁止卧床吸烟牌等是否齐全,要及时补充
15	分体空调	先用湿布后用干布擦拭表面灰尘,并定期清洗隔热网,保证空调的正常运转,擦拭后要检查运转是否正常

7. 洗——洗卫生间、用品、用具

携带清洁桶、清洁剂、工具进入卫生间进行清洗,清洗前要打开抽风机,戴上手套。清洁后的卫生间要做到整洁干净、干燥、无异味、无脏迹、无皂迹和无水迹。所有设施、物品、用具清洗后必须抹干水迹,保持干爽,具体操作如下。

(1)先用清洁剂喷洒"三缸"。

(2)洗烟灰缸、香皂碟。

(3)洗刷手盆、镜子、云石台面。注意洗手盆水龙头上的污迹;洗(淋)浴间/缸、浴帘,用淋浴喷头放水冲洗沐浴间/缸、墙壁、地面。

(4)洗马桶。用专用的毛刷洗马桶、厕板,并要注意坐厕的出水口、入水口、厕内壁和底座等。

(5)洗卫生间地面。用刷子把地板刷干净,并用清水冲干净,注意马桶底部与浴缸边。

8. 添——补充物品

先将卫生间应补的巾类和物品补齐,再把房间应补的易耗品补齐,并按规定的位置摆放。如有需要另外消费的物品或商品不能立即补上的也应记录好,尽快补好它。保证房内物品完好。

(1)添补卫生间内的小件物品,按统一要求整齐摆放。

(2)添补面巾纸、卷纸。开口处均要折角,美观又方便宾客使用。

(3)添补"四巾"。按规定位置摆放整齐。

(4)添补杯具。补充杯具时,手指不可捏住杯口或放进杯内。

(5)添补房内物品。对房内配备的各类客用品、低值易耗品均需根据规定的品种数量及时摆放,要求补齐、补足、放好,按要求规格摆放整齐,既不能少也不能多。注意物品的商标要面对客人。

(6)将抹干净的烟灰缸、垃圾桶放回原位。

(7)添补房间物品。按照房间陈设标准要求补充,如:拖鞋、擦鞋纸、洗衣袋(单)、针线包、文具等,服务指南内资料有残、缺、损、花现象及时补充更换。

9. 归——物品归位

按照房间各种用品陈设布置摆放要求将各种设施、物品归位。如:关窗、拉窗纱、摆设施、家具、物品、用具等。

10.检——检查效果

检就是自我检查。房间清扫完毕，回顾一下房间，检查工作有无漏项，房间家具设备有无损坏，配备物品有无缺损，打扫是否干净，摆放是否符合要求，清洁用品或工具有否遗留。最后还需检查窗帘、窗纱是否拉上，检查空调温度（制冷：夏天23～24℃；制热：冬天25～26℃）。

注意：检查过程中，如发现设备设施损坏应及时报修，检查过的房间应保证卫生质量，若房间有异味，应喷清新剂或及时开窗透气。

11.拖（吸）——地面

若地面是大理石的，应采用拖。先从里拖起，拖地要按顺纹方向推拖。注意拖边角位。若地面是铺地毯则采用"吸"的操作。电线理顺并把电源插好，从里到外地吸，按地毯纹向推拖，不可吸铁钉、大纸张及有损吸尘机的东西，用完后，先把机器关掉，再把插头关掉，放在相应的位置。注意有水的地方不能吸，以防漏电和发生意外。如有污迹应立即清除。

12.关——关电源、门

（1）关电源。将房内的灯全部关掉，然后取回钥匙牌断电。

（2）掩卫生间门。将卫生间的门半掩上。

（3）关房门。将房门轻轻关上，锁好房门，并拧几下门锁，看看是否锁牢。

注意："请勿打扰"灯切记关掉。

13.登——登记卫生报告本

登记客房清扫情况，登记进、离房的时间，以及布草、易耗品的使用情况和设备维修项目。

（三）住房的清洁程序与要求

1.与走客房的程序差不多，但在整理物品时需注意事项

（1）将客人的物品稍加整理，注意不要弄错位置，严禁翻阅客人的物品。

（2）除放在纸篓内的东西，客人的物品即使散落在地面上也只能为客人做好简单的整理，千万不要自行处理。

（3）对女性客人使用的化妆品稍加收拾，不要随便挪动位置，即使化妆品已用完，只要客人未扔进纸篓内，都不要随手将空瓶和化妆盒扔掉或私自处理。

（4）要特别注意不要动客人的计算器、笔记本、钱夹和各种贵重物品。

（5）床上用品若没有明显污迹，则：每天一整，连住三天一换（除非客人有特殊要求）。

（6）对客人启动过的巾类需每天进行更换。

（7）客人使用过的物品，不可以扔掉，继续保留。对未拆封的易耗品则可以继续使用，对客人已开启的易耗品进行补充。

（8）清洁卫生时需注意客人自带的毛巾、牙刷不可随意扔掉，即使客人的物品是随意放在云石台上的也都不可以扔。在清洗杯具时需注意杯具内是否有客人的隐形眼镜、假牙、眼睫毛等细小的物品。

2. 在整理住客房时需特别注意事项

（1）不可接听客人电话。做房时，住房的电话响后，服务员不可接听。

（2）不可丢掉客人物品。做房时，客人的东西要轻拿轻放，客人没有放进垃圾桶里的东西不可随意丢掉。

（3）不可随便翻看客人的书、资料等。

（4）不可食用客人房里的食物。

（5）不可让住客以外的人进入房间。

（6）不可在客房里与别的服务员或客人闲聊。

（7）不可在房里看电视。

（8）清洁房间后不可无故在房间逗留。

（9）清理完毕，客人的物品要放回原位，如万一不小心损坏客人的物品，应如实向主管反映，并主动向客人赔礼道歉。

（10）在清洁工作中，遇到客人回房时，要主动向客人打招呼问好，询问客人是否继续打扫清洁，如："先生/小姐，请问我现在可以继续为您的房间打扫吗？"客人同意就继续，如果客人不想被打扰，可以礼貌地向客人告辞："好的，先生/小姐，您出去时请通知我们一声，我们将继续为您打扫，不打扰您休息了。"退出房间时要轻轻关上房门，别忘了把整理房间的工具拿出来，并做好记录。

注意：要确定客人是此房的住客才可以让客人进来，以防有不法分子利用此机会进行作案。

（11）做住房卫生时，需注意家具设备是否完好无损，若发现有损坏的需及时通知领班，及时与客人反映，以防客人不承认。

（12）不可以将客人的布件当抹布使用。

（13）不宜与客人长谈。

（四）空房清洁程序与要求

空房是客人离开酒店后已经清扫过但未出售的房间，一般只须抹拭家具，检查各类用品是否齐全，不用吸尘拖地。

（1）每天通风透气，检查房间状况。

（2）用一湿一干的抹布把房间的家具物品抹拭一遍。

（3）马桶的水要入流一两分钟。

（4）可进行计划卫生，工作完毕须将客房恢复原状。

（五）物品的摆放标准（双人房）

各区域物品摆放标准如下表所示。

各区域物品摆放标准

区域	类别	摆放标准
洗手间	巾类	（1）浴巾（按房间类型配备数量）。放在毛巾架的上方，并叠好，酒店标志朝上，浴巾口向内 （2）毛巾。挂在毛巾杆上，酒店标志向外，毛巾口向内 （3）地巾。搭在浴缸沿中间，标志朝外 （4）方巾。叠成三角形，放在云石台上，标志朝上，开口向内
	易耗品	（1）牙具、浴帽、沐浴液、洗发液、梳子标志朝上，均放在小托盘内，摆放在洗脸盆一侧 （2）香皂放在皂碟上，摆放在水龙头旁边
	杯具	（1）漱口杯。用杯垫垫住，口向下，摆放在水龙头一侧 （2）烟灰缸。用杯垫垫住，标志向外，摆放在云石台上
房间内	易耗品	（1）拖鞋。摆放在床头柜下，两侧各放一双拖鞋，标志向上 （2）擦鞋纸。放在拖鞋的中间，一上一下，刚好突出酒店的标志，标志朝上
	杯具	（1）茶杯。用杯垫垫住，标志向外，摆放在酒水车上 （2）烟灰缸。用杯垫垫住，摆放在茶几上
	电器	（1）电热水壶。摆放在酒水车上，电线围着水壶圈好 （2）电话机。摆放在床头柜上，靠着内床的一侧摆放，话线要往床头柜内放，不可外露 （3）电视机。摆放在电视柜上
	其他	服务指南：里面摆放"宾客须知""添加物品须知"

（六）客房日常设备的保养与维护

客房每天都要进行清洁，只有采用正确的清洁方法对其进行清洁保养，才能延长客房设备用品的使用寿命，减少损失和浪费。

（1）门铃。门铃属电器设备，要防潮防水，对门铃要经常检查，清洁时用干布擦，以保持光洁。

（2）电视机和灯具。电视机和灯具属电器设备，湿布会损坏电视机的某些部件，只能用干布擦。擦灯具、电线、插座容易触电，电源插座要牢固，电线要收好，开关要灵活。

（3）床。床头板靠近床头柜的电器线路，应保持光洁、干爽，床垫要经常翻转，防止床垫变形，床脚易坏，应经常检查，及时报修。

（4）电冰箱。冰箱内有水易生锈，要经常清理。

（5）窗帘。窗帘低部容易脏，要经常检查，经常清洗。窗帘脱钩要及时挂好，挂窗帘时不要站到窗台上，以防发生意外。

（6）地毯。彻底吸尘是保养地毯的关键。地毯每天都要除尘，将地毯的灰尘、纸屑吸掉，如果地毯上有饮料或有色污渍要及时清洗，以免受侵蚀的时间太长损伤地毯。需要定期清洗地毯。

（7）电视柜、茶几、行李柜。定期用碧丽珠维护。

（七）房间卫生检查程序与标准

这与整理客房的程序标准基本一致，查房时应按顺时针方向依次进行，发现问题应当马上记录及时解决，以防耽搁或疏漏。

1. 房间

（1）房门。无指印，锁完好，安全指示图等完好齐全，请勿打扰牌及餐牌完好齐全，安全链、窥视镜、把手等完好。

（2）墙面和天花板、地脚线。无蛛网、斑迹、油漆脱落等。

（3）地毯。吸尘干净，无斑迹与污迹。

（4）床。铺法正确，床罩干净，床下无垃圾，床垫定期翻转。

（5）家具。干净明亮，无刮伤痕迹，位置正确。

（6）抽屉。干净无杂物，使用灵活自如，把手完好无损。

（7）电话机。无灰尘印迹，指示牌清晰完好，话筒无异味，功能正常。

（8）镜子与画框。框架无灰尘，镜面明亮，位置端正。

（9）灯具。灯泡清洁，功率正常，灯罩正确。

（10）电视机。清洁，使用正常。

（11）垃圾桶。状态完好而清洁。

（12）衣柜。衣架干净，门、柜底和格架清洁完好。

（13）窗帘。干净，完好，使用自如。

（14）窗户。清洁明亮，窗台与窗框干净完好，开启轻松自如。

（15）空调。滤网清洁，运转正常，温控符合要求。

（16）小酒吧。清洁，无异味，物品齐全。

（17）客用品。数量、品种正确，状态完好，摆放规范。

2. 卫生间

（1）门。前后两面干净，状态完好。

（2）墙面。清洁、完好。

（3）天花板。无灰尘和污迹，完好无损。

（4）地面。清洁，接缝处完好。

（5）浴室。浴缸内外干净，浴帘扣齐全，浴槽底部干净无污。

（6）洗脸盆。干净，镀铬件明亮，水阀使用正常。

（7）坐厕。里外干净，使用状况良好，冲水流畅。

（8）抽风机。清洁，运转正常，噪声低，室内无异味。

（9）杯具、不锈钢。无手印，无污迹。

（10）客用品。数量、品种正确，状态完好，摆放规范。

3.公共区域

（1）电梯。干净无杂物，照明设施及运转正常。

（2）走廊。通道畅通，干净明亮，地面无纸屑、烟头等，墙面无灰尘、斑迹，地毯吸尘干净。

注意：每月做好"防四害"工作，如喷洒杀虫水等。每月各部门的负责人对酒店"四害"进行调查。

（八）发现下列问题立即报告

（1）客人损坏设施、设备和用具。

（2）客人的遗留物品。

（3）已通知是走客房，但房间内留有行李。

（4）客人生病。

（5）水电设备发生故障。

（6）房间内有动物。

（7）房间内发现害虫和鼠类。

（8）客人携带违禁品。

（9）客人开了房但没到房间入住。

（10）空房但有人住过。

（11）损坏了客人的物品。

（12）房间聚有很多客人。

（13）"请勿打扰"房一直持续，并超过15:00。

（14）房内有异常情况。

11-02　客房服务管理制度

客房服务管理制度

楼层客房的任务是：迎客服务；输送服务；送客服务。

一、迎客服务

（一）迎客要求

（1）当接到前台通知楼层开房时，服务员应站立在电梯门口迎接，两手自然下垂站立。

（2）电梯到达楼层开门时，服务员应用手按住电梯感应处，示意客人出电梯，并微笑对客人讲："×先生/小姐，您好！欢迎光临"。要笑脸相迎。

（3）问清房号（接过住宿单），如有需要应帮客人提行李，行动不便的客人应主动搀扶。

（4）带客。礼貌地用客人姓氏称呼："×先生/小姐，这边请"，让客人随着自己来，服务员为客人引路时，要走在客人的左前方，距客人2～5步远，行走要轻松，不迟滞，不过快，遇转弯处停住脚步，向所行方向伸手示意，再向前引路。要注意用客人的姓氏称呼。

（二）迎领客人进房

迎领客人进房时，一般程序如下。

（1）在客人左前方或右前方1.5米左右引领客人，途中可与客人适当交流，介绍酒店服务情况和回答客人的提问。

（2）到房门口后，放下行李，用客人的钥匙按程序将门打开。

（3）打开房门后，退到房门边，请客人先进，但是如发现客房有不妥之处，应请客人稍等，立即通知前台，以做调整。

（4）按客人要求将行李放在合适的位置。

（5）向客人简单介绍房内设施、设备及使用方法。

（6）告诉客人服务台的电话号码，如有需要可打电话通知。

（7）祝客人住得愉快，面向客人轻轻关上房门。

（8）回到服务台做好记录。

二、输送服务

（一）来访服务

（1）问清房号及姓名。

（2）请出示有效证件，填写来访表，并核对证件。

（3）先打电话询问客人是否方便接见。

（4）带访客到住客门口并帮忙敲门。

（5）做好记录。

（6）若客人不在或不愿接见时，不可让访客在楼层逗留。

在接待来访客人时，要特别注意以下几点。

① 未经住客同意，不可将来访者引进房间，同时不得将客人的姓名、房号、地址告诉来访者。

② 如果客人不在房间，应请访客留言或到大堂等候，不可让访客在楼层逗留，未经住客同意，访客不得在房间等待。

③ 来访期间，服务员应勤巡视楼层，检查是否有异常情况，并注意访客是否在住客陪同下带走物品。

④ 要做好访客进、离店时间记录。

（二）送餐服务

如果客人需要在房内用餐，须拨打电话××××即可，由餐厅服务员送到房间并收钱，客人用餐完毕，服务员应主动协助做好客房用餐的善后工作。

（三）留言服务

一般有在住客外出告诉来访者的留言或访客留言给住客，有客人的留言需认真做好记录，并与客人重复留言内容。

（四）叫醒服务

当客人要求叫醒服务时，应询问要求叫醒的时间，并正确填写叫醒服务记录，在叫醒客人时，如果无人应答，应再叫醒一次，仍无应答的，应通知当值主管，搞清原因。

（五）物品借用服务

一般酒店负责提供借用的物品：剃须刀、电吹风、熨斗、熨衣板、剪刀、电线插头等，借用物品时需叫客人在"借用物品登记表"上签名。借用物品的规程如下：

（1）问清客人所借的物品，由楼层服务员填写"借用物品登记表"，登记内容：物品名称、数量、编号、借出时间、房号、经手人、归还时间（若所借物品不多的情况下，要问客人所归还时间，以免给下一位客人造成不便），并请客人签名，尽快送到房间。

（2）客人归还物品时，服务员应做好记录，在"借用物品登记表"上注明已归还。

（3）客人离店查房时，应特别注意客人所借物品是否已归还，如没归还，应礼貌地提醒客人归还，并注意语言表达方式，不要引起客人的误解。

（六）出售一些商品或食品

问清客人所需要的东西、数量及付款方式，并向客人说明收费标准，立即送给客人，并填写单据，并请客人签名。

（七）洗衣服务

酒店不具备洗衣房，届时将与某洗衣商联系，上门收洗送货。住客要求洗衣时，应先填写好洗衣单，然后连同衣物送至服务台，服务台值班员收到衣物时，首先要检查衣服口袋有无遗留物品或钱，如有要及时送还客人。其次检查纽扣是否齐全，有无污迹、褪色或破损，如有应向客人讲清楚，根据客人填写的洗衣单仔细核对种类、件数、干洗、湿洗、价格、房号、客人名字，并告知客人送衣时间，提醒客人是否需要加快。衣物交给洗衣部时，要有签收，送还时，应按单清点，交还客人时需问客人付款方式。洗衣操作要求做到"五清一主动"，即房号要记清，要求要写清，口袋要掏清，件数要点清，衣料破损、污渍要看清，主动将客衣送到房间。

（八）加床服务

（1）加床服务需收费，客人如果需要这项服务，应先到前台接待处办理登记手续。

（2）楼层服务员接到前台通知进行加床。

（3）根据客人要求把加床放在客人指定的位置，并添加一套客用品。

（4）加床服务通常在晚上，为了增加起居空间，可撤除加床，如客人要求，可保留在本房间。

（5）在交班本上做好记录。

注意：一个房间只能加一张床，开单据给客人签名确认。

（九）开夜床服务

开夜床以便客人休息，整理干净以使客人感到舒适，表示对客人欢迎和显示礼遇规格，一般在18:00～20:00进行。

（1）按规定程序开门进房。如房间内有人，先打电话至房间："您好，我是楼层服务员，请问需要整理房间吗？"如果客人怕打扰，可以不开夜床。

（2）开灯。看是否都亮，将空调开到指定度数，撤除房内杂物。

（3）轻轻拉开窗帘。

（4）开床。打开床头一角，将被子折成一个三角形，将枕头拍松并摆正。

（5）倒垃圾并清洁烟灰缸和桌面。

（6）整理卫生间。

注意：开床时，如一个人住单间，则开有电话的床头板一侧；一个人住双人房，一般开临近卫生间的那张床的靠床头柜一侧，如两人住大床的房间，两边都要开，两人住双人间，可各自开靠床头柜的一侧。

（十）输送房间服务

当接到客人电话需要加易耗品、巾类、饮料等时，要细心倾听，做好记录，并向客人复述一次，要求如下。

（1）尽快送给客人。

（2）如果时间在23:00后，只要将物品送到门口，无须进房。

（3）服务员在服务输送时，不许以任何的借口与客人闲聊。

（4）如遇客人在房间内大声喧哗，应礼貌地提醒客人保持楼层安静，以免影响他人休息。

三、送客服务

（一）送客服务程序

（1）当客人通知退房，应询问是否需要帮忙提行李，并提醒客人不要遗留物品。

（2）按下电梯的按钮，站在电梯的一侧。

（3）电梯开门后，应按住电梯门感应处，请客人进入，并礼貌地向客人告辞："×先生/小姐，请慢走，欢迎您再次光临"，当步入电梯时，应用手扶住电梯门。

（二）查房工作

客人走后的检查工作，查房时需注意如下事项。

（1）检查是否有遗留物品，若发现立即通知前台，尽快交给客人；来不及归还的，要做好记录，交到服务中心，并要通知前台。

（2）服务员查房时发现床单或地毯有烟洞或其他设备物品有损坏或遗失，索赔后服务员再进行清理和修复。

（3）发现异常情况，要保护现场，立即报告主管。

（4）安排清洁工作，做好记录。

（5）客人离店后，在住宿登记表上写上离店时间。

11-03　客房部物品管理制度

客房部物品管理制度

一、客房部布草交接及管理制度

为了保证部门布草的正常运行及班次布草数量的交接明细，部门特制定布草交接本，现将有关制度及要求做以下概述。

（1）制定规范的各区域布草交接明细本。

（2）每月底主管将盘存实数（减去报损的数）填在布草交接本上，主管负责和财务部核实。

（3）每日早、中、晚三班次领班负责交接布草并认真填写交接本，主管核实签字，如发现问题，并及时给予解决。

（4）各班次清洁班负责各区工作车的日常整理，按规定数量配备布草，做好与下一班人员的交接工作。

（5）每日撤出的脏布草必须按规定放在指定的布草车内。

（6）工作间的周转布草要保持整洁、整齐。

（7）如在工作中发现有破损严重的布草，及时收出并交于领班进行记录。

（8）针对报损的布草，领班做好交接记录。

（9）针对破损布草能修复的，部门主管与洗衣房协调进行修整。

（10）对于客人损坏的布草，在退房后抱到前台，在客人赔付的情况下经大堂副理签字，由部门负责人从财务部仓库领取。

（11）全体人员严格遵守部门的布草交接及管理制度。

二、固定资产

（1）客房部的固定资产由客房部资产管理员具体负责管理。

（2）部门的资产实行"谁主管，谁负责"的责任制，按照使用说明准确使用，并切实做好日常维护和清洁保养工作，做到物尽其用，正确使用。

（3）部门资产的调拨、出借必须经部门总监或部门经理审核批准，填写财务部印制的固定资产调拨单。私自调拨、出借要追究当事人责任。

（4）固定资产在部门之间转移，由归口管理部门填写固定资产转移单，并将其中一联送交财务部。

（5）部门资产使用日久损坏或因技术进步而淘汰需报废时，必须经酒店有关部门鉴定和财务总监或总经理批准后才能办理报废手续。

（6）新增添的资产必须经酒店批准，会同财务部共同验收，并填写财务部印制的财产领用单，办理领用手续后，登记入账。

（7）部门资产员每季度对资产进行核对，每年定期清查盘点，确保账物相符，发生盈亏必须查明原因，以书面形式报至财务部处理。

三、物料

（1）部门设专职或兼职人员负责对物料用品的管理工作，负责编制年度物料用品消耗计划，按物料用品的分类建物料用品账，掌握使用及消耗情况，办理物料用品的领用、发放、内部转移、报废等工作。

（2）各种物料用品的领用，应填写财务部印制的物料用品领用单，经部门经理审核签字后，向财务部领取，并及时登记入账。报废的物品应先经部门经理审批，并由财务部统一处理。各种物料用品在内部转移，由相关部门物资管理人员办理转移登账手续。

（3）各种物料用品的消耗、领用和报废、报损每月底由部门物资管理人员统计、清点一次，并填写物料用品耗用情况月报表，经部门经理审核后，上交财务部及总经理。

（4）各部门经理应结合日常管理工作，加强对物料用品使用情况的检查和监督，做到准确使用和合理使用，杜绝浪费。

四、迷你小酒吧

（1）客房迷你小酒吧的酒水、日用品由客房中心物管员负责统一领取、发放，凭酒水单报账和补充。

（2）酒水单一式三联：第一联作为发票，第二联作为记账凭证，第三联作为补充酒水、食品的凭据。

（3）客房楼层班组每日向物管员领取酒水，补充耗用数。

（4）物管员每月应对客房小酒吧的耗用、领取和结存情况进行统计、核查，确保数物相符。

（5）客房小酒吧酒水如因客观原因发生漏账情况，由客房部经理负责签报，如因员工工作过失，造成漏账或报损的，由员工个人负责。

五、工作间内卫生标准及摆放标准

（1）外间门后放扫帚、簸箕各一，确保簸箕内无垃圾。

（2）紧靠外间隔墙墙角放一张加床，背面朝上，确保加床上无脏布件。

（3）工作间内间和加床对面靠墙各放一辆工作车，正面向上。

（4）加床旁靠墙放一台吸尘器。

（5）紧靠内间隔离墙放一个货架。
（6）确保货架上无污迹、无灰尘。
（7）货架上布草按标志摆放整齐。
（8）货架顶层左侧放卫生纸。
（9）货架下放洗发液、沐浴液各一箱。
（10）工作间天花板无蜘蛛网、无污迹、无灰尘等。
（11）工作间地面无垃圾、无灰尘等。
（12）工作间内无人门应锁上。

六、工作车的摆放标准

（1）第一层。客用品（牙具、梳子、浴帽、棉签、洗发水、沐浴液、护肤露、卫生袋、信纸、传真纸、咔板杯垫、吸水杯垫、便笺纸、铅笔、针线包、调酒棒、宣传册、本地信封、航空信封、明信片、意见书）。
（2）第二层。床单、被罩、枕套，内侧放拖鞋、卷纸、购物袋。
（3）第三层。巾类（浴巾、面巾、地巾、方巾）。
（4）工作车保持干净整齐。
（5）工作车左侧挂布草袋，右侧挂垃圾袋，下方放清洁篮。

11-04　客房安全管理制度

客房安全管理制度

一、职业安全

客房楼层服务员和清洁员在清扫整理房间或进行其他项目的清洁工作过程中，必须注意安全，严格遵守酒店所规定的安全守则，杜绝事故的发生，在工作过程中粗心大意，违反操作规程，将会造成不可弥补的损失。

（一）造成事故的主要原因

（1）进房间不开灯。
（2）赤手伸进垃圾桶取物。
（3）清洁卫生间没注意剃须刀片。
（4）挂浴帘时站在浴缸边缘上。
（5）搬动家具时不注意被尖物刺伤。
（6）光脚进行清洁工作（地面上的玻璃碎片等）。
（7）电器的电源没靠墙角放置，人易被绊倒。
（8）关门时，不是握着门把而是扶着门的边缘拉门。

（二）安全操作注意事项

（1）双手推车，防闪腰。

（2）利用梯架打扫高处的积压卫生。

（3）工作地带保持干爽，以防滑倒。

（4）不用已损坏的清洁工具，不擅自修理，以免发生危险。

（5）举重物品时（如抬家具）切勿用腰力，须用脚力（先蹲下，平直上身，然后举起）。

（6）公共场所灯光照明不良时，应马上报告，尽快修理，以免发生事故。

（7）工作车等用具应尽量靠边放，注意电线绊脚。

（8）发现家具或地面有尖钉等物，须马上拔去。

（9）所有玻璃物品、器具（窗、镜等）如发现破损，立即报告，及时更换，未及时更换的，应用强立胶纸贴上，以防划伤人。

（10）发现桌椅松动，须尽快修理。

（11）不可赤手伸进垃圾桶，须戴手套，并小心操作，以防玻璃碎片、刀片等刺伤。

客房服务员大部分是女性，在工作中要有自我防护意识，对客人既要彬彬有礼、热情主动，但又要保持一定的距离。客人召唤入房时，不可关上房门，要将房门大开，对客人关门要求要坚持，客人邀请时不要坐下，更不要坐在床上，也不宜在客房逗留时间过长，尽量谢绝客人邀请外出，不要轻信和陶醉在客人的花言巧语中，下班后不可以到客人房间串门。

二、防盗工作

（1）各岗位工作人员要坚持岗位，掌握客人出入情况，熟记客人的特征、性别，非住宿人员不能任其无故进入楼层，发现可疑人员要立即向领班、主管报告。

（2）严格会客制度，未经住房客人同意，不允许来访者进入房间。

（3）清理房间时，房门要始终打开着，将工作车挡在房门口，清洁房间完毕，要马上锁好房门。清洁过程中要随时察、看、倾听门外动静，发现可疑情况立即报告。

（4）跟房检查或清理房间途中，如有急事离开，要锁好门，不得将门虚掩。

（5）发现客人丢失钥匙，应立即向上级报告，迅速采取防范措施，并通知维修人员，24小时内将丢失钥匙的房间门锁更换好。

（6）服务员不得穿便装进入客房工作。

（7）客人离店后，及时检查房间，发现遗留物品，要做好登记，并交给上级按规定办理。

（8）客人报失物品时，服务员要立即上报主管处理，由领班级以上人员负责了解报失情况，要询问报失人遗失物品的经过、时间、地点，物品的外观特征以及所住房间，物品丢失前最后一次见到失物时间，在此时间内，客人去过哪些地方，在房间内接待过哪些客人，对哪些人是否怀疑及理由，失物的价值，是否买保险等资料，要记录清楚，并征得客人同意后，联同保安人员与客人一起，在客人目睹的情况下帮助客人在房间内做一次彻底的查找，切不可自作主张私自进入客人房间翻找。查找到失物时，不要指责埋怨客人，要将此事报告主管领导结案并做好记录，如找不到失物时，不要表态，不要做结论，要安慰客人不要着急，请再想想找找，并征询客人意见，是否要向公安部门报案。如要报案，应立即为客人提供方便。

三、防火工作

其内容和操作规范要求如下。

（一）预防火灾规范

（1）建立各级防火组织。组织成员和全体员工均应熟知防火规定和本岗位职责，掌握使用各种灭火器材的技能。客房内（门后或明显处）挂有紧急疏散图和防火标志，告知客人发生火灾时行走的路线。

（2）客人离开房间后，服务员整理房间时，要注意查找房内不安全的隐患。

（3）加强对住客房间的电器设备、通信设备的检查，告诫客人不要超负荷用电，严禁使用电炉、电饭锅及私自拉电线。

（4）客人在房间内使用电吹风等发热设备时，应放在专门隔热防燃物品上，禁止放在床上或台椅上。

（5）禁止在卫生间、阳台处焚烧字纸、文件，要让客人在酒店指定的地点处理字纸、文件。

（6）客房内一般不能搞明火作业，如确需要动工时，作业单位要报保安部门签发"动火证"，客房部、工程部要取来相应的防火设备配合工作，方能动工。

（7）汽油、煤油、酒精、硫酸等易燃品、腐蚀品不得随意存放，应指定地点专人保管，随用随取，用完封存。

（8）加强住客房间的阳台管理，禁止堆放易燃易爆物品，禁止在房内燃放鞭炮。

（9）确保走廊等公共场所保持足够的照明亮度，安全出口部位24小时有绿色指示灯，安全门、太平梯要保持畅通无阻，楼道内要有安全防火灯及疏散指示。不准在楼梯口、走道、配电柜等处存放物品。

（10）垃圾要每天按时清理，在房间内清运垃圾时，要特别注意垃圾内有无未燃尽的烟头，发现后要立即熄灭。

（11）严禁服务员在工作区域内吸烟，禁止乱丢乱扔烟头。

（12）所有电器发现不能正常运转、使用或有漏电情况时，要马上停止使用，立即报修。

（13）值班员（尤其是夜班）值班时间要勤巡视，闻到煳、焦气味时，要查踪追源，确定房间后要唤醒客人，及时向领导报告采取应急措施。

（二）火警的应急处理规范

（1）发现火源——当报警器发出信号时，应立即停止手中的一切工作，查明火源，迅速赶到现场，了解火势情况，立即采取有效措施扑灭火源，如自动报警未发出火警信号，但已闻到着火的气味时，值班员要立即查找火源，发现火源后，要迅速查清失火燃烧物。

（2）查明火源、火情后，要及时向有关部门报告，报警时一定要语言清楚，并把详细地点、时间、火情、报告人姓名讲清楚。如果火情较小，可用灭火器、消火栓进行扑救。灭火时要注意宾客人身、财产安全，灭火后，要妥善保护好现场，禁止无关人员入内，为有关部门调查了解起火原因提供线索。

（3）疏导宾客——火灾发生时，服务员要迅速打开太平门、安全梯，有步骤地疏导宾客。疏散时各楼层的楼梯口、路口、大门口都要有人把守，以便为客人引路，为使宾客及时脱险，在疏散时要明确疏散路线和人流分配，避免事故发生。疏散时要逐一检查房间是否有未离开的客人，将客人送到安全区域。

（三）ABC灭火器的操作规范

扑救火灾时，手提灭火器到火场，并上下颠倒、摇晃均匀，离火点3～4米，拔掉灭火器上的封记及保险销，一手握紧底部，对准火焰根部，另一只手迅速将压把压按下，干粉即可喷出，并迅速摇晃喷嘴，使粉雾横扫整个火区，将火扑灭。另外注意灭火时要果断迅速，不要遗留残火，以防复燃。

四、防自然事故

（1）地毯。要平坦，衔接处要吻合平整，防止客人行走中跌倒。发现地毯凸起时要拉平。

（2）地面。如有油污、湿滑要立即抹净。

（3）木器家具。发现尖钉要马上拔起，发现有松散、开胶之处要及时更换维修。

（4）电器设备。要经常调试、检查，使之保持完好。

（5）清洁机械。对已损坏和漏电的清洁机械，不能继续使用和擅自维修，而应立即报修。

（6）电镀设备。发现各种电镀拉手、水龙头有脱皮现象要及时更换，防止扎伤。

（7）玻璃窗、镜子。发现破裂要及时更换。

（8）高处作业。要用稳固的梯子和系好安全带。

（9）收垃圾。不要将手伸进垃圾桶和垃圾袋内，以防扎手，推车要用双手推动，防止闪腰。

（10）照明。厅堂、走道、楼梯、客房等要经常检查、维修照明设备，保证充足的照明效果。

（11）打蜡。要有专人看护打蜡地面，使用防滑标志指示牌，预防客人滑倒。

（12）电源线。发现电源线在明显处要及时整理好，人在暗处，发现有磨损，要及时通知维修。

（13）挂画、顶灯。要经常检查，及时加固维修，防止脱落。

（14）卫生间设备。要经常检查、加固，浴缸要采取防滑措施。

（15）茶具。及时更换有缺口、裂痕的茶具，清洁消毒时不要用手伸进水中捞取，应戴胶质手套，防止玻璃片扎伤手指、手腕。

（16）设施设备。客人第一次来店时要详细介绍使用方法和注意事项。

（17）易燃、易爆、有毒物品。不能放在客房内，要统一保管，防止事故发生。

（18）电热水炉、电热杯。使用时要严格按操作规程。

五、致伤事故处理

（1）要查清致伤原因（客人因自然事故致伤者）。

（2）要汇报有关领导，听候领导的处理意见。

（3）要征询处理意见。要征询客人是否请接待单位来人，或是马上送医院治疗。

（4）要重点服务客人。如住店修养者，应加强服务次数，尽量满足客人要求。

（5）要看望，领班以上的领导看望宾客，并给予特别的照顾。

11-05 客房部应急处理预案

客房部应急处理预案

一、火灾应急预案

（一）发生火灾

（1）部门某岗位发生火灾时，如果是较小火灾，应尽快把火扑灭后报部门当值主管和经理，经理要上报总经理直至董事长。

（2）如果火势较大，部门某岗位无能力扑火，必须马上打电话到前台或保安部报警。报警的内容包括具体地点、燃烧何物、火势程度，如果有人员受伤需告之，报警人的姓名、部门及所在位置。服务中心通知前台打印住店客人明细单。

（3）如火情紧急，应立即打碎最近的报警装置进行报警，迅速使用灭火器进行灭火。所有的固体材料例如纸、纺织品等可用水进行扑灭，电器设备和易燃液体不能用水灭火，可用干粉灭火器进行扑灭。

（4）如果涉及自身的安全，请尽快离开现场，并关闭身后的门窗。

（5）如果火情无法控制，关闭门窗直至救援人员到来。

（6）在火灾现场打开门窗必须先检查，发烫的门表示火势正在蔓延，记住千万不可打开。

（7）在火灾现场，千万不要乘电梯，要使用安全通道。

（8）在任何情况下，员工都要保持镇定，使现场的惊慌降低到最低程度。

（9）当区域烟雾笼罩时，尽量俯下身子，因为烟雾比火更致命，而在接近地面的地方能找到新鲜的空气。

（二）进行扑救

（1）接到报警呼叫，立即移除走道上的障碍物（工作车、吸尘器等），将其放到工作间或空房里；确信所有的房门已被关闭。

（2）如果火灾发生在你所在的楼层，听从紧急小组领导的指示进行灭火或撤退。

（3）始终保持对区域的警觉，一有任何火灾或烟雾的紧急情况，立即报告指挥岗或前台。

（4）一旦开始执行撤退指令，楼层负责人立即拿着住店客人清单到走道上顺时针或逆时针通知客人，要保持急而不乱，保持冷静，"现在向您通知紧急情况，酒店出现火情，请您不要慌乱，由我统一指挥……"。协助住店宾客从最近的消防逃生通道撤退。

（5）在协助大部分宾客撤退后，按顺时针或逆时针方向开始检查所有客房。用事先准备的笔在房门上做标记，在所有客房检查完毕后，通知前台或指挥岗。

（6）如果在检查撤退房间过程中，你发现自己受到火灾或烟雾的影响，请立即停止并尽快撤离此地，记下没有检查的房号/楼层，并立即通知前台或指挥岗，以便告诉消防人员。

（7）撤到集合点，清点楼层顾客，防止遗漏。等待上级的进一步指示。

（8）在火灾发生时，所有对讲机都应处于工作状态，以保证信息畅通无阻。

二、停电

（一）事先得知要停电

（1）如事先得知将要停电，应在客房内放入告示并尽可能通知到所有宾客。

（2）在发生停电的时间内，服务员应使用应急灯在过道上巡视，做好安全防范工作并向宾客做好解释工作。

（3）提醒宾客勿在停电期间乘坐电梯。

（4）注意检查楼层的应急照明是否有效；准备好备用手电筒。

（5）楼层上严禁使用明火照明。

（6）恢复供电后检查各区域是否有异常情况。

（二）突然停电

（1）如果是突然停电，首先现场人员马上通知工程人员，电话××××，或对讲机××频道。

（2）工程人员接到通知后，立即到达现场，落实电梯内是否有被困人员，并稳定乘客情绪。落实原因展开营救。

（3）查看停电原因，检查配电箱是否有跳闸现象，查明原因后把电源合上，原因不明之前禁止合用。

（4）如果是大范围停电，联系供电局询问停电原因及来电时间。

（5）工程部负责人请示领导是否发电。

三、停水

（1）如事先得知停水，应在客房内放入告示并尽可能通知到所有宾客。

（2）事先储存一部分水，供必要时使用。

（3）如突然停水，应立即组织员工取水，在客人需要的时候送到房间。

（4）准备一定数量的矿泉水作为饮用水。

（5）恢复供水后检查是否有漏水现象并做相应的处理。

四、宾客受伤/死亡

（1）接到宾客受伤的信息后马上到房间查看。

（2）如宾客伤势不重，向宾客表示慰问并询问宾客是否到医院就诊。

（3）伤势较重立即向上级汇报，协助做好相关工作。

（4）如宾客已经死亡，切记保持镇静，立即向上级汇报并保护好现场，后由保安部经理、客房部经理、大堂副理一起进房间查看。

（5）检查后由管理人员将情况报告总经理，通知前台封锁房间，注意房号保密。

（6）迅速通知死者家属或工作单位、接待单位、同行人员，如是境外客人，须及时通知公安局入境管理部门、政府外事部门，如客人有投保，还需通知投保的保险公司。

（7）征得死者家属或单位同意后，报公安机关，并接受法医验尸。

（8）尽快将死者转移出酒店，转移时注意避开住客，可选择夜深人静之时，从员工通道出店。

（9）死者的遗留物品应及时整理、清点和记录，并妥为保存，待死者家属或指定委托人认领并做好领取的签收手续。

（10）客房部经理根据调查的结果写出客人在店期间死亡及处理经过的报告，经总经理审阅通过后，一份留酒店备案，其余的交给死者家属及有关单位和人员。死者的死因不做随意的猜测和解释，统一由酒店指定的权威人士解答。

（11）尸体转移后，对客房进行严格消毒，客人用过的物品与卧具焚毁处理。

五、客人报失

（1）客人报失时应立即帮助客人查找。

（2）经过努力未找到时要及时上报保安部。

（3）协助保安部保护好现场并作进一步调查。

（4）丢失较贵重的物品时，应请示上级报当地派出所协助处理。

六、醉酒客人处理

（1）发现客人有醉态，服务员应主动上前搀扶客人到房间（女服务员找客人的陪同或同伴陪同）。

（2）进入房间后扶客人躺在床上，帮客人沏上杯浓茶，床边放置垃圾篓。

（3）把火柴、打火机和刀具之类的危险品放在客人拿不到的地方，退出后暂时不要锁门，要勤观察。

（4）如果客人喝醉酒后无理取闹，应立即上楼与楼房服务员共同处理此事，必要的话，通知客人的领队或者接待单位、家属。

（5）将客人扶进客房，尽量让他躺在床上休息，避免醉酒的客人在楼层大吵大闹，影响其他客人的休息。

（6）如客人醉得厉害，要打电话请医生，并向值班经理汇报，必要时及时送医院抢救，并与医院保持联系。

（7）客人的房间双锁处理。

第12章　酒店餐饮管理制度

12-01　餐饮部管理制度

餐饮部管理制度

一、例会制度

（一）部门例会

（1）餐饮部例会由餐饮部经理主持。

（2）部门例会参加人员。中餐厅经理、××园经理、西餐厅经理、管事部领班、西点房厨师长。

（3）例会内容

① 各部门负责人汇报工作落实情况，发言要求简明扼要，突出重点；每周一要汇报本周工作计划，并汇报上周工作落实情况。

② 餐饮部经理每周一对上周经营管理状况、客源市场问题、人员组合问题、服务质量、成本费用问题、部门布置的各项工作完成情况进行分析评估，提出表扬及批评，布置下周部门工作计划，规定落实的具体时间和要求。

③ 布置重大宴会和会议接待计划，提出要求及具体责任人。

④ 下达酒店总经理对部门的工作指令。

⑤ 会议要有专人记录，各参加会议人员必须有自己的会议记录，以便在部门班前会传达。

（二）班前会

（1）餐饮部班前会制度执行范围。中西厨房、酒吧、咖啡厅、管事部、西点房。

（2）班前会内容。由各部门负责人传达到餐厅领班及厨师领班，再由餐厅领班及厨师领班在班组班前会传达。

（3）班前会出席对象。各班组当班全体员工。

（4）各班组班前会召开时间。在每天营业前，时间为10～20分钟。

（5）班前会主要内容

① 检查员工的仪容仪表和个人卫生。

② 提醒上一天服务方面存在的问题，提出改进措施及日后工作需要注意的事

项,并提出表扬及批评。

③ 讲述当日菜品供应情况及酒水供应情况。

④ 下达餐饮部的工作指令。

二、物资管理制度

(1) 餐饮部物资管理制度实行班组责任制,由各分部门经理总负责,餐厅领班和厨师领班具体负责;分部门做好二级账,班组做好三级账。

(2) 对分部门物资每月清点一次,由分部门报出月损耗率及设施设备的维修保养情况;每年年底,由财务部统一组织物资清查,做好物资管理。

(3) 缺损物资应填写物资损耗报告单,经主管或领班签字后,报餐饮部经理。如设施设备不能维修,应及时按有关规定办理报废手续。

(4) 贵重餐具、用具必须正确使用,加强维护保养,如有损坏应及时报告,查找原因,追究责任。

(5) 各部门内部设备、餐具的借用应办理借用手续;部门外借用,应经部门经理批准方可办理借用手续。

三、治安、消防管理制度

按照酒店安全管理的要求,餐饮部要建立相应的治安消防网络,坚持"安全第一,预防为主"的方针和"谁主管,谁负责"的责任制。

(一) 餐厅、酒吧、咖啡厅

(1) 如有重要宴请或大型宴会和会议应及时通知保安部,协助维持治安秩序。

(2) 营业前,餐厅主管对安全消防设施、通道进行细致检查,发现问题及时纠正。

(3) 发现可疑物品或不明物品,应及时通知保安部妥善处理。

(4) 营业中随时注意宾客随身带来的贵重物品,防止遗失;如在餐厅发现宾客遗留物品,应按宾客遗留物品处理规定进行处理。

(5) 营业结束后,应把所有火种隐患(烟头和燃剩的蜡烛、固体酒精等)熄灭,集中倒在有盖的铁桶内,存放在安全的地方。关闭所有电器开关、门窗,倾倒干净所有垃圾,做好安全检查,确保安全。

(6) 如发生宾客醉酒闹事、影响治安,应迅速报告保安部,并劝导、制止和隔离;如发现有不轨行为的人和事,应严密监视和控制,并迅速报告保安部。

(二) 厨房

(1) 厨房内严禁吸烟,严禁存放易燃易爆和有毒物品。液化气瓶和固体酒精要专人负责,存放在安全地点,随用随拿。

(2) 开油锅时,注意控制油温,厨师不得随意离开,以防油锅着火。

(3) 使用各种电器设备、厨房炊用机械,须严格执行厨房设备机械安全操作规范,防止电器设备触电和机械设施伤人;发现异声、异味和不安全因素,要立即查明原因,迅速报告工程部和保安部。

（4）经常检查厨房的各种电器设备，发现漏电、短路和超负荷情况，应及时通知工程部进行检修。

（5）禁止无关人员进入厨房。下班前必须认真检查水、电、煤气、蒸汽、各种电器设备、炊用机械和刀具的使用情况，关紧开关，保证安全。

（6）餐厅、厨房配置充足的消防设备和器械。所有员工都必须参加防火和安全培训，懂得正确使用各种消防器械，确保财产和人身的安全。

四、酒水管理制度

（1）酒水领料单须一式二联，第一联交仓库保管员，第二联由酒水员自己保存，由酒水员按编号逐日将领料单上交餐饮部成本核算员。

（2）领饮料时必须将品名、数量填写清楚，交餐饮部经理签字，方可生效；若有涂改现象，此联以作废处理。

（3）酒水员领用酒水时，若在搬运途中损坏，按实物价格赔偿。

（4）营业前酒水员必须将每瓶（听）饮料擦干净，营业时酒水员凭酒水单发放酒水；每餐营业结束后，酒水员要将酒水单与收银台进行核对，并做好记录。每月酒水领用表必须填写清楚，做到日清日结酒水毛利，每月餐饮部经理要对本部门酒水盘点一次。

（5）酒水员每日必须检查酒水品种是否齐全，若仓库无货要及时请购。

（6）严禁员工私拿饮料，一经发现，提供者和拿用者一并从严惩处。在保证质量的前提下，团体用餐饮料如有节余，必须填表，一式两份，一份由酒水员保存，一份交餐饮部经理按月结算一次。

（7）宾客点用饮料品种，必须与酒水单上所开品种相同，不得采取变通办法（如茶水充酒水），一经发现，按实数对当事人从严处罚。

（8）酒店内部举行促销活动，多余的酒水必须填表，一式两份，一份由酒水员留存，一份交餐饮部经理；若私自存放享用或供他人享用，一经发现，从严处罚。

（9）各种饮料、酒水价格，不许随意改动，一经发现，对责任人从重处罚。

五、餐饮部服务工作质量管理制度

（1）餐饮部服务工作质量必须根据中华人民共和国文化和旅游部评星级标准及评分原则，结合模式规定的管理制度、服务工作规程及质量标准等进行质量监督检查，坚持"让客人完全满意"的服务宗旨，加强部门的质量管理工作。

（2）餐饮部质量管理按垂直领导体制，严格实施逐级向上负责，逐级向下考核的质量管理责任制。

（3）部门应划分质量监督范围，建立质量监督检查网络，作为部门的一个管理子系统，以保证质量管理的连续性和稳定性。

（4）各级管理人员加强现场管理和督导，并做好逐日考核记录，作为奖罚的依据，并将质量管理情况和改进措施在每周例会上汇报讨论。

（5）为了确保质量管理工作的严肃性，做到有案可查，餐饮部应建立员工工作质量档案和各级管理人员工作质量档案。

（6）各营业点应设立宾客意见征求表，及时处理宾客投诉，并做好统计反馈工作，各管区主管或领班应经常征求订餐宾客和接待单位意见，后台部门应征求前台部门意见，了解宾客反映。

（7）菜点质量应按食品卫生和厨房工作规范严格操作生产，严格把关，凡质量不合格的菜点绝不出厨房。

（8）质量监督、检查应采取每日例行检查与突击检查相结合，专项检查与全面检查相结合，明查与暗查相结合的方法，对各管区的质量及时分析评估作出报告，并定期开展交流和评比活动。

六、鲜活原料申购、仓库领料验收及仓储管理制度

（1）除鲜活原料外，所有高档原料申购单需经餐饮部经理审核后上报审批，由财务部经理、采购部经理认可，上报总经理同意后方可申购。

（2）一般原料采购由厨师领班按日采购，由部门经理认可后即可购买。

（3）鲜活原料原则上使用海鲜房原料，若有特殊要求则报采购部购买。

（4）领取食品原料必须按规定填写领料单，各部门领料必须由厨师长或厨师领班签字，各部门经理批准。

（5）领取食品原料必须在领料单上正确写清品名、数量、单位，由发货人根据领料单发货。

（6）若实际发货数量不足，须在领料单上注明实际领用数量，并由发货人及收货人共同签字认可。

（7）发完货后，必须由收货人验收并签字认可。

（8）各部门领取贵重原料必须经过预算，提前一天领用，并严格验收，核准数量。

（9）各部门领料单必须由专人保管，不得将领料单互借使用。领后的领料单必须按编号保存，月底将领料单凭证汇总上交餐饮部。

（10）在领取鲜活原料时，必须严格验收，如发现质量不符合要求，则应拒绝领用。

（11）做好货物验收日报表，分类列出，以便于成本核算。

（12）所有进入厨房的食品由厨师长或厨师领班负责。

（13）仓库保管员应明确存货的需要量及周转量。

（14）仓库要求清洁卫生、摆放有序，保持柜门的安全，防止食品被盗。食品货架离墙至少10厘米，离地20厘米，以防食品受潮发霉。

（15）干湿货物、罐头、瓶酒等应分类存放，水果、乳制品、海鲜类应单独存放，并分类储存，排列整齐。仓库和冰箱湿度、温度符合要求。

（16）一切干湿物品要有明确分类存发记录。凡每月每项进货及凭领料单分发各部门的物品，均应有详细注明进仓和发货的数量、日期及经手人等。准确记录入

库单，做到进货有数，存货有序，发货存据，库存有分类，管理有制度。

（17）如进货数量不足，质量不符合要求或存在其他问题，应及时和采购部取得联系。

（18）进货时应加贴标签，注明入库日期、价格等，以便掌握物品的储存期限，有利于发货和盘存工作。放置物品时要有先后固定位置，以便先进先出，后进后出。

（19）一切干湿物品都应随时留意，以防变质，干货提防发霉或被虫、鼠咬坏，价格昂贵的物品应密封储存。

（20）储存罐头食品时，须保留原包装纸或原装木箱；大米、面粉、食盐等，仍按原包装的口袋发出，基本保证物品按原包装发出。

（21）储存的物品应定期盘点和不定期抽查核对，做到账物相符，盘点后填好盘存表。

（22）无关人员不得进入食品仓库；如有事进库，须经餐饮部经理、部门经理签字认可。

（23）仓库规定固定领物时间，如无特殊情况禁止开库。

（24）仓库保管在一天结束后，将各部门领料单交给餐饮部成本核算员，为确定日清日结的食品毛利提供依据。

七、餐饮部客史档案管理制度

（1）客史档案是餐饮部经营和销售活动中的机密文件。

（2）客史档案主要内容为：菜单、宾客意见反馈等。

（3）除餐饮部领导、厨师长、销售人员可借阅外，非经餐饮部经理同意，其他无关人员不得查阅。

（4）客史档案记录应包含各类别、各档次宴请情况。

（5）客史档案应着重记录中外高层领导、中外企业领导和社会各界知名人士、美食家的食俗、口味特点和对菜点质量、服务质量的意见。

（6）客史档案内容要定期仔细核对，并经常补充调整。

（7）客史档案应分门别类编号或根据行业、系统划分，并按宴请日期排列存档。

（8）安排专人负责客史档案的整理、编排、清理、存放。

八、各餐厅酒水盘存制度

（1）餐厅酒水的盘存工作必须每个班次进行。

（2）酒水盘存由酒水员负责进行，并签字认可。

（3）酒水盘存方法是以酒水库标准储量为标准。

（4）开库基数须与上一次关库实际盘存数相同。

（5）当班关库实际盘存数应与理论盘存数相同。

（6）盘存中发现数量不符应及时查找原因，无法解决的要及时汇报餐厅主管或领班。

（7）酒水盘存中实际销售数量须以酒水单为依据，酒水单保存3个月。

（8）每月底会同成本控制员进行一次全面盘存。

九、银器管理制度

（1）库房必须建立银器类专用账册。

（2）银器必须根据其特性，按使用说明进行清洁保养。

（3）银器的保管、清洗必须有专人负责。

（4）清洁保养银器的清洁剂在使用前必须严格检查。

（5）领用银器必须领用人签字以便回收时验收。

（6）经常使用的银器每月须清洗磨光一次。

（7）不常使用的银器必须包装好，分类存放在固定的餐具架上。

（8）因人为因素造成高档餐具损坏或损失必须赔偿。

12-02 餐饮服务质量标准

餐饮服务质量标准

一、餐厅、酒吧、咖啡厅环境标准

（1）布置高雅美观，环境清洁舒适。

（2）卫生间清洁卫生，保证有岗、有人、有服务。

（3）空调室温冬季18～24℃，夏季22～24℃。

（4）室内噪声不高于50分贝。

（5）相对湿度为40%～60%。

二、厨房设施设备和环境标准

（1）水台、冰箱、炉灶、蒸汽炉等设施设备完好有效。

（2）防蝇、排烟通风设施完好。

（3）消防设备、器材安全有效。

（4）各种食品加工机械完好有效。

（5）室高不小于3米，面积不少于1.5平方米/人。

（6）连接餐厅的通道，有隔音、隔气装置，干净整洁。

三、餐厅服务质量标准

（1）餐厅设领位、服务、传菜岗，并保证有岗、有人、有服务，服务规范，程序完善。

（2）上岗的服务人员要做到仪容端正，仪表整洁，符合员工手册要求。

（3）开好营业前的班前会，做好上岗前检查，明确分工，了解当班的宴会、冷餐会、会议及日常营业情况。

（4）用英语接待、服务外宾，做好菜点、酒水的推销和介绍。

（5）各式中餐宴会、散餐铺台按各式铺台规范，台椅横竖对齐或排成图案形。铺台前要洗净双手，避免污染餐具。

（6）中西餐菜单、酒单外形美观，质地优良，印刷清晰，中英文对照，干净无污渍；菜单、酒单上的品种95%~98%能保证供应。

（7）严格执行使用托盘服务，保持托盘无油腻。

（8）严格执行报菜名制度，上每一道菜都要向宾客报菜名。

（9）为点菜宾客倒第一杯酒，餐间服务要按工作流程及质量标准做好斟酒、分菜、换盘等服务。

（10）宾客就餐过程中，坚持三勤服务，即"嘴勤、手勤、眼勤"，及时提供服务。

（11）按中西不同餐式的上菜顺序出菜，传菜无差错。

（12）第一道菜出菜距点菜时间不超过15分钟。

（13）桌上烟灰缸内的烟头不超过3个，换烟灰缸按操作流程规定更换。

（14）设立无烟区，桌上有标志。

（15）上菜、上汤、上饭时手指不触及食物，汤水不外溢。

（16）收银用收银夹，请宾客核对账单，收款后向宾客道谢。

（17）宾客用餐结束，主动征求意见，送行道谢，欢迎再次光临。

（18）餐厅内设宾客意见征求表，并对填写过的征求表及时收回。

（19）保持餐厅走廊过道、存衣处等公共场所的干净整洁、无浮尘、无污渍。

（20）保持清洁卫生，门窗光亮，地毯、地板、墙面、天花板无积尘、无四害、无蜘蛛网。

（21）保持花木盆景的清洁，无垃圾、烟蒂，无枯叶。

（22）保持餐厅内各种艺术挂件完好，挂放端正、无浮灰、无污迹。

（23）保持餐桌、椅子、工作台、转盘的清洁；工作台内物品分类、摆放整齐。

（24）保持餐具、水杯、酒杯的清洁完好，所有餐具、水杯、酒杯必须严格消毒，无手纹、无水渍、无缺口、无裂痕。

（25）保持调味器皿的清洁完好，无脏渍、无缺口，若内装调料需保证调料不变质、不发霉。

（26）保持台号、菜单的清洁完好，无污渍、无油腻、无破损、无涂改。

（27）保持台布、餐巾的清洁完好，熨烫平整，无污渍、无破洞。

（28）保持工作间、工作车的干净清洁，无油腻、无垃圾；工作间内物品摆放整齐，随手关门。

（29）保持餐厅内的桌椅、转盘、用具的完好有效，餐厅内的冰箱、空调、电话机以及所有照明设备均完好有效。

（30）各类宴会、酒会、冷餐会要求准备充分，台型摆设装饰美观，菜肴品种丰富适量，按服务规程提供优质服务。

（31）会议服务根据出席人数准备充足茶水，配备记录纸和笔；纸张要求干净无破痕，笔要求好用，会议用扩音设备完好有效。

（32）做好宴会结束的收尾工作，桌椅归位，台面铺设复原，无遗留垃圾，地面保持清洁。

（33）除24小时营业的餐厅外，一般餐厅的午餐在14:30，晚餐在22:00（冬天可在21:30）前仍需接受点菜。

（34）各餐厅建立起物资月报制度，每月做好清点工作，控制餐具、布件等的散失和损坏。每月餐具损耗及丢失控制在月营业额的0.5%以内。

（35）员工具有一定的消防意识，熟悉灭火装置及使用方法，并保证灭火装置的有效性。

（36）对宾客的投诉和意见，首先要认真对待，及时处理，其次要记录在案，以便培训时作为资料，保证餐厅不再发生类似情况。

（37）遵守"员工手册"和酒店规定的各项规章制度，不私收小费和宾客馈赠的礼品；对待宾客遗留的物品，要按宾客遗失物品处理规定及时处理。

（38）做好班次交接工作，对本班次未完成而需交代到下一班次完成的工作，一定要有交接记录，保证班次的连贯性。

（39）餐厅经理及餐厅主管坚持在服务现场的管理和督导，每天有工作考核记录。

四、酒吧、咖啡厅服务质量标准

（1）设立领位、服务、传菜、调酒等岗位，保证有岗、有人、有服务，服务规范，程序完善，咖啡厅24小时营业，酒吧营业到凌晨1:00～2:00。

（2）上岗的服务员做到仪容端正、仪表整洁，符合"员工手册"要求。

（3）开好营业前的班前会，接受上岗前的检查，了解当班业务情况，明确分工，做好服务工作。

（4）熟练地用外语接待、服务外宾。

（5）铺台、摆台合乎规范。

（6）严格执行使用托盘服务，严禁直接用手拿杯服务客人。

（7）酒水单、菜单中英文对照，印刷优良，字迹清楚，无破损无折痕。

（8）各种杯具及器皿清洁卫生，放置整齐，无污痕，保证玻璃器皿无手印。

（9）能配置酒单所列的各式鸡尾酒，调制快速、准确、卫生，符合规范。

（10）正确掌握摇酒器、调酒棒、量杯等的使用方法。

（11）整瓶酒出售时，应按斟酒操作程序服务，当着宾客面启封开口，使宾客看到标牌，倒酒时无溢滴现象。

（12）营业低峰时，宾客所点酒水在2分钟内上台，高峰时5分钟内上台。

（13）坚持"三勤"服务，及时提供各种小服务。

（14）烟灰缸内烟头不许超过3个，更换烟灰缸严格按照烟灰缸更换程序进行。

（15）收款用收银夹，请宾客核对账单，准确无误后收款，并向宾客道谢。

（16）餐厅设宾客意见征求表，对填写过的征求表及时回收。

（17）宾客用餐及点用酒水结束，拉椅送客至餐厅门口，热情道谢送别，3分钟内重新铺好台面。

（18）保持室内的清洁卫生，门窗光亮，地毯、地面、墙面、天花板无积尘、无蜘蛛网。

（19）保持花木盆景的清洁，花架和叶面无浮尘，盆景和垫盆内无垃圾、无烟蒂、无枯叶。

（20）保持室内各种艺术挂件完好，挂件端正，无浮尘，无污迹。

（21）保持餐桌、椅子、工作台、吧台的清洁，工作台内各种物品摆放整齐。

（22）保持茶具、酒具、咖啡具、水杯、冰桶等清洁完好，严格消毒，无手纹、无水渍、无脏痕、无裂痕、无缺口。

（23）保持台布、餐巾清洁完好，洗涤干净，熨烫平整，无污渍、无皱纹、无破洞。

（24）保持冰箱、制冷机、空调、电话以及所有照明设备、灯头均完好有效。

（25）做好营业结束后的收尾工作，要求桌椅位置、台面摆设复原，无遗留垃圾，保持地面清洁，无杂物。

（26）建立物资台账，每月清点一次物资，保证餐具的破损率和丢失控制在月营业额的0.5%之内。

（27）具有一定的消防常识并熟悉灭火设备的位置及使用方法。

（28）对宾客的投诉和意见，要认真对待，及时处理，保证宾客满意而归，并做好记录。

（29）遵守"员工手册"和各项规章制度，不私收小费和客人馈赠的礼品；对待宾客遗留的物品，要按宾客遗失物品处理规定及时处理。

（30）做好班次交接工作，保证班次的连贯性。

（31）餐厅经理及餐厅主管坚持在服务现场的管理和督导，做好每日工作考核记录。

五、客房送餐服务质量标准

（1）在餐厅设立预订、送餐服务岗，24小时保证有岗、有人、有服务，服务规范，程序完善。

（2）上岗的服务人员做到仪容端正、仪表整洁，符合"员工手册"要求。

（3）熟练地运用外语进行预订及送餐服务工作。

（4）接听电话预订时，先礼貌地向宾客问候："您好，客房送餐，请讲。"再准确无误地记录宾客点的菜点及酒水,并向宾客复述一遍订餐内容;每张预订单上均应加盖时间章,然后交厨房和送餐服务员准备。

(5)客房送餐从接受预订到送至客房的时间:早餐20分钟,中晚餐30分钟内。

(6)客房订餐电话铃声响三声内接听,超过3响以上应主动向宾客致歉。

(7)送餐服务前对菜肴、酒水、调料、餐具、台布、餐巾、送餐车做全面检查,要求菜肴、点心符合质量要求,并加盖保洁保温;餐具配置得当,清洁完好,台面、餐巾干净平整,无污渍、无褶皱;送餐车干净整洁,完好有效,并将餐具记录在客房送餐记录本上。

(8)送餐服务时餐车推行小心谨慎,餐具摆放平稳得当。进房时,先敲三下并说"客房送餐";待宾客开门后再进入房间,礼貌问候宾客,并主动征求宾客对摆放和服务的意见要求。

(9)送餐服务时要视宾客需要,提供各种小服务。

(10)用账单夹送上账单,请宾客签字并道谢告别。

(11)送餐完毕45分钟后,到楼面回收宾客使用过的餐具和布件,防止丢失和损坏;对45分钟后收不回的餐具,应主动询问宾客何时可收回餐具并准时回收。回收餐具后,在送餐记录本上做好记录。

(12)每天定期清理送餐车,保持干净整洁、无油腻;有送餐车维护保养制度,每天检查并注意一周加一次润滑油。

(13)由咖啡厅服务员晚24:00,次日3:00、5:00分三次到客房楼层回收门把式早餐单,按宾客要求在20分钟内给宾客送餐至房间。

(14)对宾客的投诉和意见,要高度重视、及时整改,使宾客满意,并记录在案。

(15)做好交接班工作,交接清楚,并有记录及交接人签字。

(16)若有VIP宾客的送餐服务,部门经理或餐厅主管与服务员一起送进房。

六、厨房工作质量标准

(1)在规定的岗位和工作时间内,必须有岗、有人、有服务。

(2)上岗应按规定着装,服装、鞋帽整齐、干净、统一,不留长发和指甲,厨帽罩住头发,不戴首饰,个人卫生符合食品卫生要求。

(3)严格执行《中华人民共和国食品卫生法》,切实把好食品原料质量关、操作卫生和储藏保洁关,防止污染,确保食品安全,无差错、无事故。

(4)存放食品的冰箱做到"四分开"(鱼肉分开、荤素分开、生熟分开、成品和半成品分开),并有专人管理,定期清理打扫,冰箱内整洁干净。隔顿、隔夜食品做到回锅蒸煮。

(5)保持厨房的整洁卫生,工作区、台面以及各种用具和食品加工机械干净清洁,调料缸一定要加盖。

(6)中西厨冷盘间和点心加工间要做到"三白"(白衣、白帽、白口罩),"三专"（专业、专人、专用具），"三严"（严格检查进货，严格分开生熟食品，严格消毒各种用具），"三不入"（未经洗好的生食品不准入内，非有关的人员不准入内，私人的物品不准带入），专用间内备有"三水"（消毒水、洗涤水、清水）。

（7）落实安全措施，厨房内不得存放有毒、有害和易燃物品；有完好的灭火装置，每个工作人员都熟悉使用方法和放置的位置；使用各种电器设备，严格执行安全操作要求。开油锅时，操作人员坚持做到人不离锅，严防油锅起火。营业结束后，认真检查水、电、燃油和各种机械设备及刀具的使用保管情况，保证安全。

（8）厨房内的设施设备及各种物资账目清楚，有专人负责保养及卫生。各种设施设备及各类炊具、刀具、用具完好有效；若有损坏，及时报修。

（9）领料、验收和发货手续完善，做到领料凭签单，验收按质按量，进发货按票据，做到货物票单相符，日清日结，账物清楚。

（10）合理使用各种原料，做到物尽其用，最大限度地减少损耗和浪费。

（11）做好成本核算，严格控制成本和当日毛利率；做到按定额标准投料，主料过秤，各种原料领取数量和实际耗用数量以及出产的成品数量均有记录，每日核算准确无误。

（12）严格执行厨房生产操作规程和菜点质量，把关程序，确保质量，做到"一快、二好、三足、四及时"。

一快：出菜速度快，无论散餐或宴会均应在15分钟之内上第一道菜。

二好：从原料选择，切配标准，搭配合理，烹制精细到菜点成品的味感、观感和营养均好。

三足：原料准备充足，宾客所点菜点分量充足，宾客的特殊要求尽量满足。

四及时：准备工作及时，同各部门和班组联系及时，菜点供应及时，请示汇报及时。

（13）遵纪守法，无私吃、偷拿、偷盗等违纪违法行为。

（14）厨师长和厨房领班在生产操作现场进行管理和督导，并有工作检查和书面记录。

七、酒水管理质量标准

（1）设立完备的酒水领发、保管岗，工作时间内始终保持有岗、有人、有服务，服务规范，程序完善。

（2）上岗人员按规定着装，仪表整洁，符合"员工手册"的要求。

（3）热情主动地为前台服务，及时了解和掌握餐厅的业务情况及重大活动，配齐与备足所需的各类酒水，保证供应不脱档。

（4）与餐饮部保管员沟通联系，及时提出申购计划，控制好酒水的领进单，确保不积压。

（5）各种酒水必须在保质期以内使用，保证无破损酒瓶及严重变形的听罐流入营业场所。

（6）保持酒水仓库的干净整洁，摆放整齐，无积灰、无垃圾、无蜘蛛网。

（7）各餐厅酒架上摆设的酒水，必须商标朝外，保证供应数量充足，并确保安全无流失。

（8）建立酒水二级仓库账，做好酒水的日常检查和清点工作，保证每周一次酒水盘点，并做好记录。

（9）酒水仓库消防措施齐全有效，工作人员具有一定的消防知识并熟悉灭火装置的位置及使用方法。

（10）遵守"员工手册"和各项规章制度，不利用职务之便私吃私拿或馈赠他人。

（11）做好交接班工作，保证工作的连续性，并做好工作记录。

八、管事部工作质量标准

（1）设有与工作任务相适应的工作岗位，并保持有岗、有人、有服务。

（2）上岗人员按规定着装，个人卫生符合食品卫生要求。

（3）设备财产和物资有明细账册，每月底清点核对，控制财产及物资的流失，减少餐具的破损率。

（4）管事部的仓库有防火、防盗装置，仓库整洁，货架及货物摆放整齐，分类立卡，账物相符；贵重的银器餐具和易碎的陶瓷、玻璃器皿要分类存放，保管安全。

（5）领用餐具、物品一律凭单，登记入账清楚；对大型活动各部门临时借用的餐具及物品，应于两天内收回。

（6）每周检查一次餐具、物品的使用情况，严格查处短缺原因；每月进行一次损耗统计，填制出损耗月度报告，适时提出添补、更新计划；严格执行餐具定额管理制度，保证为餐厅和厨房提供充足、完好的餐具。

（7）进货入库把好验收关，仔细核对货单、品种、数量、规格、质量和单价。

（8）洗碗工执行洗碗工作操作流程。

（9）爱护和珍惜使用清洁器械和各类用具、设备，经常保持工作场地干净、清洁，设备、用具整洁卫生。做好每餐的收尾工作，保证设备安全，场地环境清洁。

（10）清洗餐具严格执行"一刮、二洗、三过、四消毒、五保洁"的工作程序，谨慎操作，轻拿轻放，最大限度地减少损耗；清洗消毒后的餐具及时分类，定点保洁存放。

（11）定期进行除"四害"工作，"四害"密度不超过卫生部门规定的标准（100平方米范围内不许超过两只苍蝇）。

（12）管事部经理每天要做好工作检查和工作考核。

12-03　食品卫生安全管理制度

食品卫生安全管理制度

一、**食品留样制度**

（1）大型宴会、重要接待，厨房每样食品都必须由专人负责留样。

（2）每餐、每样食品必须按要求留足200克，分别盛放在已消毒的餐具中。

（3）留样食品取样后，必须立即放入完好的食品罩内，以免被污染。

（4）留样食品冷却后，必须用保鲜膜密封好（或加盖），并在外面标明留样日期、品名、餐次、留样人。

（5）食品留样必须立即密封好、贴好标签后，立即存入专用留样冰箱内。

（6）每餐必须做好留样记录。留样日期、食品名称，便于检查。

（7）留样食品必须保留48小时，时间到后方可倒掉。

（8）留样冰箱为专用设备，留样冰箱内严禁存放与留样食品无关的其他食品。

二、**餐饮工作人员食品安全知识培训制度**

（1）食品生产、经营、餐饮人员必须在接受食品安全法律法规和食品安全知识培训并经考核合格后，方可从事餐饮服务工作。

（2）认真制订培训计划，在食品药品监督管理部门的指导下定期组织管理人员、从业人员进行食品安全知识、职业道德和法制教育的培训以及食品加工操作技能培训。

（3）餐饮服务食品人员的培训包括负责人、食品安全管理人员和食品从业人员，初次培训时间分别不少于20课时、50课时、15课时。

（4）新参加工作人员包括实习工、实习生，必须经过培训、考试合格后方可上岗。

（5）培训方式以集中讲授与自学相结合，定期考核，不合格者离岗学习一周，待考试合格后再上岗。

（6）建立从业人员食品安全知识培训档案，将培训时间、培训内容、考核结果记录归档，以备查验。

三、**餐饮工作人员健康检查制度**

（1）食品生产经营人员每年必须进行健康检查。新参加工作和临时参加工作的食品生产经营人员必须进行健康检查，取得健康证明后方可参加工作。

（2）食品生产经营人员持有效健康合格证明从事食品生产经营活动。

（3）凡患有痢疾、伤寒、病毒性肝炎等消化道传染病（包括病原携带者）、活动性肺结核、化脓性或者渗出性皮肤病及其他有碍食品卫生的疾病，不得从事接触直接入口食品的工作。

（4）凡检出患有以上"五病"者，要立即将其调离原岗位，禁忌征患者及时调离率100%。

（5）凡食品从业人员手部有开放性、感染性伤口，必须调离工作岗位。

四、餐饮工作人员个人卫生管理制度

（1）从业人员必须进行健康检查和食品安全知识培训，合格后方可上岗。

（2）从业人员必须认真学习有关法律法规和食品安全知识，掌握本岗位的卫生技术要求，养成良好的卫生习惯，严格卫生操作。

（3）严格洗手。操作前、便后以及与食品无关的其他活动后应洗手，先用消毒液消毒，后用流动水冲洗。

（4）从业人员不得留过长指甲、涂指甲油、戴戒指。不得在食品加工场所或销售场所内吸烟、吃东西、随地吐痰，不得穿工作服入厕。

（5）从业人员不得面对食品打喷嚏、咳嗽及其他有碍食品卫生的行为，不得用手直接抓取入口食品、用勺直接尝味，使用后的操作工具不得随处乱放。

（6）从业人员要注意个人卫生形象，养成良好的卫生习惯，穿戴整洁的工作衣帽，头发梳理整齐置于帽后。

（7）从业人员必须认真执行各项食品安全管理制度。

五、餐（用）具洗涤、消毒管理制度

（1）设立独立的餐饮具洗刷消毒室或专用区域，消毒间内配备消毒、洗刷保洁设备。

（2）洗刷消毒员必须熟练掌握洗刷消毒程序和消毒方法。严格按照"除残渣→碱水洗→清水冲→热力消→保洁"的顺序操作。药物消毒增加一道清水冲程序。

（3）每餐收回的餐饮具、用具，立即进行清洗消毒，不隔餐隔夜。

（4）清洗餐饮具、用具用的洗涤剂、消毒剂必须符合国家有关卫生标准和要求。餐具消毒前必须清洗干净，消毒后的餐饮具表面光洁、无油渍、无水渍、无异味、无泡沫、无不溶性附着物，及时放入保洁柜密闭保存备用。

（5）盛放消毒餐具的保洁柜要有明显标记，要经常擦洗消毒，已消毒和未消毒的餐饮具要分开存放。

（6）洗刷餐饮具的水池专用，不得在洗餐饮具池内清洗食品原料，不得在洗餐饮具池内冲洗拖布。

（7）洗刷消毒结束，清理地面、水池卫生，及时清理泔水桶，做到地面、水池清洁卫生，无油渍残渍，泔水桶内外清洁。

（8）定期清扫室内环境、设备卫生，不留卫生死角，保持清洁。

六、预防食物中毒制度

（1）豆浆、四季豆等生食有毒菜果，必须煮熟煮烂方能销售。

（2）马铃薯（土豆）发芽时，因芽内含有龙葵素，必须将芽彻底挖掉，才可进行烹调食用。

（3）未煮熟透的海产品，不得食用，熟透的海虾、海蟹应一次或当天食用，如有剩余，放凉后立即妥善冷藏，再次食用前要加热煮透。

（4）夏秋季多发细菌性食物中毒，要注意食物加工消毒及炊具、餐具消毒。

（5）严防发生投毒事件。外部人员不得随意进入食品加工出售间，注意炊事人员的思想建设，及时化解矛盾，以免发生过激行为。

（6）食品仓库、加工间不得存放任何有毒、有害物质。

（7）餐厅内不得有员工住宿、午休房间。

（8）如怀疑有食物中毒发生时，应迅速上报食品药品监督管理部门、卫生行政部门和上级主管部门，采取及时有效措施进行救治。

七、食品卫生综合检查制度

（1）制订定期或不定期卫生检查计划，全面检查与抽查、自查相结合，主要检查各项制度的贯彻落实情况。

（2）各餐饮部的卫生管理组织负责本部的各项卫生检查制度的落实，每天在操作加工时段至少检查一次卫生，检查各岗位是否有违反制度的情况，发现问题，及时告知改进，并做好卫生检查记录备查。

（3）厨师及各岗位负责人、主管人员要跟随检查、指导，严格从业人员卫生操作程序，逐步养成良好的个人卫生习惯和卫生操作习惯。

（4）酒店质检管理人员及卫生管理员每周1~2次对各餐饮部位进行全面现场检查，同时检查各部的自查记录，发现问题及时反馈，并提出限期改进意见，做好检查记录。

（5）检查中发现的同一类问题经二次提出仍未改进的，提交有关部门按有关规定处理，严重的交食品药品监督管理部门按有关法律法规处理。

八、烹调加工管理制度

（1）加工前检查食品原料质量，变质食品不下锅、不蒸煮、不烘烤。

（2）熟制加工的食品要烧熟煮透，其中心温度不低于70℃。油炸食品要防止外焦里生，加工后的直接入口熟食要盛放在已经消过毒的容器或餐具内。不得使用未经消毒的餐具和容器。

（3）烹调后至食用前需要较长时间（超过2小时）存放的食品应当在高于60℃，或低于10℃的条件下存放，需要冷藏的熟制品应在放凉后再冷藏。

（4）隔餐隔夜熟制品必须经充分再加热后方可食用。

（5）灶台、抹布随时清洗，保持清洁。不用抹布揩擦碗盘，滴在盘边的汤汁用消毒抹布揩擦。

（6）严格按照《食品生产经营单位废弃食用油脂管理规定》要求，收集处理废弃油脂，及时清洗抽油烟机罩。

（7）剩余食品及原料按照熟食、半成品、生食的卫生要求存放，不可混放和交叉叠放。

（8）工作结束后，调料加盖，工具、用具洗刷干净，定位存放；灶上、灶下、地面清洗冲刷干净，不留残渣、油污，不留卫生死角，及时清除垃圾。

九、粗加工管理制度

（1）分设肉类、水产类、蔬菜原料加工清洗区域池，并有明显标志。食品原料的加工和存放要在相应位置进行，不得混放和交叉使用。

（2）加工肉类、水产类的操作台、用具和容器与蔬菜分开使用，并要有明显标志，盛装海水产品的容器要专用。

（3）各种食品原料不得随地堆放。清洗加工食品原料必须先检查质量，发现有腐败变质、有毒有害或其他感官性状异常的，不得加工。

（4）蔬菜类食品原料要按"一择、二洗、三切"的顺序操作，彻底浸泡清洗干净，做到无泥沙、杂草、烂叶。

（5）肉类、水产品类食品原料的加工要在专用加工洗涤区或池进行。肉类清洗后无血、毛、污，鱼类清洗后无鳞、鳃、内脏，活禽宰杀放血完全，去净羽毛、内脏。

（6）做到刀不锈、砧板不霉，整齐有序，保持室内清洁卫生。加工结束后及时拖清地面、水池、加工台、工具、用具、容器清洗干净，定位存放，切菜机、绞肉机等机械设备用后拆开清洗干净。

（7）及时清除垃圾，垃圾桶每日清洗，保持内外清洁卫生。

（8）不得在加工清洗食品原料的水池内清洗拖布。

十、凉菜间卫生管理制度

（1）凉菜间工作人员应严格注意个人卫生，严格洗手消毒，穿戴整洁的工作衣帽，戴口罩和一次性手套。

（2）认真检查食品质量，发现提供的食品可疑或者感官性状异常，立即撤换做出相应处理。

（3）传递食品需用专用的食品工具，专用工具消毒后使用，定位存放。

（4）配餐前要打开紫外线灯进行紫外线消毒30分钟，然后对配餐台进行消毒。

（5）工作结束后，清理凉菜间卫生，配餐台无油渍、污渍、残渍，地面卫生清洁，紫外线消毒30分钟。

（6）凉菜间按专用要求进行管理，要做到"五专"（专用房间、专人制作、专用工具容器、专用冷藏设施、专用洗手设施）。其他人员不可随意进出，传递食品从能够开合的食品输送窗进行。

十一、餐厅卫生管理制度

（1）食品经营单位必须成立食品安全领导小组，食品安全有专人管理和负责。

（2）《食品卫生许可证》或《餐饮服务许可证》悬挂于醒目可视处。

（3）食品从业人员持有效健康合格证明及食品安全知识培训合格证上岗。

（4）工作人员上班时应穿戴整洁的工作衣帽，并保持良好的个人卫生。

（5）保持餐厅内外环境卫生，加强通风和消毒工作，做到每餐一打扫，每天一清洗。

（6）食用工具每次用后应洗净、消毒、保持洁净。

（7）盛装垃圾的容器应密闭，垃圾及时处理，搞好"三防"工作。

十二、面食制作管理制度

（1）加工前要检查各种食品原料，如米、面、黄油、果酱、果料、豆馅以及做馅用的肉、蛋、水产品、蔬菜等，如发现生虫、霉变、异味、污秽不洁，以及不符合其他食品安全要求的，不能使用。

（2）做馅用的肉、蛋、水产品、蔬菜等原料要按照粗加工卫生制度的要求加工。蔬菜要彻底浸泡清洗，易于造成农药残留的蔬菜（如韭菜）浸泡时间30分钟以上，然后冲洗干净。

（3）各种工具、用具、容器生熟分开使用，用后及时清洗干净，定位存放，菜板、菜墩洗净后立放。

（4）糕点存放在专库或专柜内，做到通风、干燥、防尘、防蝇、防鼠、防毒，含水分较高的带馅糕点存放在冰箱，做到生熟分开保存。

（5）按规定要求正确使用食品添加剂。

（6）各种食品加工设备，如绞肉机、豆浆机、和面机、馒头机等用后及时清洗干净，定期消毒。各种用品如盖布、笼布、抹布等要洗净晾干备用。

（7）工作结束后及时清理面点加工场所，做到地面无污物、残渣，面板清洁，各种容器、用具、刀具等清洁后定位存放。

十三、厨房卫生管理制度

（1）厨房烹调加工食物用过的废水必须及时排除。

（2）地面天花板、墙壁、门窗应坚固美观，所有孔、洞、缝、隙应予填实密封，并保持整洁，以免蟑螂、老鼠隐身躲藏或进出。

（3）厨房每周要进行全面大扫除，一定要对所有区域全面清洁。

（4）工作厨台、橱柜下内侧及厨房死角，应特别注意清扫，防止残留食物腐蚀。

（5）食物应在工作台上操作加工，并将生熟食物分开处理，刀、菜墩、抹布等必须保持清洁、卫生。

（6）食物应保持新鲜、清洁、卫生，并于清洗后分类用塑料袋包紧或装在有盖容器内分别储放在冷藏区或冷冻区，确实做到勿将食物在常温中暴露太久。

（7）凡易腐烂的食物，应储藏在0℃以下冷藏容器内，熟的与生的食物分开储放，防止食物间串味，冷藏室应配备脱臭剂。

（8）调味品应以适当容器盛装，使用后随即加盖，所有器皿及菜点均不得与地面或污垢接触。

（9）应备有密封盖污物桶、潲水桶，潲水最好当夜倒除，不在厨房隔夜，如需要隔夜清除，则应用桶盖隔离，潲水桶四周应经常保持干净。

（10）员工工作时，工作衣帽应穿戴整洁，不得留长发、长指甲，工作时避免让手接触或沾染成品食物与盛器，尽量利用夹子、勺子等工具取用。

（11）在厨房工作时，不得在工作区域抽烟、咳嗽、吐痰、打喷嚏等要避开食物。

（12）厨房工作人员工作前、方便后应彻底洗手，保持双手的清洁。

（13）厨房清洁扫除工作应每日至少两次，清洁完毕，用具应集中处置，杀虫剂应与洗涤剂分开放置，并指定专人管理。

（14）不得在厨房内躺卧或住宿，也不许随便悬挂衣物及放置鞋履或乱放杂物等。

（15）有传染病时，应在家中或医院治疗，停止一切厨房工作。

十四、食品添加剂管理制度

（1）食品添加剂必须由酒店统一采购，所购的产品包装及说明书上必须有"食品添加剂"字样标示，其包装或说明书上应按规定标出品名、产地、厂名、生产日期、保质期限、批号、主要成分、使用范围、用量或使用方法等。

（2）食品添加剂种类繁多，主要分成天然与合成两大类。现将酒店允许使用的食品添加剂，具体规定如下。

① 常用食品添加剂。如食用盐、食用碱、酵母、味精、鸡精、天然调料等，这类食品添加剂只要按经验或口味食用都是安全的。

② 专用食品添加剂。如葡萄糖内酯、拉面剂、蛋糕油、嫩肉粉、泡打粉等，这些食品添加剂，只要按说明书正确使用，也是安全的。

③ 控制使用的食品添加剂。以下食品添加剂允许使用，但使用单位首先要报请卫生监督部门批准，在使用时严格按照说明书或国家规定的剂量、办法使用，在食品添加剂的外包装上必须有明显标记，要做到单独存放并有专人负责保管和控制使用剂量。

——防腐剂。允许使用山梨酸及其钾盐，仅限糕点制作时使用。

——甜味剂。允许使用甜叶菊苷，可用于任何食品制作，其甜度约为蔗糖的300倍。

——食用色素。可以使用国家规定允许使用的食用天然色素和食用合成色素，允许在加工糕点时使用，不提倡在加工凉菜、酱制品中使用。

——食用香精。可以使用国家规定允许使用的人工食用香精，允许在加工糕点时使用，不提倡在其他方面使用。

——亚硝酸盐（硝酸钠）。亚硝酸盐是一种发色剂，加入肉制品中，可使肉色鲜红，我国规定亚硝酸盐（硝酸钠）可用于肉类制品，其最大使用量为0.5克/千克，残留量以亚硝酸钠计，肉制品不得超过0.03克/千克。为严防残留量超标，腌制后的肉类要充分浸泡和漂洗。

（3）严禁使用甲醛（福尔马林）、硼酸、硼砂、吊白块等国家明令禁止使用的添加剂。

十五、废弃食用油脂管理制度

（1）废弃油脂必须按国家《食品生产经营单位废弃食用油脂管理的规定》进行管理。

（2）废弃油脂应设专人负责管理。

（3）废弃油脂应有专门标有"废弃油脂"字样的密闭容器存放，集中处理。

（4）废弃油脂只能处理给城市废弃物管理中心，不得销售给其他单位和个人。

（5）处理废弃油脂要建立档案，详细记录销售时间、种类、数量、收购单位、用途、联系人姓名、电话、地址、收货人签字等，并长期保存。

（6）不得随便处理废弃食用油脂。

第13章 星级酒店康乐管理制度

13-01 康乐中心运作流程

康乐中心运作流程

一、营业前准备工作

（一）早班人员

（1）到前台领取各式中英文报纸各一份及当日住客名单。

（2）打开入门、电灯及电脑。

（3）打开室内温度调节器调至适温。

（4）检查各项设备预约本，以利安排相关场地及人员。

（5）打开蒸气浴、按摩浴池等的设备温度调节器调至酒店规定的各种温度。

（6）详阅"工作记录簿"上是否有特别注意或交代事件，并视情况给予立即处理且签名。

（7）依"每日工作检查表"上所列项目，清理环境及补充必要的用品或备品。

（二）晚班人员

（1）到前台领取晚报一份。

（2）检查"各项设备预约本"，以利安排相关场地及人员。

（3）详阅工作记录簿上是否有特别注意或交代事项，并视情况立即处理且签名。

（4）依"每日工作检查表"上所列项目检查，如有不洁之处，则立即清洁，并补充必要的用品和备品。

二、设备器材清洁维保

（一）接待室

接待室设备器材清洁维保见下表。

接待室设备器材清洁维保表

序号	周期	清理项目	备注
1	每日	（1）入口玻璃门的擦拭 （2）所有家具的擦拭（如沙发、桌、椅、柜子、茶几、电话、电视机、台灯、踢脚板等） （3）垃圾桶的清理 （4）桌上杂志的整理 （5）所有盆景、花浇水及枯叶等的整理 （6）地毯的吸尘	由接待室服务人员负责

续表

序号	周期	清理项目	备注
2	每周	（1）冷气机滤网 （2）落地镜擦拭 （3）百叶门、墙的清洁 （4）男女更衣室	由酒店清洁人员负责

（二）健身中心内各室的整理及各项备品的补充

健身中心内各室的整理及各项备品的补充如下表所示。

健身中心内各室的整理及各项备品的补充表

序号	项目	内容	
1	一般性的整理项目	（1）淋浴间的清洁及用品的排放、补充 （2）衣柜、鞋柜的清洁及柜内物品的排放及补充 （3）地板的清洁（由清洁人员负责） （4）抽水马桶及抽风机的清洁（由清洁人员负责） （5）垃圾桶内垃圾的清理 （6）化妆台、吹风机、镜子的清理及用品的排放及补充 （7）磅秤的清理 （8）百叶窗的清洁（由清洁人员负责）	
2	指压、按摩及SPA室	每日	（1）地毯 （2）指压、按摩床 （3）电话、茶几 （4）各项机器外表的擦拭 （5）衣柜
		每周	（1）踢脚板 （2）百叶门 （3）冷气机 （4）墙
3	超声波浴池	（1）每日早晨清洗浴池，清洗时先将水放掉部分，然后用清洁剂、刷子清洗 （2）每日上午10:00开始放水，直至放满为止 （3）每星期用专用清洁剂进行彻底清洁及消毒 （4）浴池外围的地板，每日用拖把擦拭干净	
4	健身区、柜台区及办公室	（1）每日用桐油擦亮铜器部分器材，不锈钢油擦拭电镀及不锈钢器材，并于清理完毕后将器材归位 （2）地毯每日用吸尘器吸尘干净 （3）所有花、木定期浇水 （4）吧台内外每日整理干净，物品依规定位置排放整齐，水杯、刀叉等物须每周送至餐饮部门做定期的保养	

续表

序号	项目	内容
4	健身区、柜台区及办公室	（5）电话、音响、电视每日擦拭干净，电视必须同时检视遥控器是否运作正常，干电池是否须更换 （6）吊扇每星期定期清洁干净 （7）地板每星期清洗一次，视情况请清洁人员打蜡 （8）所有内面玻璃、铝门窗一星期定期擦拭一次（由清洁人员负责）
5	阳台（由清洁人员负责）	（1）每日擦净阳台内的桌椅、凉椅、太阳伞 （2）每日清洗淋浴室及更换补充用品 （3）花、木及盆栽适时浇水 （4）清扫落叶花瓣或用吸尘器清洁
6	仓库	（1）地板 （2）柜子 （3）器具摆置 （4）饮水机

（三）注意事项

（1）除了定时清洁维护之外，凡平时发现上述项目有任何不整洁的地方，应立刻清洁及维护，随时保持健身中心的环境及设备器材处于完整、清洁状态。

（2）凡发现任何设备有损坏或故障，则立刻开列"请修单"（交与工程部修护）。

（3）凡属清洁人员分工部分，如有不洁之处，应随时与负责的清洁人员联络处理。

三、布件类换洗领取

（一）换洗程序

（1）详细点数欲换洗的布品类，并将各类布品数量填写于"布品送洗单"内。

（2）持"布品送洗单"及欲换洗的布品至洗衣房换洗。

（二）领取程序

（1）领回相同数量的布品，尤其是本中心专用运动衣裤、浴巾、衣服、床单等，一定要如数领回。

（2）如有未如数领回的布品，则在下午3:00以后到洗衣房领取。

四、营业后整理工作

（一）康乐中心工作记录簿

将当班期间所需注意或交代事项记录在"康乐中心工作记录簿"内，以利明日早班人员准备及注意。

（二）整理各项文件及账务

晚班人员填写各项服务记录表，并计算金额。

（三）关闭设备

（1）依"每日工作检查表"上所列项目，逐项检查，以利各项安全的维护。

（2）如有特污或大量的垃圾时（如客人吃剩物品），要先清理干净不可隔夜，以避免滋生蟑螂、蚊蝇及老鼠等物。

（3）关闭所有电源及温度调节器、超声波浴池开关、SPA室内的各项开关及水源。

（4）将入门锁好。

（5）将入门钥匙交至安全室或值班经理室（依各酒店规定），以利明日早班人员取用。

13-02　康乐部检查工作细则

康乐部检查工作细则

一、岗前准备工作检查细则

（1）严格按规定着装，仪表保持整洁，符合上岗标准。

（2）做好场地卫生清洁工作，保证场内（室内）环境及各种服务设备干净整洁。

（3）检查各种设备设施是否完好，发现故障要及时报修，保证各种设备的使用和运转情况一切正常。

（4）查阅交班记录，了解客人预订情况和其他需要继续完成的工作。

（5）检查并消毒酒吧器具和其他客用品，发现破损及时更新。

（6）检查并补齐各类营业用品和服务用品，整理好营业所需的桌椅。

（7）保持良好的工作状态，精神饱满，待客热情。

二、岗间服务检查细则

（1）微笑迎宾，态度和蔼、热情，讲究礼节。

（2）使用文明服务用语，以优质服务满足客人要求。

（3）尊重客人风俗习惯，不讥笑、议论客人的生理缺陷。

（4）班前不饮酒，不吃带有刺激性异味的食品。

（5）在岗时不吃零食，不聊天、串岗，保持正常的工作状态。

（6）耐心回答客人提出的各种问题，指导客人正确使用酒店设备，避免客人受伤和酒店设备受损。

（7）对客人的不文明行为要礼貌劝阻，对各种违规行为要及时予以制止。

（8）对客人提出的合理要求要尽量予以满足，不推诿、拖延，提供一次性到位服务。

（9）发现客人遗失的物品要及时上交，并按规定及时准确予以记录。

（10）洁身自爱，对客人提出的不合理要求，要礼貌地予以拒绝。

（11）对客人已使用完的各类用品，服务员要及时予以清洁整理。

三、离岗前工作检查细则

（1）做好交接班的各项准备工作，整理好值班工作日志，搞好场内（室内）环境卫生。

（2）盘查本岗客用易耗品、酒水食品及其他各种营业用品，如有缺漏，及时登记补充。

（3）将桌椅等各种服务设施整理归位，为次日营业做好准备。

（4）认真查核当日本岗各类单据，准确填写营收报表，保证账目清楚，账实相符。

（5）检查本岗各处门窗是否关严，各种设备是否都已关闭，并做好防火防盗工作。

四、环境卫生检查细则

（1）服务场所整洁干净，物品摆放整齐，无垃圾、无污迹、无破损。

（2）地毯、墙面、天花板无污迹、无剥落、无蜘蛛网。

（3）空调出风口无积尘，各种灯具完好有效，明亮无尘。

（4）各种绿植、墙面艺术挂件摆放整齐，干净无尘，花卉无病变、无黄叶。

（5）服务台用品、宣传品摆放整齐，台面整洁美观，无污渍、水迹、破损。

（6）各类酒吧用具干净、明亮，无污垢、无水迹、无破损；各类容器干净，无异味。

（7）各类客用品干净整洁，摆放有序。

（8）随时保持营业场所正常通风，保证营业场所的空气清新、无异味。

（9）做好灭蝇、灭蚊、灭鼠、灭蟑螂工作，定期喷洒药物。

（10）食品要分类存放，对即将过期的食品、饮品，要按规定做好退库工作。

（11）客人娱乐时，在尽可能不打扰客人的情况下随时清理场内卫生，保证客人始终拥有一个干净、舒适的环境。

（12）严格按照酒店有关规定对客用品进行消毒，保证做到客用品的"一客一换"。

（13）随时打扫客用更衣室，保证更衣室的干净整洁。

13-03　康乐部服务质量例会制度

康乐部服务质量例会制度

一、会议目的

康乐部质量会的目的是为了保证酒店康乐管理经营的民主化和集体化；质量会为定期例会，时间为周二的上午，酒店可根据康乐营业忙闲的具体情况另行安排，会议最长间隔不得超过两周。

二、主持人与参与人

质量会由康乐部经理或康乐部最高负责人主持，康乐部在岗的所有人员参加，最高负责人因故不能主持会议，需授权他人代为主持，其他人员如缺席会议，需得到最高负责人的许可。

三、会议内容

（1）会议主持者传达酒店管理部门的经营管理意图和任务指示。

（2）与会员工反馈与服务有关的各类事项。

（3）与会人员进行问题研讨，并就部分可立即解决问题当即议定。

（4）会议主持人提出康乐部近期工作和任务的重点。

（5）鼓励先进，表扬好事，保持和提高士气。

四、会议要求

（1）会议实行每人发言制，讲述本期内发生的主要问题，鼓励与会员工将与服务有关的各类事件进行反馈和对会议主持人提出的议题进行积极讨论。

（2）会议由专人负责记录整理，形成会议纪要，会议纪要报康乐部主管领导。

第14章 酒店安全管理制度

14-01 保安员管理制度

保安员管理制度

一、保安员守则

（1）具备良好的敬业精神，热爱本职、爱护财产，自觉遵守员工守则和各项规章制度。

（2）有严明的组织纪律观念，服从领导，团结同事，维护酒店的集体荣誉，文明执勤，礼貌待人。

（3）遇有突发事件时，保安人员应迅速赶赴现场，积极参与并果断处理，不得躲避、推诿。

（4）深入开展防火、防盗、防事故、防破坏、防自然灾害活动。

（5）认真贯彻预防为主，防消结合的消防工作方针，熟练操作各种消防器材和设备。

（6）自觉学法、用法、守法，钻研本职知识，不断提高自己依法执勤的能力和业务水平。

二、保安员内部管理

（1）保安部依据《员工守则》对保安员进行管理，同时根据保安工作的性质和要求，在实施具体管理时必须更加强调"严格培训，严格管理"的要求。

（2）对保安员的日常管理和培训工作由保安部经理负责，通过主管具体指导，每月由部门经理、主管主持召开一次保安员大会，小结工作及进行业务知识培训。

（3）每周例会需全员参加，例会内容：传达上级指示，研究解决问题，布置下阶段工作。

（4）每日班前，集合整队由主管组织，传达上级指示、遗留事项、各岗位注意事项，对工作做出具体安排，分配各岗位。

（5）每日班后由本班当班队长对各岗位队员进行巡视。

三、保安员培训管理

（1）接受各种知识和保安知识的业务培训是保安员的义务。

（2）保安部将根据每个员工的素质和表现以及部门管理、服务工作的需要，进行不同形式、不同层次的培训。

（3）日常培训原则上按层次管理，即部门经理负责对主管的培训，主管负责对保安员进行周期性培训。

（4）保安部每月对员工进行一次工作业绩的评估。

（5）保安部每半年对员工进行一次业务技能和综合知识的考核，成绩存档作为晋升、降职或奖罚的依据之一。

（6）如员工严重违反纪律但又未达到开除的程度，则部门将依据员工手册作出处罚，并对其在岗重复培训，如重复培训未合格的员工，部门将对该员工作出淘汰的决定。

四、保安员岗位纪律要求

（1）一切行动听指挥，下级服从上级。

（2）熟悉和遵守酒店及保安部的各项规章制度和规定。

（3）上班不迟到、早退，上班时间未经许可不擅自外出。

（4）不得随意请假、调班，如确有重要事情，需提前一天向保安部经理书面申请并办理请假手续。紧急、特殊事情可以电话通知，但事后须提供相关证明及补办请假手续。

（5）上班时间不得吃零食、饮酒，不得听音乐或玩游戏，不得与人争吵，不得串岗，不得打瞌睡及睡觉。

（6）严禁泄露客户资料和酒店内的一切资料。

（7）不准私自向客人承揽任何业务。

（8）不得将客人丢弃的任何物品占为己有或转送他人。

五、对讲机使用规定

（1）管理员在使用对讲机时必须掌握正确的使用方法，根据编号对应备用电池板，不得调错。

（2）每班交接班时必须对对讲机及附属设备进行检查，并将检查情况记于交接班记录中。

（3）对讲机是岗位之间重要的通信工具，所以，在顶岗或换岗时，要做好移交，做到机不离人，人不离岗，不准擅自将对讲机带到他处或借给无关人员使用。

（4）上班期间不得以任何理由关闭对讲机及禁止在对讲机中谈论与工作无关事由、开玩笑，不得在对讲机中联系机密事情。

（5）本部使用统一频道，未经主管许可，任何人不得更换。

（6）电池要妥善保管，电池板需电量耗尽方可充电。

（7）避免碰撞、敲打对讲机，避免因浸水、淋雨等而导致对讲机受潮。

（8）对讲机在使用过程中发生的故障应及时报告，严禁私自拆卸。如违反规定而造成对讲机损坏的，根据规定给予处罚及赔偿。

六、保安员执勤要求

（1）消防保安员不准打与业务无关的电话，不准在值勤岗位会客和聊天；遇到报警时应沉着、冷静、准确地向有关部门或值班经理报告，不准错报，消防值班人员不准离开岗位，如擅自离岗者，按失职论处。

（2）值班人员必须经常打扫卫生，值班岗保持干净、整齐，各种器材保持无灰尘。

（3）值班人员必须按指定路线、地点巡查，门卫必须坚守岗位，不得乱串岗、闲谈，不准到酒店内闲坐，妨碍他人工作。如因离岗，发生事故不在场，造成酒店财产损失而又未将闹事者抓到，视情节给予罚款或除名处理。

（4）保障消防通道畅通，如因乱堆放而造成堵塞消防通道，追究当班人的责任。

（5）经常巡视重点位置（如配电房、厨房、锅炉房、库房）等，发现可疑的人要查问清楚，防止发生意外。

（6）密切注意所有进入酒店的外来人员，发现可疑人员要及时报告监控，其他就近岗位注意及时跟进了解情况，如确定没有情况后应及时回复所报岗位，并做好记录。

（7）值班人员用餐时必须互相轮换，不得空岗用餐，一旦发现异常情况，应迅速赶赴现场，同时应及时向上级汇报。如遇到异常情况不妥善处理又不及时汇报者，视其情节轻重和影响大小给予必要的处理。

七、保安员交接班管理

（1）目的。统一、规范各班组交接班。

（2）交接班前十五分钟，接班队员到达指定地点集合，并注意自身形象，不得相互追逐打闹，保持良好站姿，不得蹲坐。

（3）全班队员整队、点名并统计，做好记录。统一整队步行到各岗位，途中步伐整齐一致，精神抖擞。

（4）主管负责检查队员中是否有醉酒、神志不清或其他不能上岗的现象，若有立即请其出列，取消其上岗资格，并报经理查明原因，以做出相应处罚，并注意交代当班注意事项。

（5）按时交接班，不迟到、不早退，交班队员在接班队员未到达前，不准自行下岗。

（6）交接班时，交班队员需将本班的治安情况、值班器械、需特别交代事项等向接班队员交代清楚，并做值班记录，交接班双方签字，以备后查。

（7）交接班时遇有突发事件，应立即停止交接，由交班班组负责处理并做好记录及时汇报，接班班组要积极做好协助工作。

（8）上班情况未交代清楚，工具、装备等未交接清楚或有损坏尚未分清责任，工作区域周边设施不完整，不能交接班。

（9）发现各项记录、登记本上有乱涂乱写现象，以及工作台、工作室不清洁的不予交接。

（10）交接班时，交接双方要相互敬礼。

八、保安员值班要求

（1）对来住宿客人要彬彬有礼，不论是步行还是乘车来的宾客都要表示欢迎，并协助客人提送行李，将客人车辆引导至车位停放。

（2）对带有危险品、易燃品、易爆品进入的客人，要劝其交保安部代为保管。

（3）对离店客人要表示欢送，欢迎他们再次光临，对带大件和多件行李离店的客人要有礼貌地进行查询。

（4）必须注意客人动向，细心观察，保证酒店和客人的生命财产安全。

（5）维护大堂秩序，对在大堂争吵、大声呼叫、到处乱串的客人要婉言劝阻。

（6）人多时要注意警戒和观察，防止失窃，若发现可疑的人要及时报告保安部经理。

（7）勤巡查楼层，发现问题要及时报告，及时解决，若发现可疑的人要注意监视并报告保安部经理。

（8）楼层若发生事故，如火情、盗窃、凶杀、爆炸等，要沉着冷静，尽快报告保安部经理，迅速组织客人疏散，防止事态扩大。

14-02　酒店消防管理制度

酒店消防管理制度

一、总则

酒店的消防工作应以预防为主，为了做好应付各种突发事件的准备，根据酒店的现实情况，特制定本制度。

二、职责

（一）消防领导组职责

（1）认真执行消防法规，搞好消防安全工作。

（2）认真组织制定消防规章制度和灭火预案。

（3）组织实施消防安全责任制和消防安全岗位责任制。

（4）立足自防自救，对员工进行防火安全教育，领导义务消防队，组织消防演习。

（5）布置、检查、总结消防工作，定期向消防部门报告消防工作。

（6）组织防火检查，消除火险隐患。

（7）积极组织人员扑救火灾事故。

（二）消防队职责

（1）贯彻执行消防工作要求，搞好消防宣传工作。

（2）不断进行防火检查，消除火险隐患。

（3）熟悉本酒店各重点部位，熟悉消防设施的性能及操作方法。

（4）积极参加各项消防活动。

（5）积极参加抢救和扑灭火灾或疏散人员，保护现场。

（6）在有关领导的授权下，积极追查火灾发生原因。

（三）各部门经理消防职责

（1）把防火工作纳入本部门工作的议事日程，布置检查消防工作，及时处理和整改隐患。

（2）根据本部门具体性质，制定具体的岗位防火规定。

（3）落实辖区内消防设施、防火器材的管理责任制。

（4）当火灾发生时，迅速组织人员疏散客人至指定地点，搞好善后工作。

（5）在总经理的领导下，追查火灾事故原因，对肇事者提出处理意见。

（四）安全部经理职责

（1）负责领导本部门的消防安全工作，具体落实防火工作有关规定和要求。

（2）在总经理的领导下，全面负责酒店内部的消防工作。

（3）认真传达、贯彻消防工作方针政策，搞好本部门的人员分工，完善酒店的消防管理制度。

（4）建立健全各级义务消防组织，有计划开展教育和训练，配备和管理好消防设施与器材。

（5）组织好防火救灾教育及防火安全检查，建立防火档案和制订灭火扑救计划，确定重点，制定措施，监督落实隐患整改方案。

（6）加强防火工作目标管理，建立健全动用明火请示审批手续，对违反消防规定的重大问题，要当场制止，严肃追查责任人。

（7）密切协作，认真追查火灾事故的原因。

（8）相互配合，搞好新员工的消防安全教育。

（9）定期进行消防安全检查。

（10）监督各部门搞好消防工作。

（五）消防主管员职责

（1）认真贯彻执行国家和酒店制定的消防安全工作的有关政策法规，结合酒店的实际情况开展消防工作。

（2）制定消防工作计划安排，督导下属工作。

（3）定期召开消防例会，传达贯彻安全部的决定和指令。

（4）负责组织检查、监督各部门防火安全措施的落实，消除火险隐患，检查消防器材、设备的管理工作。

（5）经常向员工进行防火安全教育，检查员工是否自觉遵守防火制度和安全操作规程。

（6）负责建立健全本部门消防组织，对本部门消防员应该排好班次，保证每个班次都有消防员在岗。

（7）负责协助有关部门调查火灾原因，对直接责任者提出本部门处理意见。

（8）组织扑救初起火灾，引导客人及员工疏散。

（六）消防监控员职责

（1）熟练掌握消防设备操作规程。

（2）对机器设备的各种显示都能迅速做出判断。

（3）发现火警后能及时上报并采取相应措施。

（4）严格服从上级领导的指令，认真完成上级领导指派的临时任务。

（5）认真检查设备，发现问题及时上报。

（6）做好交接班记录。

三、消防要求

（1）员工必须严格遵守防火安全制度，参加消防活动。

（2）熟悉自己岗位的工作环境、操作的设备及物品情况，知道安全出口的位置和消防器材的摆放位置，懂得消防设备的使用方法，必须知道消防器材的保养措施。

（3）消防中心电话号码"119"，救火时必须无条件听从消防中心和现场指挥员的指挥。

（4）严禁员工将货物堆放在消火栓、灭火器的周围。严禁在疏散通道上堆放货物，确保疏散通道的畅通和灭火器材的正常使用。

（5）如发现异常，须及时报告上级有关领导，并采取相应措施进行处理。

（6）当发生火灾火警时，首先保持镇静，不可惊慌失措，迅速查明情况向消防中心报告。报告时要讲明地点、燃烧物质、火势情况、本人姓名、工牌号，并积极采取措施，利用附近的灭火器，进行初期火灾扑救。关闭电源，积极疏散酒店内的顾客；如有人受伤，要先救人，后救火。

四、消防设备的使用与维护

（1）严格维护消防设备，要定期派人协助消防人员进行检测，发现问题及时解决，以保证设备的完好状态。

（2）房间内的烟感探测器需每年清洁检测。

（3）要每年排放一次喷淋管网内的水，使喷淋系统管网内的水形成活水。

（4）灭火装置、消火栓、喷淋、手动报警按钮每月检查一次。

（5）配备的轻便手提式ABC干粉灭火器及灭火推车，摆放位置须明显易取，任何部门及个人不得随意挪动。

（6）灭火器由部门派专人负责保管及外表卫生清洁，ABC干粉灭火器每两年由消防中心经过测试更换一次。

五、三级消防检查制度

（一）一级检查由各部门主管实施

（1）员工必须每日自检本岗位的消防安全情况，排除隐患，不能解决的隐患要及时上报，若发现问题又不及时解决，由此而引发火灾事故时，由各部门主管及员工本人负责。

（2）各部门主管要将每日自检的结果做好记录。

（3）负责维护、保养本部门辖区内灭火器材及其他消防设施，不得有损坏、短缺的现象发生。

（二）二级检查由各部门经理实施

（1）各部门经理每周应组织对本责任区域内的设备、物品，特别是易燃易爆物品进行严格检查，发现问题妥善处理。

（2）检查本部门一级消防安全工作的落实情况。

（3）组织处理本部门的火灾隐患，做到及时整改，定期给本部门员工进行消防安全教育。

（三）三级检查由总经理领导组织实施

（1）每月由总经理或委托安全部经理对各部门进行重点检查或抽查，检查前不予以通知。

（2）检查的主要内容应是各部门贯彻、落实消防安全工作的执行情况，重点部门的防火管理制度的执行情况。

（四）火险隐患整改制度

（1）杜绝"老检查、老不改"的老大难问题，应清醒认识到迟改不如早改，使火险隐患整改工作落到实处。

（2）对一时解决不了的火险隐患，应逐件登记，由酒店安全领导小组制订整改计划，并采取临时措施，指定专人负责，确保安全，限期整改，并要建立立案、销案制度，改一件，销一件。

（3）对消防监督机关下达的火险隐患整改通知书，要及时研究落实，按时复函、回告。各部门对安全部的火险隐患通知单也要研究落实，如本部门解决不了，要上报酒店领导，酒店领导同消防安全小组成员共同研究处理。

六、各部门防火制度

（一）客房防火制度

（1）认真贯彻执行《消防法》的各项防火安全制度。

（2）客房服务员要结合打扫整理房间及其他服务工作，随时注意火源、火种，如发现未熄灭的烟头、火柴棒等要及时熄灭后再倒入垃圾袋内，以防着火。

（3）对房间内配备的电器应按规定及有关制度办理，发现不安全因素如短路、打火、漏电、接触不良、超负荷用电等问题，除及时采取措施外，要立即通知工程部检修，并报安全部。

（4）要劝阻宾客不要将易燃、易爆、化学毒剂和放射性物品带进楼层和房间，如有劝阻不听或已带入的客人，应及时报告安全部。

（5）要及时清理房间的可燃物品。如：不用的废纸、报纸、资料及木箱、纸箱（盒）等，以减少起火隐患。如果客人房间可燃物品较多，又不让清理的或不遵守公安部门制定的住宿防火规定的，要及时报告安全部。

（6）服务员必须做到人人熟悉灭火器存放的位置，掌握灭火器的性能及使用方法，灭火器存放的位置不得随意移动，并维护好辖区内一切消防设施、设备。

（7）在遇有火情时，应按应急方案采取灭火行动，并按上级指令疏散客人，由最近的消防楼梯撤离到安全地带。要做到逐房检查，注意保护现场和客人的财产安全。

（二）前厅防火制度

（1）前厅工作人员要随时注意、发现并制止宾客将易燃易爆物品、枪支弹药、化学剧毒、放射性物品带进酒店区域内，如客人不听劝阻，应立即报告值班经理和安全部。

（2）要随时注意客人扔掉的烟头、火柴棒，发现后应及时处理。

（3）所有人员必须会使用灭火器材，熟记就近灭火器材的存放位置，并做好保养和监护工作，发现有人挪动立即制止并报酒店安全部。

（4）不准堆放废纸、杂物，严禁在行李寄存处休息。

（5）发生火警后要对客人进行安抚，稳定客人的情绪，防止出现混乱。

（6）发生火情时，要及时报警并采取应急措施。

（三）餐厅防火制度

（1）在餐饮服务中，要注意客人吸烟防火。对未熄灭的烟头、烟灰、火柴棒要及时处理。在撤收台布时必须拿到后台将脏物抖净，以免因卷入各种火种而引起火灾。在清扫垃圾时，要将烟灰缸里的烟灰用水浸湿后再倒进垃圾桶内。

（2）餐厅的出入口及通道不得堆放物品，要保持畅通。所有门钥匙要有专人管理，以备一旦有事时使用。

（3）餐厅要对各种电器设备注意经常检查，如发现短路、打火、跑电、漏电、超负荷等，应及时通知电工进行检修处理。

（4）工作人员要学会使用所备灭火器材，保持器材清洁，出现火情时按指令疏散客人并积极参加扑救。

（四）厨房防火制度

（1）厨房在使用各种炉灶时，必须遵守操作规程，并要有专人负责，发现问题及时报告工程部。

（2）厨房内各种电器设备的安装使用必须符合防火要求，严禁超负荷运行，且绝缘要求良好，接点要牢固，要有合格的保险装置。厨房增设电器，要有工程部派人安装并报安全部备案。

（3）厨房在炼油、油炸食品和烘烤食品时，不得离人，油锅、烤箱温度不要过高，油锅放油不宜过满，严防溢锅着火，引起火灾。

（4）厨房的各种燃气炉灶、烤箱开关火时必须按操作规程操作（先点火后开气），不准往灶火眼内倒置各种杂物，以防堵塞火眼发生事故。

（5）经常清理通风、排烟道，做到人走关闭电源、气源、熄灭明火。烟道油物要半年清除一次。

（6）在点燃煤气时，要使用点火棒并设专人看管，以防熄灭。在煤气工作期间，严禁离开岗位。若发生煤气失火，应先关气后灭火。

（7）厨房工作人员应熟悉灭火器材的使用和存放位置，不得随意挪动和损坏。

（8）一旦发生火情要沉着、冷静，及时报警和扑救。

七、消防宣传与培训

（1）要以各种形式进行灭火救援项目的技术比赛，从而达到具有强烈的消防意识，提高消防技术素质的目的。

（2）各岗位新员工，上岗前要按工种进行消防培训，不合格者不能上岗。上岗后还要参加消防中心组织的不定期考核，其成绩作为评估员工工作情况的一项标准。

（3）各部门都要积极组织员工参加各种消防学习和演练活动。

14-03　车辆安全管理制度

车辆安全管理制度

一、泊车管理

（1）车辆安全管理为保安部职责，当值外场人员须维护好广场秩序，及时了解当日客情，适当留好车位。

（2）合理安排进店车辆停放在适当的位置，做到停车整齐，并时刻保持车道的畅通，车道上严禁停放任何车辆。

（3）当值时要站在车场较明显的位置，指挥动作要标准、正确。明确指明停放车位。指挥倒车时要注意过往车辆、行人，确保安全。如广场无车位，则请客人将车停放至附近车场，并指明路线。

（4）来车时要将车辆指挥到位，排列整齐。发现违章停放车辆，及时劝阻。对进店车辆安全进行仔细检查，发现问题，及时上报。检查要点：车辆有无损坏、车门有无上锁。

二、调解车辆纠纷

调解一般车辆纠纷先要寻找当事人及知情者了解情况，查明引起纠纷的原因。说服双方要各自认清自己的责任，以求达到协商调解目的。调解一旦达成协议，请双方互留地址以便进一步解决。受理人员要详细记录经过、双方地址、车牌号等。

三、处理店内一般交通事故

处理店内一般交通事故首先要查看有无人员受伤，如有人员受伤，视情况请医务人员到场或安排车辆送医院。要有保护现场的意识，可将肇事车辆留置原地不动。必要时拍照，留下现场资料。及时通知部门领导、值班经理，留下现场资料。处理时要客观公正，轻微事故，对当事人进行调解，尽量让双方协商解决；较重事故，报公安机关处理。

四、夜间巡查

对夜间进出车辆进行巡查时要记录下进出车辆牌号和时间，认真查看车门、车窗有无被撬痕迹，如有疑问，要及时核查清楚。

五、注意事项

（1）与客人沟通时要注意礼节、礼貌及文明用语。要做到举止大方，不卑不亢，避免与客人发生争执与冲突，不准向客人索取小费。

（2）收取停车费时问明驾驶人是否住店客人及停放时间，如属短时间停放，住店客人免收停车费。收取后立即递上发票并道谢。

（3）指挥车辆泊位时要注意自身安全，防止撞伤、碰伤、擦伤等。

第15章 酒店财务管理制度

15-01 酒店采购管理制度

酒店采购管理制度

一、采购业务流程

（一）制订采购计划

（1）由酒店各部门根据每年物资的消耗率、损耗率和对第二年的预测，在每年年底编制采购计划和预算报财务部审核。

（2）计划外采购或临时增加的项目，并制订计划或报告财务部审核。

（3）采购计划一式四份，自存一份，其他三份交财务部。

（二）审批采购计划

（1）财务部将各部门的采购计划和报告汇总，并进行审核。

（2）财务部根据酒店本年的营业实绩、物资的消耗和损耗率、第二年的营业指标及营业预测做采购物资的预算。

（3）将汇总的采购计划和预算报总经理审批。

（4）经批准的采购计划交财务总监监督实施，对计划外未经批准的采购要求，财务部有权拒绝付款。

（三）物资采购

（1）采购员根据核准的采购计划，按照物品的名称、规格、型号、数量、单位适时进行采购，以保证及时供应。

（2）大宗用品或长期需用的物资，根据核准的计划可向有关的工厂、商店签订长期的供货协议，以保证物品的质量、数量、规格、品种和供货要求。

（3）餐饮部用的食品、餐料、油味料、酒、饮品等，由行政总厨、大厨或宴会部下单采购，采购人员要按计划或下单进行采购，以保证供应。

（4）计划外和临时少量急需品，经总经理或总经理授权有关部门经理批准后可进行采购，以保证需用。

（四）物资验收入库

（1）无论是直拨还是入库的采购物资都必须经仓管员验收。

（2）仓管员根据订货的样板，按质按量对发票验收。验收完后要在发票上签名或发给验收单,然后需直拨的按手续直拨,需入库的按规定入库。

(五)报销及付款

1.付款

(1)采购员采购的大宗物资的付款要经财务总监审核,经确认批准后方可付款。

(2)支票结账一般由出纳根据采购员提供的准确数字或单据填制支票,若由采购员领空白支票与对方结账,金额必须限制在一定的范围内。

(3)按酒店财务制度,付款××元以上者要使用支票或委托银行付款结款,××元以下者可支付现款。

(4)超过××元要求付现金者,必须经财务部经理或财务总监审查批准后方可付款,但现金必须在一定的范围内。

2.报销

(1)采购员报销必须凭验收员签字的发票连同验收单,经出纳审核是否经批准或在计划预算内,核准后方可给予报销。

(2)采购员若向个体户购买商品,可通过税务部门开票,因急需而卖方又无发票者,应由卖方写出售货证明并签名盖章,有采购员两人以上的证明,及验收员的验收证明,经部门经理或财务总监批准后方可给予报销。

二、采购部业务操作制度

(1)按使用部门的要求和采购申请表,多方询价、选择,填写价格、质量及供方的调查表。

(2)向主管呈报调查表,汇报询价情况,经审核后确定最佳采购方案。

(3)在主管的安排下,按采购部主管确定的采购方案着手采购。

(4)按酒店及本部门制定的工作程序,完成现货采购和期货采购。

(5)货物验收时出现的各种问题,应即时查清原因,并向主管汇报。

(6)货物验收后,将货物送仓库验收、入库,办理相关的入库手续。

(7)将到货的品种、数量和付款情况报告给有关部门,同时附上采购申请单或经销合同。

(8)将货物采购申请单、发票、入库单或采购合同一并交财务部校对审核,并办理报销或结算手续。

三、食品采购管理制度

(1)由仓管部根据餐饮部门需要,定出各类正常库存货物的月使用量,制定月度采购计划一式四份,交总经理审批,然后交采购部采购。

(2)当采购部接到总经理审批同意的采购计划后,仓管部、食品采购组、采购部经理、总经理室各留一份备查,由仓管部根据食品部门的需求情况,定出各类物资的最低库存量和最高库存量。

(3)为提高工作效率,加强采购工作的计划性,各类货物采取定期补给的办法。

四、能源采购管理制度

（1）酒店工程部油库根据各类能源的使用情况，编制各类能源的使用量，制订出季度使用计划和年度使用计划。

（2）制订实际采购使用量的季度计划和年度计划（一式四份）交总经理审批，同意后交采购部按计划采购。

（3）按照酒店设备和车辆的油、气消耗情况以及营业状况，定出油库、气库在不同季节的最低、最高库存量，并填写请购单，交采购部经理呈报总经理审批同意后，交能源采购组办理。

（4）超出季节和年度使用计划而需增加能源的请购，必须另填写请购单，提前一个月办理。

（5）当采购部接到工程部油库请购单后，应立即进行报价，将请购单送总经理审批同意后，将请购单其中一联送回工程部油库以备验收之用，一联交能源采购组。

五、能源提运管理制度

（1）采购部根据油库请购单提出的采购能源品名、规格、数量进行采购。

（2）采购部将采购能源的手续办理好后，将有关单据、发票或随货同行单、提货单、提货地点、单位地址、电话等以及办妥提运证后，连同填写委托提货单据，交油库办理签收手续，以便安排提运。

（3）各类油类、气类的验收手续，按油库验收的有关细则办理。

（4）提货完毕，应及时通知铁路卸车专线负责人，把空车拖走。

（5）验收情况要及时报告采购部。

15-02　仓库管理制度

仓库管理制度

一、仓库的分类

酒店的仓库有：餐饮部的鲜货仓、干货仓、蔬菜仓、肉食仓、水果仓、烟酒饮品仓；商场部的百货仓、工艺品仓、烟酒仓、食品仓、山货仓；动力部的油库、石油气库，建筑、装修材料仓；管家部的清洁剂、液、粉、洁具仓；绿化部的花盆、花泥、种子、肥料、杀虫药剂仓；机械、汽车零配仓；陶瓷小货仓；家具设备仓等。

二、仓库进出库作业程序

（一）物品验收

（1）仓管员对采购员购回的物品进行验收，并做到以下几点。

① 发票与实物的名称、规格、型号、数量等不相符时不验收。
② 发票上的数量与实物数量不相符，但名称、规格、型号相符可按实际验收。
③ 对购进的食品原材料、油味料不鲜不收，味道不正不收。
④ 对购进品已损坏的不验收。

（2）验收后，要根据发票上列明的物品名称、规格、型号、单价、单位、数量和金额填写验收单，一式四份，其中一份自存，一份留仓库记账，一份交采购员报销，一份交材料会计。

（二）入库存放

（1）验收后的物资，除直拨的外，一律要入库保管。
（2）入库的物品一律按固定的位置堆放。
（3）堆放要有条理，注意整齐美观，不能挤压的物品要平放在层架上。
（4）凡库存物品，要逐项建立登记卡片，物品入库时在卡片上按数加上，发出时按数减出，结出余数；卡片固定在物品正前方。

（三）保管与抽查

（1）对库存物品要勤于检查，防虫蛀、鼠咬，防霉烂变质，将物资的损耗率降到最低限度。
（2）抽查
① 仓管员要经常对所管物资进行抽查，检查实物与卡片或记账是否相符，若不相符要及时查对。
② 材料会计或有关管理人员也要经常对仓库物资进行抽查，检查是否账卡相符、账物相符、账账相符。

（四）领发物资

1.领用物品计划或报告
（1）凡领用物品，根据规定须提前做计划，报库存部门准备。
（2）仓管员将报来的计划按每天发货的顺序编排好，做好目录，准备好物品，以便取货人领取。

2.发货与领货
（1）各部门各单位的领货一般要求专人负责。
（2）领料员要填好领料单（含日期、名称、规格、型号、数量、单价、用途等）并签名，仓管员凭单发货。
（3）领料单一式三份，领料单位自留一份，单位负责人凭单验收；仓管员一份，凭单入账；材料会计一份，凭单记明细账。
（4）发货时仓管员要注意物品先进的先发、后进的后发。

3.货物计价
（1）货物一般按进价发出，若同一种商品有不同的进价，一般按平均价发出。
（2）需调出酒店以外的单位的物资，一般按原进价或平均价加手续费和管理费调出。

（五）盘点

（1）仓库物资要求每月月中小盘点，月底大盘点，半年和年终彻底盘点。

（2）将盘点结果列明细表报财务部审核。

（3）盘点期间停止发货。

（六）记账

（1）设立账簿和登记账，账簿要整齐、全面、一目了然。

（2）账簿要分类设置，物资要分品种、型号、规格等设立账户。

（3）记账时要先审核发票和验收单，无误后再入账，发现有差错时及时解决，在未弄清和更正前不得入账。

（4）审核验收单、领料单要手续完善后才能入账，否则要退回仓管员补齐手续后才能入账。

（5）发出的物资用加权平均法计价，月终出现的发货计价差额分品种列表一式三份，记账员、部门、财务部各一份。

（6）直拨物资的收发，同其他入库物资一样入账。

（7）调出本酒店的物资所用的管理费、手续费，不得用来冲减材料成本，应由财务部冲减费用。

（8）进口物资要按发票的数量、金额、税金、检疫费等如实折为单价人民币入账，发出时按加权平均法计价。

（9）对于发票、税单、检疫费等尚未到的进口物资，于月底估价发放，待发票、税单、检疫费等收到、冲减估价后，再按实入账，并调整暂估价，报财务部材料会计调整三级账。

（10）月底按时将材料会计报表连同验收单、领料单等报送财务部材料会计。

（11）与仓管员校对实物账，每月与财务部材料会计对账，保证账物相符、账账相符。

（七）建立档案制度

（1）仓库档案应有验收单、领料单和实物账簿。

（2）材料会计的档案有验收单、领料单、材料明细账和材料会计报表。

三、仓库物资管理制度

（1）酒店仓库的仓管人员应严格检查进仓物料的规格、质量和数量，发现与发票数量不符，以及质量、规格不符合使用部门的要求，应拒绝入库，并立即向采购部递交物品验收质量报告。

（2）经办理验收手续入库的物料，必须填制"商品、物料入库验收单"，仓库据以记账，并送采购部一份用以办理付款手续。物料经验收合格、办理入库手续后，所发生的一切短缺、变质、霉烂、变形等问题，均由仓库负责处理。

（3）为提高各部门领料工作的计划性，加强仓库物资的管理，采用隔天发料办法办理领料的有关手续。

（4）各部门领用物料，必须填制"仓库领料单"或"内部调拨凭单"，经使用部门经理签名，再交仓库主管批准方可领料。

（5）各部门领用物料的下月补给计划应在月底报送仓管部，临时补给物资必须提前三天报送仓管部。

（6）物料出库必须严格办理出库手续，填制"仓库领料单"或"内部调拨单"，并验明物料的规格、数量，经仓库主管签署、审批发货。仓库应及时记账及送财务部一份。

（7）仓管人员必须严格按先办出库手续后发货的程序发货。严禁白条发货，严禁先出货后补手续。

（8）仓库应对各项物料设立"物料购、领、存货卡"，凡购入、领用物料，应立即做相应的记录，以及时反映物资的增减变化情况，做到账、物、卡三相符。

（9）仓管员应定期盘点库存物资，发现升溢或损缺，应办理物资盘盈、盘亏报告手续，填制"商品物料盘盈盘亏报告表"，经领导批准，据以列账，并报财务部一份。

（10）为配合供应部门编好采购计划，及时反映库存物资数额，以节约使用资金，仓管员应每月编制"库存物资余额表"，送交采购部、财务部各一份。

（11）各项材料、物资均应制定最低储备量和最高储备量的定额，由仓管部根据库存情况及时向采购部提出请购计划，供应部根据请购数量进行订货，以控制库存数量。

（12）仓管部因未能及时提出请购而造成供应短缺，责任由仓管部承担。如仓库按最低存量提出请购，而采购部不能按时到货，责任则由采购部承担。

四、仓库安全管理制度

（1）酒店仓库除仓管员和因业务、工作需要的有关人员外，任何人未经批准，不得进入仓库。

（2）因工作需要需进入仓库的人员，在进入仓库时，必须先办理入仓登记手续，并要有仓管员陪同，严禁独自进仓。进仓人员工作完毕后，出仓时应主动请仓管员检查。

（3）仓库内不准会客，不准带人到仓库范围参观。

（4）仓库不准代人保管物品，也不得擅自答应未经领导同意的其他单位或部门的物品存仓。

（5）任何人员，除验收时所需外，不准试用试看仓库商品物资。

（6）仓库范围内不准生火，也不准堆放易燃易爆物品。

（7）一切进仓人员不得携带火种进仓。

（8）仓库应定期检查防火设施的使用实效，并做好防火工作。

五、仓库防火制度

（1）仓库内的物品要分类储放，库内保证主通道有一定的距离，货物与墙、灯、房顶之间保持安全距离。

（2）仓库内的照明限60瓦以下白炽灯，不准用可燃物做灯罩，不准用碘钨灯、电熨斗、电炉、交流电、电视机等电器设备，化工仓库的照明灯具设防爆装置，仓库内保持通风。各类物品要标明性能名称。

（3）仓库的总电源开关要设在门口外面，要有防雨、防潮保护，每年对电线进行一次全面检查，发现可能引起打火、短路、发热、绝缘不良等情况，必须及时维修。

（4）物品入库时要防止挟带火种，潮湿的物品不准入库。物品入库半小时后，值班人员要巡查一次安全情况，发现问题及时报告。物品堆积时间较长时要翻堆清仓，防止物品炽热产生自燃。

15-03　酒店流动资产管理

酒店流动资产管理

一、货币资金管理

（一）内控制度

（1）出纳员不得保管酒店在银行的全部预留印鉴。

（2）库存现金要日清月结，账实相符。

（3）不得白条抵库，所有收入必须全部入账，不得挪用酒店现金。

（4）各账户内的银行存款余额要及时上报财务负责人，以便合理安排资金。

（5）出纳员不得负责记录除现金及银行存款日记账之外的有关涉及货币资金的账簿。

（6）主管会计要按月同出纳核对库存现金金额及银行存款余额。银行存款余额调节表完成后，交由主管会计审核。

（二）现金管理

1.现金使用范围

（1）支付职工工资、津贴。

（2）支付个人劳务报酬。

（3）根据国家规定颁发给个人的各种资金。

（4）支付各种劳保、福利费用以及国家规定的对个人的其他支出。

（5）收购农副产品和其他物资的价款。

（6）出差人员必须随身携带的差旅费。

（7）中国人民银行确定需要支付现金的其他支出。

2.现金使用管理

（1）酒店员工因正常业务需预支差旅费或报销各种费用的，需提前将金额报财务部。总金额5000元以上1万元以内的需提前一天，1万元（含1万元）以上需提前两天。如未按规定提前将本部门所用金额通知财务的，财务有权拒绝办理。所有借款单据，必须经部门负责人审核签字后，再报各酒店授权审批人批准，方可办理。

（2）报销单据上应有经办人的签字，部门负责人的签章，财务主管、酒店总经理（或总经理授权审批人）的签字方可办理。

（3）财务审批坚持支出的合理性，单据的合法可信性。手续不全者不予报销。

（4）现金报销时间可根据酒店具体情况制定。

（三）支票使用管理

（1）支票使用要设置支票领用登记簿，按序号使用。

（2）各部门领用支票，由领用人填写支票申领单，经部门负责人、授权审批人批准后，方可领取支票。

（3）支票自领用之日起，不管用否，十日内必须到财务报账。如逾期未报，写申请报告，请总经理（或总经理授权审批人）批准。如逾期不能提供总经理（或总经理授权审批人）签署的申请报告，将按申请表上所填金额或实际支出额，记入个人名下，算作个人借款，必须在一个月内结清，逾期仍未结清的将上报酒店财务部从工资中扣款。数额较大的提交酒店行政部门处理。

（4）一切支出均需要有预算，逐级批准后，方可支出。

（5）预算外支出需写申请报告，请酒店总经理批准后，方可支出。

（四）票据的管理

1.票据审批程序

（1）凡直接支取货币资金（包括现金、转账支票）的单据均由授权审批人签字。

（2）冲减个人借款及领用支票后的报销单据也要由授权审批人批准。

2.票据的传递

所有财务票据经各部门审核签字（票据停留期限不超过1日）转至财务部，财务部根据有关规定进行审核签字后，转送授权审批人签字后（票据停留期限不超过两天）退回财务部，由财务部通知各部门办理各种会计手续。所有票据需将每个项目填写清楚，并将领款人或经办人的姓名详细填写在摘要栏中，领款人及经办人处暂不签字，待办理报销手续时再行填写。

（五）其他业务

（1）每日16:00之前所收到的支票、汇票应于当日送存银行。

（2）办理外埠汇款或自带汇票，应填制付款通知单，详细填写单位名称、开户行、账号、金额，经部门经理审核、总经理（或总经理授权审批人）批准后，方可交与财务部办理。

（3）酒店库存现金储备不足时，需经财务经理批准后方可到银行提取。

二、应收应付款账目管理

（1）公司对应收、应付、预付、预收账款由财务经理指定专人负责。该科目的管理人员须定期核对清账，特别对应收、预付账款要严格管理，每季末要作出账龄分析，加速资金回流速度。具体应收账款管理见销售管理制度。

（2）对公司有关单位往来账目，要定期对账，每季度对账一次，防错记、漏记（单腿账）。对借款应于每月制作"其他应收款统计表"，用于核对借款数额。

（3）对公司大额应收款款项，财务有责任了解款项的去向，并定期进行核查。

15-04　固定资产管理制度

固定资产管理制度

酒店应加强固定资产、低值易耗品的管理，减少资金占用，高效率地使用酒店资金，提高固定资产、低值易耗品及物品的利用率，确保本酒店财产的安全完整。

一、固定资产及低值易耗品的区分及分类

公司固定资产是指使用年限在一年以上的永久建筑、机器设备、工具以及其他与生产经营有关的设备、器具、工具等。不属于生产经营用的主要设备，但单位价值在2000元以上，并且使用期限超过两年的物品，也属于固定资产。属于生产经营使用的各种设备，按使用年限确认是否属于固定资产；不属于生产经营使用的各种设备，按使用年限和单位价值标准两个条件确认是否属于固定资产。

（1）低值易耗品是指使用年限不足一年且单位价值超过100元的各种器具、用具和物品，即非固定资产的劳动资料。单位价值低于100元的物品，采购后直接计入费用。

（2）酒店固定资产按经济用途分为以下五类。

① 房屋、建筑物。

② 机器机械及其他设备。

③ 交通运输设备。

④ 电子通信办公自动化设备。

⑤ 仪器仪表、家电、家具等。

二、固定资产、低值易耗品的构建、购置

酒店一切固定资产、低值易耗品的购置，均按预算计划执行。

属于房屋建筑物构建项目，必须由有关部门事先提出专项报告（基建计划），经批准后纳入年度财务收支计划。在项目构建期间，必须坚持按工程进度付款。工程项目竣工后，财务部根据项目竣工决算和固定资产交付使用清单，办理固定资产的有关账务处理，建立固定资产有关账卡。

凡购置机器、机械及其他生产设备、运输设备、电子设备及低值易耗品，必须先办理申请报批手续，于购置前一个月填写酒店物品请购单，该单一式三份，经逐级认真审批后，按有关财务工作程序办理相关手续。未经申请报批手续者，未纳入财务收支计划者，财务部有权不予安排，不予报销。

三、固定资产、低值易耗品的管理

酒店财务部，负责对酒店固定资产及低值易耗品的价值管理，核算固定资产、低值易耗品的增减变化及结算情况，计算固定资产折旧，办理固定资产内部调拨的账簿调整。

财务部建立酒店固定资产、低值易耗品总分类账、二级明细分类账、三级明细分类账、固定资产明细卡。明细卡片一式三份，财务部门一份，管理部门一份，使用部门一份，相互核对。

酒店固定资产使用部门负责生产用固定资产、低值易耗品的实物归口管理；办公室负责非生产用固定资产、低值易耗品的实物管理，各固定资产及低值易耗品的使用部门应指定专人负责管理。固定资产及低值易耗品的增减事项必须经上述职能部门签证办理。各固定资产、低值易耗品的使用部门，均需按有关规定建立相应的资产明细账卡片，防止资产的丢失和损坏。

四、固定资产的维修

低值易耗品通常情况在使用期不进行维修，不能使用即可办理报废手续。为更好地发挥固定资产的效用，各固定资产使用部门要做好固定资产的维修保养。一般中小修理应于报修前一个月，大修理应提前三个月通知财务的资金部门，纳入月度财务收支计划，各部门根据批准的资金计划进行维护修理。属于固定资产大修理、扩建、改建后，应办理固定资产交付使用手续交付使用部门。

五、固定资产计提折旧的范围

酒店的房屋建筑物以及以经营租赁方式租出的固定资产、以融资租赁方式租入的固定资产，酒店在用的机器设备、仪器、仪表、运输车辆，季节性停用和大修理停用的设备，应计提折旧。酒店未使用和不需要的设备和以经营租赁方式租入的固定资产，不计提折旧。

六、酒店固定资产折旧采用平均年限法

（1）酒店的固定资产按以下类别和年限分别计提折旧。房屋、建筑物不短于20年。

（2）电子设备、运输工具以及与生产经营业务有关的器具、工具、家具等不短于5年。酒店固定资产残值率为10%。

折旧率和折旧计算如下：

$$年折旧率 =（1\%–10\%）\div 折旧年限$$
$$月折旧率 = 年折旧率 \div 12$$
$$月折旧额 = 固定资产 \times 月折旧率$$

（3）固定资产、低值易耗品的内部调拨。根据生产经营和管理需要，酒店可以进行内部使用部门之间的固定资产调拨和转移。固定资产内部调拨手续，由调入部门填写财产内部调拨单一式四份，分别由调入部门、管理部门、财务部、主管经营副总经理签章，然后由调入部门将一联留存，第二联送管理部门，第三联送财务部。管理部门据以办理固定资产明细卡片变更手续，最后调入部门凭第四联去调出单位领用固定资产，调出单位留存第四联，并据以发出调拨的固定资产。任何部门和个人都不得擅自拆除、调用、挪用、外借、变卖固定资产、低值易耗品。

七、固定资产、低值易耗品的清查盘点、盘盈盘亏以及报废的处理

酒店各使用部门每半年应对本部门使用的固定资产进行一次清查盘点，酒店年终组织一次全面清查盘点，年终清查盘点工作由财务部门、管理部门和使用部门共同参加。如清查时发现账实不符或毁损严重时，应在半个月内查明原因，并查清责任人，由财务部门填写盘盈盘亏报告单，一式三份，经酒店有关部门签署批示以后，一份留存，一份送财产管理部门，一份送使用部门，然后进行有关财务处理，并对责任人提出处理意见，财务部门应监督处理意见的落实。

对因各种原因需要报废的固定资产、低值易耗品，使用部门应填写固定资产报废申报单一式三份报酒店审批。经酒店组织专门技术鉴定小组进行技术鉴定，并由总经理及各有关部门在资产报废申请单签署审批意见，一份送管理部门，一份留存申报单位据以实施报废处理，一份送财务部据以进行有关账务处理。

八、固定资产投资、出租、出借，低值易耗品的借用

酒店固定资产主要用于本酒店生产经营，不对外投资、出租、出借。如因需要固定资产向外投资、出租，须按酒店财务制度规定，由财产物资管理部门写出可行性分析报告，经酒店组织评估，有关部门批准，签订投资和出租合同方可实施。

酒店固定资产原则不予外借。如因特殊情况需临时出借时，应由总经理批准，借用单位出具正式借据，并按规定收费。

酒店内部各部门借用固定资产，借用方应向出借方开收据，并按期归还。酒店固定资产不得给私人使用。个人领用、借用的低值易耗品，应由借用人出具借条方可借用，并应如期归还，逾期不还，应按原价赔偿。个人借用的低值易耗品，如遇使用人发生人事变动或工作调离，应由领用人向财产管理部门办理交还手续或变更手续，经财产管理部门盖章以后，人事部门方可办理调离手续。

15-05　费用支出管理制度

费用支出管理制度

一、费用支出预算管理

（1）酒店实行"费用支出按年度预算，分月调整预算执行计划"的管理办法，即各部门每年年末根据酒店年度工作计划，编制各部门下年度费用预算。每月月末，根据年度预算及各部门在工作中的实际情况，调整编制下月份的费用预算。预算一经确定，各单位须严格执行。

（2）酒店各部门将编制好的费用预算报交财务部，由财务部对各部门的费用支出预算进行汇总和初步审核，财务部有权了解预算中各项费用的用途和开支理由，并对不合理的项目提出修改意见。

（3）财务部将初步审核后的年度预算提交总经理办公会、董事会审批通过；月度预算提交总经理或其委托负责人审批。审批后的费用预算由财务部及各部门予以执行。

（4）根据可供安排使用的资金，量入为出，财务部有建议调整及修改已批准预算的责任与义务。财务部应将调整及修改的预算报总经理核批。

二、费用支出性借款管理

酒店各部门采购物品、费用支出与因公出差需借款时，都要在预算内可控资金中量力安排，即先安排资金后借款。具体如下。

（1）需要借款的人员，须填写借款单或支票领取单。金额在（5000元）以上的借款需提前通知财务部门准备。

（2）借款人将经部门负责人审核签字后的借款单或支票领取单交财务部审核。

（3）预算内费用支出的借款财务部可直接审批办理，预算外费用支出借款报交总经理（财务负责人）审批。

（4）财务部有权要求借款人将相关合同、报价等资料提交财务部审批。

（5）各部门负责人借款，无论预算外预算内，均需总经理（财务负责人）批准。

（6）借款人必须认真负责清理自己的各项借款与欠款，逾期不报账或偿还借款，财务部将停发其工资，直至与财务部清账完毕。

（7）前账未清而需借款的人员，需经总经理（财务负责人）批准后方可借款，但在下次报销中一并报账。

三、费用报销

（1）费用申请报销人根据不同费用类别，选择填写"支出证明单""报销审批单"或"差旅费报销单"，要求填写内容完整齐全，所附凭证有效。

（2）填写完成的报销单据顺序由部门负责人、财务会计、财务经理、总经理（财务负责人）审批后，方可办理报销。

（3）财务每周一至周四（参照）办理单据审核手续，每周三及周五（参照）办理报销业务。

（4）预算批准内的费用支出，财务部可直接办理报销手续。

（5）办公用品、书籍资料及礼品等物件购入所发生的费用支出，报销人除填写报销单外，还须由物品管理或使用部门填制签发"物品接收单"予以确认，否则财务不予办理手续。

（6）先支出后报销，也需事先经主管领导批准，在预算内可供使用的资金中安排，未经批准，"先斩后奏"，不予报销。

四、费用支出的汇总考核

（1）每月末财务部收集汇总各部门实际费用发生数，并与各个部门的预算相对比，将预算执行情况报总经理审阅。

（2）预算与执行间发生重大差异，财务部应责成相关部门及人员进行解释。在预算进行期间如无合理理由而超预算严重，财务部有责任及时向总经理反映情况，同时暂停部门或人员费用开支。

五、费用支出范围及标准

1. 工资

按酒店职位工资序列及实施办法每月由人事部门做表，财务部门审核，并由总经理批准后发放。工资发放坚持本人领取的原则，避免他人代领，特殊情况需他人代领的须授权。

2. 办公费（办公用品）

实行"统一采购、集中配发"的原则。

3. 差旅费

酒店要制定详细的报销范围及标准，财务人员按标准严格掌握。

（1）范围。总经理可乘坐飞机、软卧、轮船一等舱；其他人员可乘坐火车硬卧、轮船二等舱（特殊情况需经总经理批准）。

（2）标准

① 部门经理以上领导出差住宿费实行限额报销。总经理×××元/天（特区×××元/天），副总经理×××元/天（特区×××元/天），各部门经理×××元/天（特区×××元/天）。

② 其他人员实行定额包干。其中县、县级市××元/天，地市级×××元/天，省会级×××元/天，特区×××元/天。

③ 外出参加各种会议，持会议证明按限额或定额标准报销（会议伙食补贴除外）。

④ 夜间超过10小时或连续乘车15小时以上而没买卧票的，按本人实际乘坐直快慢车的票价××%补助。坐特快硬席按票价××%补助。乘坐软座列车与硬卧同等对待，车、船票费不在限额，定额包干费用在内。

⑤ 工作人员借出差之便绕道探亲或办私事，不负担交通费及其期间的出差补助。

⑥ 出差到酒店各子酒店及办事处，出差人员费用由出差单位负担，负责接待单位不承担食宿费用。如有特殊情况，需由接待单位负责食宿，其标准也不得超过酒店规定的出差费用标准。

（3）报销程序。先由财务部按支付及标准审核后，普通员工交主管部门经理签字后，部门经理由总经理（财务负责人）签字审批后报销。

4.技术开发费

（1）开支范围。研究开发新产品、新技术、新工艺所生的新产品设计费；工艺规程制定费；设备调试费；原材料和半成品试验费；技术图书资料费；人员劳务费；设备折旧等。

（2）开支来源。为保障酒店新技术、新产品开发在资金上得到大力支持，提高酒店产品的技术含量及附加值，研究开发市场适销对路的产品，酒店技术开发费实行预先提取、计划投入的方式，即根据年初销售预算制定技术开发费用预算，每月按实际销售收入的一定比例预提使用。

5.开办费摊销

开办费摊销是指酒店按规定期限摊销的筹备期间或设立分支机构的费用。其摊销期限为5年。

6.业务招待费

业务招待费应当有确实的记录、标准和依据，并按下列规定招待。

（1）酒店因工作需要招待客人，一般在员工食堂就餐。

（2）酒店因工作需要在酒店外就餐的需办公室负责人签字，副总经理批准后，到财务部门支付。

（3）接待客人需备的礼品、水果，由办公室按规定统一购买。

7.水电费

按实际发生数列入管理费。

8.电话费

根据标准控制支出。其中无线话费参考标准为：酒店副总经理以上人员每月×××元以内开支。酒店部门经理以上人员每月×××元以内开支。

9.汽车（小车）费用

包括修理及零配件、汽油、保险费、行车及其他费用。按年度预算分季、月包天支出。

10.广告费

（1）广告宣传费。是指发生的印刷品的制作费用，通过媒体输出广告费，当上述费用已支付，但广告没有输出或输出没有结束时，上述费用记入预付款科目；实际发生的通过传媒输出的广告费及实际发生后以发票和输出的稿件、播出单、出库单、合同报账，进入费用。
（2）促销费用。指为销售发生的提成、回扣、促销人员的工资、促销活动的费用（包括管理费用），销售费用的支出以经批准的报告或合同为准，没经批准的一律不予支出和报账。
11.公关礼品费用支出
凡公关所需礼品支出，必须经总经理签批后，由酒店指定专人购买、登记，交经办人后，办理报销。
12.其他费用支出
如福利费、劳动保险费等按国家规定及有关地方政策执行。

15-06 财务盘点制度

财务盘点制度

一、盘点范围
（1）存货盘点。是指原料、物料、在制品、制成品、商品、零件保养材料。
（2）财务盘点。是指现金、票据、有价证券、租赁契约。
（3）财产盘点。是指固定资产、保管资产、保管品等盘点。
① 固定资产。包括土地、建筑物、机器设备、运输设备等。
② 保管资产。指固定资产性质，但以费用报支的设备。
③ 保管品。以费用报支者。
二、盘点方式
（一）年中、年终盘点
（1）存货。由资材部门或经营部门会同财务部门于年中（终）时，实施全面清点。
（2）财务。由行政部门与财务部门共同盘点。
（3）财产。由经营部门会同财务部门清点。
（二）月末盘点
每月末所有存货，由经营部门会同财务部门全面清点一次。
（三）月份检查
由核检部门、财务部门做随机抽样检查。
三、盘点人员的指派与职责
（1）总盘人。由总经理担任，负责盘点工作的总指挥，督导盘点工作的进行及异常事项的政策。

（2）主盘人。由各部门主管担任，负责盘点的实际工作。
（3）复盘人。由总经理室视需要指派人员负责盘点监督的责任。
（4）盘点人。由各部门及财务指派，负责盘点计量工作。
（5）会点人。由财务部门指派与盘点人公开核对，确保数据准确。
（6）协点人。负责盘点时料品的搬运及整理工作。

四、盘点前准备事项

（1）盘点编组。由财务部门负责人于每次盘点前编排"盘点人员编组表"。
（2）经营部门应将盘点的财务及盘点用具，预先准备妥当，所需盘点表格，由财务部门准备。
（3）各项财务账册应于盘点前登记完毕，财务部门应将尚未入账的单据如缴库单、领料单、退料单、收料单等利用"结存调节表"一式二联，将账面数调整为正确的结存数后，第二联财务部门自存，第一联送经营部门。

五、年中（终）盘点

（1）财务部门经总经理批准，签发盘点通知，并召开盘点协调会，制订盘点计划。
（2）盘点期间除紧急用料外，暂停收发料，各生产单位所需的用料，材料可不移动，但必须进行标示。
（3）盘点原则上应全面盘点，特殊情况需总经理批准。
（4）盘点应精确，避免目测方式。
（5）盘点物品时，会点人应依据盘点人的实际盘点数，翔实记录"盘点统计表"，并编制"盘存表"一式二联，第一联部门自存，第二联交财务，核算盘点盈亏金额。

六、不定期抽点

（1）总经理视需要可随时指派人员抽点，由财务部门填具"财物抽点通知单"。
（2）抽点日期以不预先通知为原则。
（3）盘点前应由会计部门做好"结存调节表"。
（4）不定期抽点应填列"盘存表"。

七、盘点报告

（1）财务部门应按"盘存表"编制"盘点盈亏报告表"一式三联，由经营部门填列差异原因后，一联送总经理办公室、一联送经营部门、一联送财务部门，作为账项调整依据。
（2）不定期抽点由财务部门填列"盘点盈亏报告表"。
（3）盘盈亏金额经批准后，计入营业外收入或支出及其他应收款。

八、现金、票据及有价证券盘点

（1）现金、银行存款、票据、有价证券、租赁契约除年中（终）盘点外，有关部门应有抽查。

（2）现金及票据的盘点于当日下班后进行。
（3）盘点前应将现金封存，并核对账册后开启。由会点人员与经办人共同盘点。
（4）会点人依实际盘点数翔实填列"现金（票据）盘点报告表"一式三联，经双方签认后呈核，第一联经营部门存，第二联财务部门存，第三联送总经理室。
（5）有价证券及各项所有权证应确实核对认定动态，会点人依实际盘点数填列"有价证券盘点报告表"，经双方签认后呈核。

九、存货盘点

（1）存货的盘点，以当月最后一日进行为原则。
（2）存货原则上采用全面盘点，如因成本方式无须全面盘点，或实施上有困难的，应呈报总经理核准后方可改变盘点方式。

十、注意事项

（1）所有盘点人员，必须深入了解本身的工作职责及准备事项。
（2）盘点当日盘点人员停止休假，并须依规定时间提早到工作地点，向复盘人报到，接受工作安排。
（3）所有盘点财务都以静态盘点为原则，因此，盘点开始后应停止财物的进出移动。
（4）盘点所使用的票据、报表内所有栏处如遇修改，须由盘点人签认生效，否则查明其责。
（5）所有盘点数据须以实际清点、磅秤或换算的实际资料为据，不得以猜想、伪造票据登记。
（6）盘点开始至终了期间，各组盘点人员须受复盘人监督指挥。
（7）盘点工作人员须依照本办法的规定，切实遵照办理，表现优异者，给予奖励。
（8）违反本办法规定，视其情节轻重，由主盘人签报人事处处理。

十一、账载错误处理

（1）账载数量如因漏账、计错、算错、未结账或记账不清，记账人员应视情节轻重给以处分。
（2）账载数据如有涂改或未盖章，又无签章、签证等凭证可查，或凭证未整理难以查核，或有虚构数据者，一律由主管报总经理处理。

十二、赔偿处理

财务管理人员、保管人员有下列情况者，应给予处罚。
（1）对保管财物有盗卖、偷换行为。
（2）对保管财物擅自转移、拨借或损坏不报告者。
（3）未尽保管责任使财产被盗、损失或盘亏者。

15-07　收银工作管理制度

收银工作管理制度

一、收银机使用制度

（1）酒店商品柜台设置收银机付款，记录商品销售金额，汇总商品销售总金额，监督核对商品销售情况。

（2）出售的商品都必须将金额输入收银机，按日销售汇总，总金额必须和"商品销售日报表"的汇总金额相符。

（3）每日缴款时，必须把日销售总额打出，然后将记录纸撕下连日报表统一交给缴款员。由专人负责核对"销售日报表"明细账是否和记录纸上的相符，如果有差错，要立即查清楚。

（4）在使用收银机时，不能将收银机作为计算器使用，随便将其他数字输入或做其他计算，如果由此造成记录、汇总金额和日报表、明细账不符，由当班营业员负责。

二、收银处早班操作制度

（1）主要处理酒店客人退房手续。

（2）接到客人的房间钥匙，认清房号，准确、清楚地通知客房部的楼层服务员该房退房，客房部员工接到通知后尽快检查房间。

（3）准备好客人账单，给客人查核是否正确，该步骤完成时，楼层服务员必须向收银员通报房间检查结果，如有无客房酒吧消费、短缺物品等，为互相监督，收银员应在客人登记表上记下楼层服务员的工号，楼层服务员也记下收银员的工号。

（4）客人核对账单无误并在账单上签名确认后，收银处方可收款，收款时做到认真、迅速、不错收、不漏收。

（5）付款账单附在登记表后面，以备日后查账核对。

（6）为避免走数，应核对当班单据是否正确，以及时发现错单、漏单。

（7）下班前打印出客人押金余额报表，检查客人押金余额是否足够，对押金不足的要列出名单以便中班追收押金。

三、收银处中班操作制度

（1）负责收取新入住客人的押金，注意客人登记表上的入住天数，保证收足押金。

（2）追收早班列出欠款客人的押金，22:00仍未交押金的交大堂副理协助追收。

（3）检查信用卡止付名单，发现名单中的客人或者信用卡账户上无款的客人，应及时通知客人改以其他方式付款，如不能解决则交给大堂副理处理。

（4）下班前打印出客人押金额，以备核查。

四、收银处晚班操作制度

（1）负责核对当天的所有单据是否正确，如有错误应立即改正。

（2）应与接待处核对所有出租房间数、房号、房租。

（3）制作报表

① 会计科目活动简表。

② 会计科目明细报表。

③ 房间出租报表。

④ 夜间核数报表。

（4）制作缴款单，按单缴款，不得长款、短款。

（5）夜间核对过房租、清洗电脑后，做好夜间核数。

（6）每次交接班应该交接清楚款账等事项，并在交接簿上做简明的工作情况记录，交办本班未完之事。

五、收银处结账管理制度

（1）应辨别收取现金的真伪，唱付唱收，防止出现不必要的争执。

（2）信用卡必须核对卡主签名，签名应与卡上原有的签名相同，信用卡上的名字应与卡上原有的签名相同；信用卡上的名字应与身份证明的名字相同；身份证的照片应与持卡人相同。

（3）收取支票应注意以下两点。

① 对好印鉴，印鉴不模糊，不过底线，并且有开户行名称。

② 限额、签发日期等。

六、收银处员工管理制度

（1）热情有礼，吐字清晰，唱收唱付，将找款递给客人，不允许扔、摔、甩、丢等。

（2）严禁套取外汇、外币。

（3）严禁向收银处借款和未经财务部经理签批将钱款外借他人。

（4）严禁收半日租或全日租而不计入营业收入。

（5）严禁打私人电话，不准长时间接私人电话。

（6）长、短款项要向上级反映、汇报及解释原因。

（7）不得以白条冲款账。

（8）由于工作失误造成的损失由当事人全额赔偿。

（9）下班时做好交接班工作。

七、信用卡使用管理制度

（1）接收信用卡时，核对清楚信用卡是否是本酒店可以使用的信用卡。

（2）核查接收使用的信用卡日期是否在有效期内。如果信用卡过期或未到期，应委婉告诉客人此卡不能接受使用。

（3）核查接收的信用卡编号、发卡银行通告的"止付名单"号码，如查出此卡号码在"止付名单"上，就要扣留此信用卡，并将该卡交回发卡银行。

（4）注意金额的限制。每种信用卡都有最高使用限额。如果购买商品金额超过此信用卡的最高金额时必须联系发卡中心，取回授权号码。

（5）核查完毕，按照各种信用卡的签购单上的各个项目要求，填写信用卡票据。填写时一定要仔细看清各项目的要求，认真填写，字迹清楚，做到准确无误。

（6）票据填写完后，请持卡人签名，认真核对持卡人签名是否和信用卡上签名一致，如发现笔迹不一样，可以请客人出示护照（身份证明）核实。如果是冒充签名使用信用卡，应扣留信用卡。

（7）票据填写完毕，将"持卡人留存"联撕下交回客人。

（8）未按信用卡使用原则去做，造成的经济损失由经手人负责。

八、旅行支票使用管理制度

（1）客人到商场购买商品，可以使用旅行支票，但不接受私人支票。

（2）检查旅行支票

① 旅行支票具有一定面额。

② 支票正上方签名处已留持票人的签名。

③ 支票在灯光下有折光反应，票面有凹凸花纹。

（3）接受前，请持票人当面在支票下方签名，否则支票无效，并与上方已留签名核对是否相符。

（4）如对签名有疑义，可请持票人在支票背面再次签名核对。

（5）请客人出示护照，核对护照姓名与支票上签名是否相符，并把护照国籍、号码抄录在支票背面，同时婉请客人留下地址。

（6）对旅行支票真伪有怀疑，应请银行兑换处鉴定。

（7）对于外币旅行支票，银行要收取贴息。

（8）当支票实际价值大于所购商品价值时，应以现钞退回差额。

（9）请在"转账支票报表"上汇总旅行支票的缴款数，并注明何种货币和买入价。

九、核数操作制度

（1）整理归档上一天的单据、报表等，落实上一天稽查出来的问题。

（2）将经理核准的考核通知书送到有关部门签收。

（3）核对各收款点的营业报表，包括餐厅收款处、商务中心、传真室、娱乐、洗衣、客房酒水等。

（4）稽核人员应抽查餐单，核对点菜单与账单是否相符。

（5）检查当天到达的客人房租情况，检查房租折扣是否符合规定，检查总台接待处交来的批条是否齐全。

（6）检查客人住宿登记卡是否齐全。

（7）将各收款点营业额输入电脑。

（8）将输入电脑的各收款点的现金总数以及信用卡数与营业日报表进行平衡后，应与营业报表总合计数一致。

（9）检查无误后，将上列报表装订在一起，分送到各部门。

15-08　收入审核工作流程规范

收入审核工作流程规范

为使财务核数员掌握餐厅收银、前厅收银的工作内容及工作程序，以正确的方法考核营业收入情况，并将应收款及时收回，使资金得到正常流通，特制定本规范。

一、收入夜审

（一）夜审员班前准备

班前必须了解日审工作有关交班事宜，检查打印机和电脑是否正常，从待审箱中将各营业点的缴款凭证和账单取出分类。主要分以下三部分。

（1）前台客房结账单及收银日报表。

（2）餐厅缴款凭证及账单。

（3）其他部门缴款凭证及附件单。游泳池、健身房、保龄球房、咖啡厅、桌球房、乒乓球室、桑拿房、康乐商品、游艺厅、商务中心。

（二）夜审员工作流程

（1）查看收银员的缴款凭证，同电脑报表核对。审计时要查看缴款凭证的各类明细填写同电脑报表是否一致；如果数据有修改，收银员应说明原因。如没有收银机的缴款凭证，要查看统计附件单的数据与收银员填写的缴款凭证是否相符。

（2）打印出"当日入住客人报告"，根据入住报告，审核当日入住的每一间客房房价的输入与开房单上的价格是否一致，折扣房手续是否完备，如有错误应立即通知接待员调整，并将情况写入夜审报告交日审员处理。

（3）打印出"当日非平账离店报表"，审核非平账离店的原因，确认责任人。

（4）打印出"当日调整账目表"审核调整账目的原因，调整账目单需负责人签字。

（5）查询各收费点转账是否正确。将每一笔转账（未结账部分）账单上的客人签名同开房单上客人的签名及电脑记录进行核对，查看是否相同、是否转错房间；如果是签名不同，要提醒收银员结账时注意；如果是转错房间，则要立刻调整。

（6）打印出"当日离店客人报告"（交日审员查半天房费用）。

（7）夜审审计资料维护，将当日数据复制到电脑的存盘上，为夜审顺利进行做好准备。

（8）进入夜审数据统计。营业组审核（打印出营业点总班结账表），完成预审报告，完成自动过费，审核账务报告，终审。

（9）数据整理。

（10）出具夜审报表

①编制"××酒店营业日报表"。

②编制"当日非平账离店报表""当日调整报表"各一份。

③填写"夜间审计报告表"，将夜审过程中发生的每件事记录下来，需日审员协助处理的要注明清楚，填写时要认真。

（11）当班结束。各项工作完成后，将资料进行整理分类，交到日审办公室。

二、日审员工作流程

（一）处理夜审遗留问题，负责落实通知书内容

每天接到"夜间审计报告表"后，审计员对遗留问题要及时处理：及时填写审计通知书，通知责任人所在的部门主管并负责落实解决；然后将解决的情况写在通知书的第一联上，最后将通知书编号存档。月底统计后，注上处理意见报财务部经理处理。

（二）账单核销

接到收银员的结账单后，检查所付的账单是否齐全，然后按照账单的号码，在票证核对表上按号勾销。如有缺号，调整作废单据手续不齐，交经办人处理。

（三）核对前台结账单及收银员个人报表

客房结账单是由前台收银员为住店客人结账所打印的账单，反映向客人收取的房租、餐费及其他费用等。收银员收银明细表是反映当日所结房客账（包括向客人收取的现金、信用卡、支票、外汇、转账）的汇总表。

（四）核对餐厅结账单

（1）核对餐厅结账单时应注意：账单与附件单的核对，点菜单中每一项都要同电脑结账单相核对，如有不符，要找收银员查明原因，并进行处理。附件单如有修改，应由修改人在单上说明修改原因，并由餐厅管理人员签名证实，收银员应起监督作用。

（2）核对营业对账表。要查看表中填写的数据与收银员上缴的附件单据中的数据是否一致，核对表中收银员填写的数据与餐厅其他相关人员填写的数据是否一致，如有不符，应立即向收银员查明原因并及时做出处理，确保营业收入的正确反映。

（3）打折手续应完备。用酒店优惠卡打折的，要在账单上注明卡号及客人签名；如果是酒店管理人员为客人打折的，要有管理人员签名并注明所打折扣。审计员在核对时，要注意收银员所打的折扣是否正确，如果不正确，要找收银员查明情况，及时做出处理。

（4）免费接待是否符合标准。各级管理人员在酒店免费接待，签单的权限应对照各级管理人员权限表，查看各级管理人员是否在权限范围内签单接待；如果发现接待超标，应立即找其补办手续，否则上报财务部经理处理。

（五）核对其他部门的缴款凭证及收费单

其他部门（包括康乐部的游泳池、保龄球房、棋牌室、桌球房、商务中心、咖啡厅等）的收银员在营业结束后，根据收银单汇总填写缴款凭证，缴款凭证各项金额与所附收费单金额合计应相符。

（1）收费单的核销及管理。收费单必须按号码顺序使用。审计员对各部门每日交来的收费单按号码在"票证使用单"上逐张勾销；发现不连号码使用的，应向收费单使用人查询原因，及时催交。作废单必须有领班以上人员签字方可。

（2）核对商务中心缴款凭证。要查清收费单中各项收费项目金额的正确性，定期到商务中心采集机器上的数据，做到账实相符。

（六）检查夜审员制作的各项营业报表

负责检查夜审员所做的各项报表的正确性，如数据计算有误，应立即修改，并追究夜审员的责任。

（七）审计主管同审计员要经常到各营业点进行检查

检查收银员及其他财务人员是否按规范程序操作，营业款是否如实反映，现金是否如实上缴。如果发现收银员或其他财务人员不按规范操作的，应立即纠正，并将情况及处理意见及时反映到部门经理和财务部经理及质检部门，以防止类似情况再次发生，确保酒店不受损失。

（八）报表装订

按日期顺序将"收银员操作记录""各收费点缴款凭证"以及各收费点原始账单装订成册，封面上注明起止日期存档。

三、账务处理工作流程

（1）每日营业收入凭证的编制。编制收入凭证的依据是每日销售总结报告表和平衡表。收入凭证的编制方法如下。

借：应收账款——客账
　　应收账款——挂账——明细
　　应收账款——团队
　　银行存款
贷：营业收入
　　应付账——电话费

（2）挂账、客账分配表统计。挂账、客账包含外单位宴会挂账、员工私人挂账、优惠卡及应回而未回账单等内容。财务核数员每天要填写挂账、客账统计表，进行分配，及时准备将费用记录到每一账户中，做到日清月结，为月末填写挂账、客账汇总表做准备。

（3）客人清算应收款后账务处理。客人接到酒店催款通知后，规定在30天之内向酒店结算应收账款。当客人付款时，酒店应开正式收据呈交客人，作为结算凭证。财务核数员便根据客人付款内容及金额进行账务处理。在编制记账凭证前，首先查明该公司账号、账项参考号码及付款内容，并填写在每日现金收入记录表中。

（4）超过60天应收款挂账催款。根据月结应收款对账单记录及账项，分析报告内容。对凡是超60天以上应收款挂账的客户，进行再次催款。催款前首先了解尚未付款的账项具体内容，并将情况向财务部经理汇报，由财务部经理签发催款信，连同缴款通知副本寄给客人。对客人提出的问题要及时给予答复，协商解决办法，为尽快清算应收账款排除障碍。

（5）负责将编制的记账凭证输入财务电脑系统。

15-09　营收现金缴纳管理办法

营收现金缴纳管理办法

一、总则

（1）酒店对营收现金采用钱、账分途的管理方法。

（2）有关控管方法按以下程序执行，所有人员均应绝对遵守本管理办法的各项规定，违反者将受纪律处分，以致追究法律和经济责任。

二、控管程序

（1）夜班核数员、前厅收银员、餐厅和其他营业点的收银员均应在下班时将各班次的账单点核清楚，并完成各班的营业收入报告。账单和有关报告应于下班后第一时间交到各班次的当值领班的办公室，以便在初步核查后转夜班审核组进行随后的账务工作。现金部分应在下班前，在第三者见证下投入设在前厅收银办公室内的投放式现金投纳保管箱内。

（2）每一班次的收银员在完成账表的核查工作后即应将其所持现金中应属零找备用金的部分划出，点核清楚后存入由其个人保管的零找现金保险库内加锁储存。在减去零找备用金的额度后应属该班次的现售所得的现金收入，则按第（1）点和第（4）点的规定，投入投放式现金投纳保管箱。

（3）每班的现金收入必须与各班的营业报表内所统计的现金销售额相吻合。如有任何差异应实时查明，差异部分不论是超出或是短缺均应如数填报，记录在收银员报表内的现金超短栏内上报，不得隐瞒。

（4）现金收入应在该班当值领班或前厅收银员当面见证点算清楚后，实时在缴纳封袋上如实填写清楚，并在该见证人的见证下封好缴纳袋，并在袋口骑封加签，然后实时投入现金投纳保险箱中。收银员和见证人均须在投缴记录表上同时加签。所有封袋必须使用胶水封口，不准使用透明胶或订书机封订作为加封，未依循本项规定进行的，除对因此引起的所有后果负全部责任外，并将被视作蓄意违反本管理办法，遭受纪律处分。

（5）所有投缴事项必须即核、即签、实时投箱，不得以任何理由拖延。缴款人和见证人均有责任监督对方按本规定的条款完成规定的事项和核签，对不按规定操作而引致的后果，双方均负同等责任，受同等处分。

（6）对于不按规定要求，在没有见证下，独自封袋投缴者，除因此引致的后果全部由其个人负责外，还应按违反部门规章制度进行处分，初犯者予口头警告，蓄意再犯者给予书面警告，以致最后警告。

（7）缴纳人和见证人不按规定，没有当面点核或不认真点核而造成的过失，按第（6）点的规定同等处分。

（8）违反第（4）点内容规定的任何情况的，也应按情节给予与第（6）点规定相同程度的处分。

（9）收银缴纳登记表的每一栏，均应按规定的内容和格式完成要求填入的数据填写，并在规定的栏位加签，不得有遗漏、错填。其中因错写需要更正的，应用横线划去，再在其上方写上正确数据，然后由缴纳及见证双方加签。违反本项规定者按与第（6）点相同的程度给予处分。

（10）每一班次的领班和主管应对各班次收银员的现售所得现金的缴纳情况加以检查，保证所有现金收入款项均已缴纳入库。所有收银员必须办妥缴纳现金收入，并完成各班次的报表及账务后，方可下班。每一班次的当值领班均应对收银员缴纳登记表进行检查，并对出现不完善的情况实时查明原因，并将情况通知在班的上一级主管人员，若当时未有直属上级主管时，应向当时财务部在酒店当值的其他主管人员报告。

（11）收银缴纳登记表末端的缴纳封总包数及缴纳封中是否有破损的情况，由总出纳在第二天与见证人共同打开保险箱取出缴纳封袋时按实填写。实际包数或封内的缴款如与登记表所载情况有出入时，若当时办公室还有第三者在场时，应请第三者（总台收银处24小时均有人员当值）作证，并第一时间报告上级主管处理。

（12）若当天所有缴纳封均未有破损时，破损封数目的字段应加"/"斜线删除。若封袋有破损时，应将该等破损封袋的情况注明，并按第（11）点的规定处理。

（13）总出纳及见证人均须在登记表上加签，任何一方漏签，另一方未能予以提醒，均属疏忽责任。

（14）收益审核每天均应在总出纳完成缴款点核后，检查经总出纳和见证人加签的登记表，并与收入报告的现售总额核对，保证该天的现金收入确已准确入库，如有差异应及时与总出纳共同查明原因，切不可拖延，以致增加核查的难度。

（15）总出纳在点核所有缴款后，应将各收银员的缴款情况，按时在总出纳的每日现金日报表内加以记录，并将副本抄送收益审核查对。

（16）收银员缴纳报告（缴款封）应予保存不少于12个月，收银缴纳登记表应予保留不少于18个月。总出纳每日现金日报表应作为辅助账表并由总出纳加以保管。

（17）总出纳应对各收银员的零找备用金按第（19）点的规定进行不定期检查，每月不少于两次。具体时间应按营业情况决定，但不得预先通知。

（18）收益审核应对在岗收银员进行不定期的现金（包括备用金和当时的营业现金）检查，所有检查均应按营业情况考虑，避开高峰期，在不预先通知的情况下进行。此项检查每月应进行两次以上，并须依照第（19）点的规定进行。

（19）第（17）及第（18）点的检查均应留有记录，记录应有检查人员和收银员双方的加签，以确证当时的检查结果。为保证检查在公正和认真的情况下进行，所有的现金检查，均应具备第三者作为见证，整个检查过程应在见证人监督下进行，并由见证人在双方人员在检查记录上加签后，最后加签证明。

15-10　客用保管箱管理办法

客用保管箱管理办法

酒店设有客用保管箱免费供给酒店住客使用，保管箱由前厅收银处负责管理，并按以下规定实施管理，以保障客人贵重财物的安全保管。

一、客人贵重物品的存放与提取手续

（1）客人有贵重物品存放，须在前厅收银处填具保管箱使用登记卡，办理开保管箱手续后实时领取"客用钥匙"。

（2）预留的"客人认可签名"请使用与住客的旅行证件的签名一致的式样，不可采用太简单的签字，以确保住客的利益。

（3）对于酒店认为太简单的签名式样，前厅收银员应礼貌要求客人改用较为安全及不易模仿伪签的签字式样。对此类太简单的签字式样，前厅收银员可以不予接纳。

（4）贵重物品存放及开设保管箱后储存或提取物品，应凭在保管箱使用登记卡预留的"客人认可签名"办理核证签名后，方可由前厅收银员安排进入保管箱室，保管箱不得转让或借与他人使用。

（5）前厅收银员对所有物品的储存及提取，一定要由登记开保管箱的客人亲自到前厅收银处办理，非登记开设保管箱的客人本人或签字核证不符时，前厅收银员不得给予办理提取事务，不可让无关人等进入保管箱室。非经财务总监批准，保管箱登记卡不准携离前厅收银处。

（6）财务主管人员应定期及不定期对管理业务进行检查，并留有记录供作核查。

二、客用保管箱的控制

（1）客用保管箱一般备有两套保管钥匙和客用钥匙。酒店应将其中一套在保安人员见证下予以销毁，只可保留一套在用。

（2）保管钥匙只可由总台的高级主管人员保管，不可随意交于收银员。如酒店人手确实不足时，则应指定每班由其中职级较高的一名收银员持有，且应在每班交接时在固定专用记录本上，由双方签收交接，以保证保管钥匙不落入第三者手中。

（3）客用钥匙除在客人领用期间由客人保管外，前厅收银处应设有客用保管箱钥匙投放箱，在客人退箱时，由客人亲自投入箱内，并在保管卡的退钥匙栏加签证实。酒店任何员工均不得以任何理由在任何时间、地点持有客用钥匙，更不得替任何客人暂时或长时间保管客用钥匙。

（4）客用保管箱钥匙投放箱应使用V型投匙口，投匙口仅可容客用钥匙投入而不能以任何方法从投放口取出。投匙箱取匙口应加匙管控，该钥匙应由收银主管以上级别的人员持有，并每天根据退箱控制表点查退回的客用钥匙，并重新用钥匙封袋封好，交回未用客用钥匙控制箱内锁好，并在记录单上由双方加签确认作实。所有回收的客用钥匙经点核无误，重新封袋后，应由该主管人员在封口骑缝加签。

（5）前厅收银处应设有客用保管控制箱，专供用以存放客人未领用的客用钥匙。

（6）存放在控制箱内的客用钥匙，必须全部封袋完好无任何破裂情况。如残破应实时查明原因，追究该班经管人员。封袋破损有关客用箱在事件未查明原因前，不得发给客人使用。

（7）除使用客用保管箱登记卡、每次核对客用签字无误方可控管外，酒店对在用和未用的客用钥匙，应分别设有固定记录本，记录管控和使用情况，并在每一次交接班时，由双方逐个点查匙号，签收交接。接收人对客用钥匙的保管负有绝对责任。点查范围应包括匙号是否存在，封袋是否完好。封袋是否未被以任何方法拆封，骑封口加封是否正常，是否为原封袋人签字，封袋内是否确为客用钥匙。

（8）客用钥匙在交付客人使用时，封袋应完好无裂，封袋加签未有变位。收银员应提醒客人检查，并在客用钥匙登记和封袋上加签证明。

（9）经客人加签的封袋应随使用登记表一并存放，交回主管人员检查。

（10）由于酒店只保留一套客用钥匙在用，所以在客人万一丢失客用钥匙的情况下，该保管箱已无正常方法可以开启，只能采用钻锁爆箱方能取出箱内物品，有关费用在客用保管箱登记卡中，应予列明，以免产生争执。万一出现此情况时，爆箱应在保安人员见证下进行。

三、箱内物品的控制

（1）客人离店前应取回所有箱内财物，退回保管箱，并将客用钥匙投入前厅收银处的客用投放箱，并在登记卡上加签退箱。收银员应在客人退箱时检查保管箱，以确信客人已取回全部财物，以免日后发生争执。

（2）收银员在客人退箱时应在控制记录本上记录并加签，以作日后核查。

（3）客人离店后如在保管箱内遗留财物，酒店予以保管，以30天为管期。酒店可应客人请求将遗留物品送回，一切费用由客人自付，客人报称遗留的财物，如与酒店开箱后发现的实际财物不符，或财物寄回途中有损失或损坏，酒店概不负任何责任。

（4）客人离店后30天内在保管箱内所遗留财物，每天须付人民币（××）元。

（5）离店后超过30天客人仍未与酒店联络要求索回所遗留财物，酒店有权以酒店认为最适宜的任何方式予以变卖。所得款项用以抵偿客人应付的保管箱租金及其他开支，如有余款将予归还物主，但变卖后30天内物主仍未与酒店联络则余款将归属酒店。

Part 3 酒店管理表格

第16章 前台管理常用表格

16-01 散客预订单

散客预订单
Reservation

Arrival 到店日期：　　　　　　Departure　离店日期：
linkman 联系人：　　　　　　　Company　公司名称：
Telephone 电话：　　　　　　　retention time 保留时间：

Pay for 付款：☐ Cash 现金　　☐ by company 公司支付　　☐ other 其他

Room 房间	Stander room 标准间	Single room 单人间	King size bed room 大床房	Business king size bed room 商务大床房	Suite room 套房	
Room number 房号						
Room price 房价						
If include breakfast 是否含早餐						

Guest name 姓名	Sex 性别	Reservation No 身份证号码	Remark 备注

Total number 总计：

Special require 特殊要求：

16-02　团队预订单

团队预订单

预订号：

团队号		团队名称	
国　籍		城　市	
人　数		陪同人数	
到店日期		离店日期	
1.预订房型/间数	/	房　　租	元/间晚
2.预订房型/间数	/	房　　租	元/间晚
3.预订房型/间数	/	房　　租	元/间晚
4.陪同房型/间数	/	房　　租	元/间晚

用餐标准			
项目	餐费	用餐时间	用餐人数	用餐地点
早餐	元/人			
午餐	元/人			
晚餐	元/人			
其他				

付款方式	1.公付房费、早餐，其他自理　2.房费、早餐由旅行社离店前现付　3.自付　4.其他
备　注	1.房费含早餐　2.售早餐转账　3.全天餐　　元/人天标准

接待单位：_____　　订房人：_____
电　　话：_____　　预订员姓名：_____
酒店负责人确认：_____
电脑输入员：_____　　日期：_____

信息确认
※ 团队名单：_____
※ 团队到店时间：_____
※ 团队用房确认：_____
※ 团队负责人姓名/联系电话：_____

16-03　预订等候单

预订等候单

预订日期：

客人姓名	房型	间数	联系电话	记录人	处理结果	处理人

16-04 临时住宿登记单

临时住宿登记单
Registration Form of Temporary Residence

以下表格请用正楷填写 Please fill in black letters

姓名 Name		性别 Gender		国籍（籍贯） Nationality		年龄 Age		民族 Nation	
工作单位及职务 Unit & Vocation									
户口所在地 Permanent Address									
证件号码 ID No.									

到店日期 Date of Arrive	离店日期 Dater of Departure	拟住天数 Occupant Days
由何处来 From	目的：旅游□ 商务□ Purpose Tour Business	同住关系 Relation of Occupation
预订号码 Reservation No.	结算方式 My account will be paid by 现金□ 旅行社凭单□ 信用卡□ 支票□ 公司□ Cash　Travel Voucher　Credit Card　Cheque　Company	

客房类型 Room type
单人间□　　标准（双人）间□　　大床房间□　　商务大床□　　套房□　　其他□
Singin　　　Standard（Double）　　Single（Big size）　　Business Single　 Suit　　Other

房间号码 Room Number	房价 Room Rate

注 Remark
1.贵重物品（价值¥×××元以上）请寄存前台，否则失窃由旅客自己负责，与酒店无关。
Please keep valuables which is outvalue RMB×××.at Front Desk.Other wise Hotel will not be responsible for it.
2.每日离店时间为中午12:00。
Check out time is 12:00 noon.
3.访客请登记，房内最晚访客时间为23:00。
Please register for interview，the last in house interview time is 23:00。

宾客签名（我已阅读） Guest Signature（I agreed）	接待员 Receptionist
	电脑输入员 Key in by

一式两联，白联：前台；绿联：客账。

16-05 境外人员临时住宿登记单

境外人员临时住宿登记单
Registration Form of Temporary Residence

英文姓 Surname		英文名 Given Name		
中文姓名 Name in Chinese		性别 Sex	出生日期 Date of birth	年　月　日 Y　M　D
国家或地区 County or Region		房号 Room No.	房价	
证件种类 Type of Travel Document		证件号码 No.of Travel Document		
选项填写 Choice & Fill	国外人签证种类、停留有效期 Foreigner: type of visa and date of expiry		客人签名	
	台湾居民签注有效期 People form TW: validity of endorsement			
	华侨、港澳居住证件有效期 Oversea Chinese and people form HK and MO: validity of document			
入境口岸 Port of entry		入境日期 Date of entry		
抵店日期 Date of arrival		离店日期 Date of departure		
接待单位 Received by		单位名称 Accommodation place	服务员签	

一式三联，白联：前台；黄联：客账；红联：客账。

16-06　商务服务记录单

商务服务记录单
Business Deposit Receipt

No. _____

房间号码 Room Number：_____　　姓名 Guest Name：_____

服务项目 Business Service Item：
- □　复印 COPY_____
- □　传真 FAX_____
- □　打字 TYPING_____
- □　票务 TICKET PURCHASE

（请填写下述内容 Please full in follow items）
- ● 姓名 Name（正楷 In Block）：_____
- ● 有效证件号码 ID Number：_____
- ● 航班或火车的班次（Shift）：_____
- ● 发车日期/时间 Date/Time：_____
- ● 其他 Others：_____

商务服务预收款金额 Deposit RMB：	仟	佰	拾	元	角	分
大写人民币　　仟　　佰　　拾　　元　　角　　分						

备注 Notice：
——请确认上述服务内容，以避免给您带来不便。
Please confirm above item for avoiding any inconvenient.
——至前台了解相关商务服务项目，领取车（机）票等时，请出具此收据。
Please keep this receipt, and return back to Front Desk for taking tickets.
——对于票务公司、航空公司或任何第三方造成的损失，酒店将不承担赔偿责任。
Hotel does not respond in damages because of agent, airways or other third party.

宾客签署　　　　　　　　　　　　　　　　日期
Guest signature：_____　　　Date：_____

一式两联，白联：前台；绿联：客人。

16-07　宾客留言单

宾客留言单

宾客留言单
Message Card

客人姓名　　　　　　　　　　　　　　　房号
Guest Name : _____　　Room No.: _____

留言人　　　　　　　　　　　　　　　　联系电话
Linkman : _____　　Tel Number : _____

日期　　　　　　　　　　　　　　　　　时间
Date : _____　　Time : _____

内容
Message : _____
_____
_____
_____
_____

我们非常乐意为您提供服务，如有任何需要，请致电前台，分机：×。
It's our pleasure to help. If any information, please call Front Desk, extension number "×".

记录人　　　　　　　　　　　　　　　　处理时间
Taken By : _____　　Time : _____

备注
Remark : _____

16-08　行李寄存牌

行李寄存牌
Luggage Card

No. 客人姓名 Guest Name_____ 行李件数 No.of Pieces_____ 店名/房号 Hotel/Room No._____ 寄存日期 Date_____ 联系电话： Telephone No._____ 客人签署 Guest Signature_____ 经办人 Bellman Name_____ ××酒店 酒店地址：×××××　邮编：××××× 电话：×××××　传真：×××××	No. 客人姓名 Guest Name (Mr./Ms.)_____先生/小姐 行李件数 No.of Pieces_____ 领取人 Signature_____ 领取日期 Date_____ ××酒店 酒店地址：×××××　邮编：××××× 电话：×××××　传真：×××××

16-09　行李存寄本

行李存寄本

寄存卡号	宾客姓名	房号	数量	易碎品/贵重物品数量	寄存		取出		备注
					日期	经手人	日期	经手人	

16-10 物品租借单

物品租借单

物品租借单
Lend Notice

客人姓名　　　　　　　　　　　　　房号
Guest Name : _____　　Room No. : _____

借用物品名称/件数 Lend item（s）/Piece（s）：
_____
_____
_____
_____

借用日期 Period : _____

备注：使用不当使物品损坏将按等额价值赔偿。如有任何需要，请致电前台，分机：×。
Remark : It will be compensated that any damage of unsuitable using.If any information, please call Front Desk, extension number "×".

经办人 Receptionist : _____

宾客签署_____　　日期
Guest signature : _____　Date : _____

16-11 访客登记单

访客登记单

来访人姓名		性别		年龄		男女	
来访日期	年　月　日					上午 下午	
证件名称				编号			
单位地址或住址				来访事由			
被访人姓名		性别		年龄		房号	床号
出门时间	上午 下午					服务员签名	

16-12　保险箱记录卡

保险箱记录卡

（正面）　　　　　　　　　　　　　　　　　（反面）

保险箱记录卡 Safety Box Record
保险箱号码 Issued Safety Box No.：_____

使用记录 RECORDS

时期 Date	时间 Time	客人签署 Guest Signature	经办人 Receptionist

本人特此声明保险箱内的一切物品，均已完全取回，酒店的一切责任均已取消。

I prove that all property stored in Safety Box has taken out completely. Hotel in dispensed with all responsibility.

客人签署：_____　日期：_____
Guest signature：_____　Date：_____

保险箱记录卡 Safety Box Record

客人姓名　　　　　　房号
Guest Name：_____　Room No.：_____

证件号码
No. of ID：_____

永久地址
Permanent Address：_____
_____

联系电话
Telephone No.：_____

保险箱使用须知
Notice

——保险箱只为住店客人提供服务。
We only offer safety box to in house guests.

——不得在保险箱内存放任何违禁物品。
Any contraband is strictly prohibited.

——如将保险箱钥匙遗失、损坏，需赔偿人民币××元。
Please keep the key carefully. It is RMB×× for compensating one key.

——退房时请将保险箱钥匙交还前台。
Please return back the key when you check-out.

××酒店

16-13 撬开保险箱委托书

撬开保险箱委托书
Authority to Bore Safe Deposit Box

客人姓名 Guest Name		房号 Room No.	
我谨此申明承担遗失_____号保险箱钥匙的全部责任。我委托××酒店当面为我撬锁，以便我获取储存之物。我同意赔偿撬锁及换锁钥匙的一切费用。为此酒店方不负任何责任。 I hereby assume complete responsibility for the loss of key to the safe deposit box No.（_____）and authorize the hotel to bore the lock in my presence in order that I may have access thereto. I agree to reimburse the hotel for the cost of boring and replacing the lock and key and thereby release the hotel from any and all liability.			
永久地址 Permanent Address			
保险箱使用人签名 Signature of the box holder			
开箱物品清点记录 Record of item in the box			
证人 Witnesses			
值班经理 Duty Manager		前台员工（收款员） Clerk	

16-14 叫醒记录本

叫醒记录本

年　月　日

房号	客人姓名	叫醒日期	叫醒时间	录入系统人	值班经理	人工叫醒	备注

16-15　借物登记本

借物登记本

编号	物品名称	房号	客人姓名	出租日期	经办人	归还日期	经办人

16-16　遗留物品标贴

遗留物品标贴

客人姓名：	房号：	遗失地点：
日期：	时间：	证件号码：
有关遗失物品叙述		
拾物人：	移交人：	经办人：

16-17　遗留/遗失物品招领本

遗留/遗失物品招领本

拾物						领取					备注
							认领人/代领人				
日期	地点房号	物品名称	数量	拾物人	值班经理	日期	姓名	证件号码	联系电话	值班经理	逾期处理签名	

16-18 外宾接待统计表

外宾接待统计表

日期	中国			其他国家		合计	统计人	备注
	香港	台湾	澳门	国籍	人数			
1								
2								
3								
4								
…								
合计								

16-19 会议团队接待单

会议团队接待单

公司/旅行社名称：_____　　会务组负责人/领队房号：_____
姓名：_____　　　　　　　联系方式：_____
在店日期：_____～_____　　　天数：_____

房号	姓名	性别	身份证/护照号码 团队签证号码	特殊要求

备注：
共领取房间钥匙卡：_____张。
叫醒时间（请填写每天需要叫醒的确切时间和房号）：_____
_____
用餐时间和人数：_____
_____
其他：_____
_____
会务组/团队领队确认上述事项，签名：_____

16-20 房间/房价变更通知单

房间/房价变更通知单
Room & Rate Change Notice

No.

姓名： Name		日期： Date	
原房号： From Room No.		至房号： To Room No.	
原房价： From Room Rate		至房价： To Room Rate	
备注： Remarks			
宾客签名： Guest Signature	接待员： Receptionist		值班经理： Duty Manager

16-21 小商品/早餐券交接班本

小商品/早餐券交接班本

小商品											
序号	品名	规格	单价	本日入库	日班：		晚班：		本日销售数量总计	本日销售金额总计	本日余额数量
					库存	销售数量	库存	销售数量			
会员卡（普卡）											
会员卡（金卡）											
合计											

注：本日销售数量总计=三个班次销售数量的合计；本日余额数量=早班库存+本日入库－本日销售数量总计
本日销售金额总计=夜审报表中商品金额（如不相等，注明原因）

早餐券						
班次	编号	售出			本日销售数量总计	本日销售金额总计	备注
		现金	挂账	含早			
日班							
晚班							
合计							

16-22　总台交班核对表

总台交班核对表

日期：　　　　　　　　班次：

一、行李交换　　　　　□

二、贵重物交换　　　　□　　　已使用保险号 _____

三、借用物品　　　　　□

四、钥匙：行李房钥匙　□　　　收银抽屉钥匙　□　　　贵重物品保险箱钥匙　□

五、前台备用金

备用金定额	交财务	备用金结余
(　　　　　　)元		

六、发票、登记押金单及早餐券

名称	当班票号	开出张数	作废张数	作废票号	移交票号
发票					
登记押金单					
早餐券					

七、会员卡

名称	本班销售会员卡		移交下班会员卡	
	编号	数量	编号	数量
××普卡				
××金卡				
备注				

八、备忘录

重要预订，未处理工作，需处理的投诉，钥匙寄存，转交物品，宾客遗留物品，传真信件，备品不足需补充的物资和单据，领导交代的重要事项：

移交人签名：　　　　　　接收人签名：　　　　　　接班值班经理签名：

日期：　　　　　　　　　日期：　　　　　　　　　日期：

16-23　当日预计汇总表

当日预计汇总表

日期：

客人姓名	房型	间数	房价	离店日期	保留时间	联系电话	备注

一式一联单，各连锁店按需自行负责制。

16-24　团队登记单

团队登记单

团队名称：				到店日期：			离店日期：			
房号	姓名	性别	国籍	证件名称	证件号码	出生年月	签证种类	签证有效至	备注	

16-25 同意转账单

同意转账单
Pay for Notice

No.

客人姓名： Guest's Name	房号： Room No.	日期： Date
兹证明本人负责支付下述宾客的费用： I'm under the responsibility of paying the in-house guest's (guests') expenses listed as follow.		
房间号码： Room No.	宾客姓名： Guest's Name	
支付费用如下： Expenses as follows		
全部费用： All	仅房费： Only room Rate	其他（请注意）： Others (Indication)
宾客签名： Guest Signature	接待员： Receptionist	值班经理： Duty Manager

16-26 宾客免赔单

宾客免赔单

房号：		姓名：		日期：			
物品名称	数量		价格	备注			
总计金额（小写）：				仟	佰	拾	元	角	分
接待员：				值班经理：			

黄联：物品所在部门；红联：财务。

16-27 大堂副理夜班值班报告表

大堂副理夜班值班报告表

内容	检查结果	内容	检查结果
23:00～23:30		大堂玻璃门、地毯卫生	
交接班		西餐厅的安全卫生情况	
店旗情况		厨房的安全卫生情况	
卫生		公用电话的情况	
团体、散客入住及行李到达情况		宴会厅的情况	
值班汽车调度		各小宴会厅	
值班医生		会议中心及高尔夫球场的卫生和安全	
值班总经理		2:00～3:00	
23:30～24:50		什么时间开始做报表	
处理来访客人离店情况		保安及车场值班员在位情况	
大堂范围当值人员的仪容仪表		一楼车场情况	
大堂的秩序、卫生情况		咖啡厅、大厨房厨工及送餐部员工当值情况	
24:50～01:50		音乐厅、健身中心的安全及卫生	
接待组的团体名单复印及发送情况		花园的安全及卫生	
住店客人报告送客房部		花园人员当值情况	
委托代办客人信件寄出情况		更衣室、职工招待所当值人员在位情况	
总机叫醒服务的处理情况		中餐厅当值人员情况	
商务中心的安全及卫生		商品厅的安全情况	
二楼行李房的安全及卫生		3:30～5:30	
行李员及行李的运送情况		大堂副理与保安员巡楼	
车门保安员的当值情况		空房情况	
票台、邮局及商场陈列品的情况		5:30～6:00	
行李房的安全及卫生		卫生完成情况	
各部员工的当班情况		团体追收工作情况	
保安员的当值情况		早团行李离馆情况	
咖啡厅、风味厅、酒吧及各娱乐场所的收市情况		前台人员仪容、仪表	
大堂安全和卫生		6:00～7:00	
员工餐厅的卫生及营业报表情况		咖啡厅、当值情况	
员工通道卫生及保安员当值情况		大堂副理进行记录及资料整理	
1:50～2:30		复印夜间巡查报告	
委托代办的留言处理情况		处理早上结账离店客人的各类问题	
稽核员的工作情况		前台人员上班情况	
大堂灯光			
大堂大理石卫生（水洗、打蜡）			
CC：总经理、前台部、保安部、客房部、餐饮部、财务部、总务部、汽车房		日期： 大堂副理：	

第17章 酒店房务管理表格

17-01 客房动态表

客房房态表

年　月　日　　　　　　　　主管/领班签名：

房号	房态	房号	房态	房号	房态	……	

房态　　代号
空房　　VC
走客房　VD
住客房　OC
预退　　ED
坏房　　OOO
无行李　NB
少行李　LB
没过夜　SO
请勿打扰　DND
不需要服务　NNS

注：（1）此表由客房主管/领班填写；（2）每天两次交此表给前台值班经理；（3）核对后，发现差异及时核查；（4）此表需存档，以备查询。

17-02　客房主管工作日报表

客房主管工作日报表

主管/领班签名：　　　　　　　　　　日期：

姓名	房号	检查情况	整改结果
公共区检查项目			
特别事项			
没行李（NB）		少行李（LB）	
未过夜（SO）		未打扫（DND）	
维修房（OOO）			
工程维修情况			
今日检查主要的问题			
交接事项			

注：本表每日主管工作结束交值班经理/总经理。

17-03　客房质量检查表

客房质量检查表

房号：　　　　　房态：　　　　　服务员：　　　　　领班：　　　　　日期：

卫生间	检查记录	房间	检查记录	房间	检查记录
门/框/锁/门铰链/百叶		总门/门框/门把手/门铰链		窗台/窗玻璃/窗框	
顶灯/灯罩		房号牌/猫眼/逃生图		窗帘/钩子/窗箱	
浴室顶/排风扇/墙面		门锁/防盗链/请勿打扰牌		椅子/沙发/茶几	
镜面/镜框/插座		闭门器/门后磁吸		画/画框	
面盆台面/侧面		开关/电源插口		床头板/床架/床脚	
面盆/溢水口/龙头/塞子		通道灯/顶/风口		床罩/床裙	
漱口杯/杯垫		穿衣镜/衣架/挂衣杆		枕套/枕芯	
托盘/玻璃架		衣柜/衣柜门		床单/被套	
浴帽/牙刷/木梳		行李架/饮水机架		地板/地毯	
肥皂/皂碟		桌面/两侧/抽屉		床头灯/开关/灯罩	
浴帘/淋浴房/滑杆		电视机/插座/网线		电话机	
浴皂架/洗发液/墙上标志		托盘/烟灰缸/遥控器		便笺/夹子/铅笔	
浴缸/淋浴头/防滑垫		茶叶缸/茶叶		床头柜表面/侧面/抽屉	
面巾/浴巾/架子		纸杯/杯托/杯垫		鞋篮/擦鞋纸/拖鞋	
水箱/卫生袋/地巾		服务指南/酒店通信		空调/网罩	
马桶内/外/抽水系统		台灯/灯罩/灯泡/插头		卧室顶/日光灯/顶灯	
马桶坐板/盖板		饮水机/电热水瓶/电线		墙面/墙角	
垃圾桶		信纸/信封/圆珠笔		地脚线	
地面/地漏		垃圾桶		室内空气	
其他		其他：		其他：	
合计		意见：			
		检查人：　　　　　跟办人：			

注：总经理、值班经理、客房主管抽查客房时使用此表。

17-04 楼层工作检查表

楼层工作检查表

主管/领班：_____ 日期：_____

楼层/房号	初始房态	最终房态	查房时间	情况记录	备注/服务员
……					

注：（1）此表领班/主管每天检查房间时使用。
（2）结束工作后，需与服务员报表一起装订存档，以备查询。
（3）未解决的问题在交接本上反映。

17-05 房卡与对讲机领用登记表

房卡与对讲机领用登记表

日期	编号	领用人签名	领用时间	归还人签名	归还时间	备注

注：（1）客房服务员领用钥匙与对讲机登记时使用。
（2）此表由客房主管保管。

17-06 布件盘点表

布件盘点表

填表人：_____ 核查人：_____ 日期：_____

布件名称	工作间	工作车	房间特别情况	脏布件	送洗布件	合计
中巾（白）						
中巾（黄）						
脚巾						
枕套						

续表

布件名称	工作间	工作车	房间特别情况	脏布件	送洗布件	合计
小床单						
中床单						
大床单						
小被套（红）						
小被套（绿）						
小被套（白）						
中被套（红）						
中被套（绿）						
中被套（白）						
大被套（红）						
大被套（绿）						
大被套（白）						

注：月底盘点时使用。

17-07 布件送洗记录登记本

布件送洗记录登记本

布件名称		大床单	中床单	小床单	枕套	大被套	中被套	小被套	白毛巾	黄毛巾	……		备注
楼层	送洗												
	收回												
	退洗												
	欠数												
楼层	送洗												
	收回												
	退洗												
	欠数												

注：每天布件送洗统计。

17-08 每日客用品统计表

每日客用品统计表

月份：

项目	茶包	圆珠笔	擦鞋纸	卷纸	拖鞋	浴帽	木梳	牙具	肥皂	卫生袋	杯垫	DND卡	便笺纸	信纸	信封	杯套	纸杯	铅笔	小垃圾袋	大垃圾袋	洗发液		
上月结余																							
本月领进																							
1																							
2																							
3																							
4																							
5																							
…																							
其他部门																							
合计																							
本月结余																							

注：客房主管每天根据服务员报表登记客用品领用数。

17-09 大清洁、计划卫生记录表

大清洁、计划卫生记录表

月份：

房号	大清洁	计划卫生							
		1	2	3	4	5	6	7	…

注：每天大清洁、计划卫生结束记录在此表上。

17-10　客人通知单

客人通知单

亲爱的先生/小姐：

现在我们无法联系到您，暂时未能向您提供以下服务：
☐ 整理房间
☐ 负责维修
☐ _____

我们非常愿意及时为您提供服务，请与前台联系，分机：×。
祝您住宿愉快！
服务员敬启
　　年　月　日　时　分

17-11　客房工程维修单

客房工程维修单

日期/时间：_____　　报修人/部门：_____

维修地点：_____

维修内容：_____

维修人签字：_____（　月　日　时　分）完成

维修情况：

材料消耗：_____　验收签字：_____

注：本单由工程维修人员保存，月底汇总报总经理。

17-12　楼层服务当班记录（1）

楼层服务当班记录（1）

日期：		班号：
出勤人员：		
开房情况：		
特殊情况：		
当班工作评估：		
当班记录明细：		
当班楼层领班签字：		接班楼层领班签字：

17-13　楼层服务当班记录（2）

楼层服务当班记录（2）

做房情况：
房检情况：
返工情况：
报修情况：
楼层主管核查签字：
年　月　日　时

17-14　楼层服务当班记录（3）

楼层服务当班记录（3）

客人情况	服务内容	应答人	完成人	客人意见

17-15　楼层服务工作日志

楼层服务工作日志

日期：	楼层主管：
开房情况记录：	
特殊情况记录：	
当日工作评估：	

17-16　查房报告

查房报告

房号：　　　　　检查日期：　　　　　状态：　　　　　楼层领班：

序号	卧室	情况
1	门——锁、安全链	
2	电器——暖气+空调	
3	灯——开关+插头	
4	天花板灯	
5	灯（罩+灯泡）	
6	梳妆台灯	
7	床头柜灯	
8	写字台灯	
9	落地灯	

续表

序号	卧室	情况
10	角桌灯	
11	梳妆台——台面+抽屉	
12	床头柜——台面+架子	
13	电话	
14	控制板	
15	收音机	
16	电视机+电视机架	
17	写字台——台面+抽屉	
18	写字台椅	
19	游戏桌/咖啡桌	
20	游戏椅	
21	沙发+沙发椅	
22	角桌	
23	窗户	
24	窗帘+窗帘钩	
25	墙	
26	镜子+客房面	
27	地毯+踢脚板	
28	天花板+烟感器	
29	床头板	
30	床罩、床上用品+床垫	
31	纸篓	
32	烟灰缸+火柴	
33	文具夹+文具及宣传品	
34	针线包+钢笔	
35	便笺	
36	服务指南	
37	客人意见书	
38	请勿打扰+清扫房间牌	
39	早餐单	
40	客房餐饮服务菜单	
41	电视节目单	
42	多用袋	

其他备注：

17-17 客人遗留物品登记表

客人遗留物品登记表

日期			编号	
捡拾人姓名			上交时间	
物品名称	件数	单价	捡拾地点	备注
领班意见				
主管意见				
部门经理意见				

17-18 客房夜床服务报告单

客房夜床服务报告单

楼层：　　　　客房服务员：　　　　日期：

房号	房态	人数	清扫时间	备注	房号	房态	人数	清扫时间	备注
01					10				
02					11				
03					12				
04					13				
05					14				
06					15				
07					16				
08					17				
09					18				

房态：V—空房　O—走客房　I—住客房　X—维修房　R—预抵房　LONG—长住房　H—保留房　DND—请勿打扰　VIP—贵宾　G/I—客人在房间　EXBD—加床

17-19 客房中心交接班本

客房中心交接班本

日期		姓名		班　次	
工作事项：					
交接内容：					
备注：					
交班人			接班人		

17-20 楼层领班交接班本

楼层领班交接班本

日期		出勤	领班—	A—	B—	病事假—
本班次离店房号						
本班次预抵房号						
本班次到店房号						
本班次VIP房号						
本班次工作内容及特殊服务事项记录						
交下班次记录				房卡交接	时间	
					交班人	
					接班人	
交班前房间状况统计						

17-21　客房清扫报表

客房清扫报表

客房服务员：　　　　楼层：　　　　　　　　　　日期：

项目房号	房态	客人	设备	客房清洁时间	注意
				—	
				—	
				—	
				—	
				—	
				—	
				—	
				—	

房态：V—空房；O—走客房；R—预抵房；LONG—长住房；DND—请勿打扰；I—住客房
X—维修房；H—保留房；VIP—贵宾；G/I—客人在房间；EXBD—加床。

17-22　＿＿月份消耗品报表

＿＿月份消耗品报表

年　　月　　日

品名	单位	数量	单价	金额	备注
高泡地毯清洁剂	桶				
低泡地毯清洁剂	桶				
玻璃清洁剂	桶				
地毯去渍剂	桶				
浴室清洁剂	桶				
空气清新剂	桶				
金属擦亮剂	桶				
不锈钢光亮剂	桶				
牵尘液	桶				
洁厕灵	桶				
高级卫生纸	个				
洗手浮露	桶				

续表

品名	单位	数量	单价	金额	备注
去污粉	盒				
大卷纸	个				
洁厕块	个				
尘推罩	个				
除臭球	盒				
高级地板上光蜡	桶				
免磨面蜡	桶				
喷磨保养蜡	桶				
牙刷	盒				
香皂（大）	盒				
木梳	把				
其他					
合计					

17-23　客人租用物品记录表

客人租用物品记录表

日期	房号	退房日期	经办人	借出物品	借出时间	借用客人签名	收回时间	责任人	备注

第18章 酒店餐饮管理表格

18-01 餐费表

餐费表

早　餐		午　餐		晚　餐	
品种	价格	品种	价格	品种	价格
中式		套式中餐		套式中餐	
西式		套式西餐		套式西餐	
美式					
欧式					
自助餐					

18-02 团队订餐单

团队订餐单

订餐人员姓名	订餐单位	订餐人数	餐类	每人标准	订餐费用报账单位	订餐根据	工号	填单日期	备注

审核：　　　　　　　　制表人：

18-03　食品留样登记表

食品留样登记表

日期	餐次	数量	品种名称	执行人签名

注：须保留每个供餐品种200克以上，用消毒过的餐具单独密封盛放，放置在专用冰箱，冷藏48小时以上，重大活动供餐保留72小时。

18-04　酒店餐具器皿盘存表

酒店餐具器皿盘存表

部门：　　　　单位：　　　　盘点日期：　　年　月　日　　　　页次：

编号	品名	单位	上月库存量	请领日期与数量	应有存量	实际盘点量	破损	遗失	总数	总金额	备注

18-05　酒店菜单成本分析表

酒店菜单成本分析表

餐厅名称：　　　　代号：　　　　节庆名称：

菜名	材料及单位	成本
售价：	总成本：	成本比率：
服务说明：	图片	

18-06 酒店厨房每月安全卫生检查表

酒店厨房每月安全卫生检查表

项目		检查内容	检查日期（每周择一日）			
			日	日	日	日
一、个人卫生	1	从业人员仪容整洁，并穿戴整洁工作服				
	2	从业人员手部保持清洁，无创伤脓肿				
	3	厨房无闲杂人进入				
	4	不留长指甲、不涂指甲油、不佩戴饰物				
	5	工作中不得任意取食				
	6	洗手设备清洁，并有清洁液、擦手纸				
二、调理场所卫生	1	墙壁、天花板、门窗清洁				
	2	排油烟罩、炉灶清洁				
	3	排水系统良好、清洁、无积水				
	4	地面清洁、无积水				
	5	冷藏（冻）库内清洁				
	6	工作台清洁				
	7	调理器械清洁				
	8	食品原料新鲜				
	9	食品储放温度适当（冷藏7℃，冷冻-18℃）				
	10	切割生、熟食品的砧板应分开使用				
	11	生食、熟食应分开存放				
	12	食品应用容器盛装或包装后冷藏（冻）				
	13	食品、器皿不可直接置于地面				
	14	餐具、器皿洗涤方法、储存场所适当				
	15	抹布清洁消毒				
	16	厨余妥善处理				
三、库房	1	库房通风且温度、湿度、照明良好				
	2	置品架物料排列整齐				
	3	不得存放非原（物）料				
四、其他	1	有防止病媒（昆虫、鼠类等）侵入的设施				
	2	紧急照明、避难方向指示灯正常				
	3	消防器具、设备良好				
	4	下班前煤气、电源、水确定关闭				

经理： 单位主管： 检查人员：

说明：1.合格打√，不合格打×。

2.每周自行检查一次，并请于月底送交安卫室。

18-07　厨房领料单

厨房领料单

领料部门：　　　　　　　　　年　月　日　　　　　　　　　编号：

食品原料及商品名称	计量单位	需用量	实发量			领货人
			数量	单价	金额	

核准人：　　　　　　领料人：　　　　　　发料人：

18-08　饮料领料单

饮料领料单

班次：　　　　　　　　日期：
酒吧：　　　　　　　　付货员：

饮料名称	瓶数	每瓶容量	单价	小计

总瓶数：　　　总成本：　　　审批人：　　　发料人：　　　领料人：

18-09　餐厅账单

餐厅账单

时间：		收款员：			
营业点：					
序号	项目	规格	单价	数量	合计

尺寸：根据酒店电脑收银打印系统要求

18-10　宴会预订单（工作人员用）

宴会预订单（工作人员用）

年　月　日　　　　　　星期　（午）（晚）

楼层	厅房	主办单位或主办人	人数和桌数	开宴时间	宴会管理
制表人			审定人		
分送部门					

18-11　餐厅外场清洁检查表

餐厅外场清洁检查表

编号	项　目	○	△	×	编号	项　目	○	△	×
1	外卖柜清洁				27	烘手机			
2	外卖柜装饰				28	卫生瓷器			
3	店面大门内外整洁				29	厕所垃圾桶			
4	店内地毯				30	冲水使用			
5	化妆室				31	洗手台旁垃圾桶			
6	化妆室回廊镜子				32	健康运动展示柜			
7	脚踏垫				33	美化装饰			
8	男化妆室墙面				34	清香剂装配			
9	男化妆室镜				35	热水清洗			
10	男化妆室洗手台				36	店面			
11	洗手台旁垃圾桶				37	店内地面			
12	擦手纸箱				38	墙面			
13	水龙头使用				39	音响			
14	厕所进门				40	电话			
15	天花板、灯光				41	玻璃门窗			
16	卫生瓷器				42	盆景			
17	厕所垃圾桶				43	库房			
18	冲水使用				44	库房地面			
19	烘手机				45	货架整理			
20	女化妆室地面				46	货品摆放			
21	女化妆室墙面				47	杂物整理			
22	天花板、灯光				48	内场			
23	厕所进门				49	内场地面			
24	女化妆室镜				50	垃圾处理			
25	洗手台				51	物品处理			
26	水龙头使用				52	冷藏及冷冻柜			
说明：1.○，3分，佳；2.△，1分，尚可，待改进；3.×，0分，很差，须立即改进									

18-12　食品安全检查表

食品安全检查表

检查项目	检查内容	结果
收料与检疫	1.食品是否有害虫的风险 2.食品是否被化学品污染 3.包装是否干净、完整，能防止污染 4.是否在保质期内并符合法定的规定 5.收料后是否马上送到储藏处 6.运输食品的车辆等工具是否干净，食品温度是否正确 7.是否对肉、禽类食品进行动物检疫复核	
储存控制	1.是否有保质期 2.现场是否有库存管理程序 3.储存温度是否正确 4.是否有防虫控制措施 5.在储存处是否有化学和物理污染食品的可能性 6.食品包装是否干净和合适 7.是否有足够的设施安排食品的储存	
烹饪管理	1.烹饪时间是否足够并按程序进行 2.烹饪温度是否正确且按程序进行 3.烹饪方法是否适合食品（大或小、多或少） 4.烹饪后是否有交叉污染 5.烹饪结束时加入的原辅料是否有污染的可能	
设备管理	1.烹饪是否按正确的时间计划进行，以避免烹饪后放置时间过长再服务（上菜） 2.使用的设备装置是否合适、完好 3.冷藏和冷却程序是否安全 4.食品再次加热时的温度是否足够	
保温控制	1.保温时间和温度是否正确 2.准备的食品是否太多 3.是否有外来物、化学品的污染危险 4.是否有与其他食品交叉污染的可能 5.个人卫生是否符合规定 6.服务及销售前发运程序是否安全 7.操作台表面、器皿及设备是否干净 8.保温食品是否过多（尽管处于安全状态下）	
服务管理	1.时间和温度是否正确 2.个人卫生是否符合规定 3.是否有防止外来物或消费者污染食品的措施 4.是否提供公筷、公勺或推荐消费者分餐制用餐 5.操作台表面、器皿及设备是否干净	

续表

检查项目	检查内容	结果
清洁管理	1.清洁程序能否防止交叉污染 2.现场是否有清洁程序如清洁场所、设备和装置的程序 3.是否安全、正确地使用化学品，是否按有关指示或规定使用 4.是否使用合适的设施高效地进行清洁工作 5.水温是否恰当 6.现场是否有有关消毒的程序 7.清洁设备和清洁剂是否与食品分开储存或放置 8.是否有人负责清洁工作的监控	
个人卫生控制	1.员工是否具有基本的食品安全和卫生知识 2.员工是否有不卫生的举止（如吸烟） 3.员工是否遵循洗手的规定 4.洗手和干手装置是否足够 5.是否有足够的急救物品（包括防水、药箱、绷带） 6.员工是否佩戴首饰及涂指甲油 7.员工是否穿、戴合适的、卫生的工作服、帽 8.是否对设备、装置进行颜色编码及正确使用 9.是否戴手套，是否按规定换手套 10.员工是否患病或感染仍在岗位上及有引起食物中毒的可能 11.员工是否知道患某些疾病和感染必须向上级领导报告	
食品包装管理	1.用于包装食品的材料是否安全 2.包装时，温度是否始终安全 3.是否卫生地储存有关材料 4.食品标签是否正确，包括有关储存条件	
废料控制	1.水温是否恰当 2.食品废料及垃圾是否收集 3.垃圾箱是否合适 4.放置废料的区域及设备是否干净 5.是否按规定合理地收集有关场所的废料 6.现场的废物是否先卫生地集中后等待收集	
虫害控制	1.现场是否有虫害控制程序 2.员工是否知道发现虫害问题必须马上报告上级领导 3.在操作场所是否有虫害监控措施	
消毒管理	1.现场是否有消毒控制程序 2.员工是否知道消毒的重要性 3.在操作场所是否有消毒监控措施	

第19章　酒店康乐管理表格

19-01　康乐中心预订表

康乐中心预订表

日期_____　　　　　星期_____
时间_____　　　　　人数_____
活动名称_____　活动地点_____
联系人姓名_____　联系电话_____

活动内容及要求：
备注：

填表人：

19-02　康乐中心贵宾娱乐记录表

康乐中心贵宾娱乐记录表

贵宾姓名＼内容	卡号	身份证号码	日期	项目	人数	时间		持卡人签名	经办人	备注
						起	止			

19-03　VIP免费康乐预订委托单

VIP免费康乐预订委托单

客人姓名		身份	
房号/公司		免费活动人数	
免费活动要求		免费活动时间	
免费服务要求：			
接待部门		批准者	
联系人		联系电话	
变更/取消记录		预订销售处批准	
		服务场所签收	
		预订员	
备注		预订日期	
		输入日期	

经办人：已确认（　　　）　未确认（　　　）。

19-04　康乐中心当日工作情况汇报表

康乐中心当日工作情况汇报表

　　　　　　　　　　　　　　　　　　　　　　　　　　　　　　　月　　　日

汇报内容＼项目	项目		内容	
考勤	上班时间	姓名	下班时间	姓名
钥匙物品交样情况	早班		中班	夜班
	交收		交收	交收
	备注：		备注：	备注：
检查情况	设备设施检查			
	电源切断			
	门窗检查			
	消防安全			
	客人活动意见反馈			
	若其他项目有问题请注明			

说明：若无任何问题，请写"一切正常"，并由当班人员签字。当班负责人签字：

19-05　康乐中心团队包场预订委托单

康乐中心团队包场预订委托单

No：

单位			
预订日期			
联系人		联系电话	
活动时间		参加人数	
活动项目		安排场所	
结算方法		服务要求	
直接付费		茶水饮料	
转账		教练指导	
其他		其他	
收费标准		优惠折扣	
预付定金		批准者	
变更/取消记录		服务场所签收	
		预订员	
		预订日期	
经办人：　　日期：		输入日期	

经办人：已确人（　　）　未确人（　　）。

第20章 星级酒店安全管理表格

20-01 安保当值安排表

安保当值安排表

日期： 年 月 日

岗位	A：姓名（7:00～16:00）	B：姓名（16:00～24:00）	C：姓名（24:00～7:00）

休息人员			
备注		主管姓名	

20-02 安保交接记录表

安保交接记录表

班次		时间		人数	
工作情况					
器械情况					
交班人		接班人			

20-03 治安隐患安全记录表

治安隐患安全记录表

受检查部位			
检查人员		日期	
		时间	
经检查，上述部位存在下列问题： 部门领导批示： 签字： 年 月 日			
处理结果： 签字： 年 月 日			

20-04 备用钥匙使用单

备用钥匙使用单

使用人		批准人	
使用时间			
使用地点			
使用理由			
结果			
持用人签字		陪同人签字	
收回时间		经手人签字	
备注			

20-05　酒店各部门门锁钥匙一览表

酒店各部门门锁钥匙一览表

序号	钥匙编号	数量	使用部位	每日使用时间	管理人员姓名	部门经理
要求	1.各部门在自查钥匙过程中，要切实做到疏而不漏； 2.对表格要认真填写，不得有任何出入； 3.必须在每月二十六日前报至安全部； 4.此表格经各部门经理核实后签名为证						

20-06　门锁钥匙增配单

门锁钥匙增配单

部门		姓名	
门锁位置		增配数量	
增配理由			
本部门意见			
安全部意见			
总经理意见			
工程部处理结果			
备注			

20-07　酒店过夜车辆停车检查记录表

酒店过夜车辆停车检查记录表

检查人：　　　　　　　　　　　　　　　　　　　　　　　　　　日期：年　月　日

是否属本单位	车型	颜色	车号	车辆情况						停放位置	停放时间	离店	备注
				车玻璃	车灯	后视镜	车轮	标牌	车体				

督查人：

20-08　危险物品管理登记表

危险物品管理登记表

物品名称		数量	
携物人姓名		部门	
包装形式		使用方式	
使用地点		存储地点	
化学特性			
防护措施		影响范围	
滞留时间	自　年　月　日至　年　月　日	使用时间	
负责人意见		安全部意见	

制表人：

20-09　宾客财物被窃情况表

宾客财物被窃情况表

姓名		房号		报案时间	
发现财物被窃时间		最后一次见到财物的时间			
被窃财物描述：					
您认为可能的情况：					
客人签字：			安全部经手人签字：		

20-10　客人丢失物品访问记录表

客人丢失物品访问记录表

姓名		性别		年龄		房号	
护照号码		入店时间			离店时间		
报案时间		发案时间			丢失物品		
特征				最后见到失物时间			
接报情况简述：							
客房查找情况：							
涉及人：							
客人签字：				记录人签字：			

20-11 客人遗留物品登记单

客人遗留物品登记单

上交部门			拾遗人		拾遗地点、时间	
客人身份资料						
物品登记	品名					
	品牌					
	规格					
	数量					
	颜色					
	其他					
安全部签收人				安全部签收时间		

上交人：　　　　　　　制表人：

20-12 物品处理登记表

物品处理登记表

日期		送交物品部门		物品名称	
数量		特征		性质	
送交人姓名			接收人姓名		
领导意见					
处理结果					
日期		送交物品部门		物品名称	
数量		特征		性质	
送交人姓名			接收人姓名		
领导意见					
处理结果					
日期		送交物品部门		物品名称	
数量		特征		性质	
送交人姓名			接收人姓名		
领导意见					
处理结果					

20-13　来访登记表

来访登记表

来访		来访人姓名	性别	被访人房号	被访人姓名	来访人单位或地址	来访事由	备注
日期	时间								

20-14　员工携物出入酒店登记表

员工携物出入酒店登记表

年　月　日

离开时间	部门	姓名	出入事由及所携物品	回归时间

20-15　内部警卫方案记录表

内部警卫方案记录表

年　月　日

VIP		警卫级别	
入住时间		贵宾人数	
离店时间		警卫处联系人	
值班安保经理		值班安保主管	
重要岗位人员安排			
楼层		宴会厅		大堂	
机动		停车场	
VIP房号			
警卫人员房号			

20-16　外来施工单位登记表

外来施工单位登记表

施工单位			负责人联系方式		
施工项目		施工日期		完成日期	
施工位置			具体施工时间		
自带工具			是否动火作业		
自带施工材料					
施工人员	姓名	性别	年龄	工种	身份证地址、号码
工程负责人（审批人）					
安保值班负责人					

制表人：

注：此表经安全部经理审核签字后交安全部输入临时工卡交存档。

20-17　夜间安全巡查记录表

夜间安全巡查记录表

　　　　　　　　　　　　年　月　日　　　　　　　　本班　第　次

楼层	巡查部位	巡查时间	巡查记录

制表人：　　　安保（巡查人）：

20-18　消控中心值班记录表

消控中心值班记录表

值班员					时间		时　分至　时　分		
报警时间	报警性质				位置	原因及处理情况	认证人	复位时间
	火警	误报	故障	其他				
设备运行情况	手报	消火栓	水流	正压口排烟口	断电	停空调	停新风
	电梯	送风机	消防泵	消火栓稳压泵	喷淋泵	排烟风机	防火卷帘
	电源	显示器	打印机	紧急广播	备电	内部音响	
备注								

20-19　重点部位防火安全检查表

重点部位防火安全检查表

重点部位	检查时间	检查情况	检查人
锅炉房			
配电房			
变压器房			
柴油机房			
总机房			
广播机房			

续表

重点部位	检查时间	检查情况	检查人
电梯机房			
空调机房			
煤气库			
电脑机房			
危险品仓库			
中厨房			
西厨房			
点心厨房			
消控中心			
消防蓄水池			
仓库			
备注			

填表人：年 月 日

20-20 动火作业申请表

动火作业申请表

动火作业单位名称		负责人	
作业部位		动火作业性质	
		动火部位现场监护人	
现场作业人员			
动火作业起止时间	从　　年　月　日　时至　　年　月　日止		
动火现场应急灭火器材			
动火作业事由			申请部门签章：年　月　日
防火作业事由			申请部门签章：年　月　日
安全部门意见	签名：　　年月日	单位防火责任人意见	签名：　　年月日

填表人：

20-21 动火许可证

动火许可证

一、动火时间：年 月 日 时至 年 月 日 时止	
二、动火地点：	
三、动火内容：	
四、动火现场负责人： 执行人： 监护人：	
五、动火安全措施：	
六、单位主管部门审批意见：	
七、审批人：	

注：动火现场有关人员必须按《动火安全规则》有关规定执行

20-22 消防检查整改、处罚通知书

消防检查整改、处罚通知书

违章单位		违章地点	
违章部位		检查日期	
违反消防安全的问题：			
处理意见：			
检查人员： 安全部经理： 日期：年 月 日			

20-23　消防设备定检记录表

消防设备定检记录表

日期：　　年　月　日　时间：时　分

参检人员	
主机	
防排烟系统	
报警系统	
消火栓系统	
喷淋系统	

20-24　消防设备检修记录表

消防设备检修记录表

编号：　　年　月　日

检修负责人		检修人		时间	时　分至　时　分	
检修部门		检修设备				
检修原因						
检修情况及结果						
更换品种及数量				备注		

20-25　消防监控系统运行情况表

消防监控系统运行情况表

日期		时间		当班安全员	
报警区域	时间	报警类别	水泵状况	警铃状况	其他情况
处理情况					

20-26　部门经理夜间巡查报告

部门经理夜间巡查报告

部门		巡查人		大堂副理	
日　期		开始时间		结束时间	
巡查范围					
内容：					
备注：					

20-27　各部经理夜间巡查统计表

各部经理夜间巡查统计表
年　月　日

部门 姓名 日期	客房部	餐饮部	财务部	保安部	管家部	工程部	康乐部	前台部	汽车部
1									
2									
3									
…									
31									

统计日期：　　　　　统计人：

第21章 酒店财务管理表格

21-01 贵宾卡消费折扣控制表

贵宾卡消费折扣控制表

营业地点： 日期：

账单号码	消费金额	折扣额	实际付款	结付方式	贵宾卡号码

制表人：

21-02 贵宾卡使用情况月报表

贵宾卡使用情况月报表

月份：

贵宾卡号码	折扣额	实际付款	备注

制表人：

21-03　酒店客人签认单

酒店客人签认单

编号：

公司名称	
姓名（正楷）客人签名	
地址	
电话	
统一编号	
应付款项	
发票取走签字	
付款日期	

备注：1.如付支票请填写抬头。
2.支票请画线并加盖禁止背书转让字样。
3.邮寄支票请寄　地址：
4.账款如蒙惠拨如有疑问请电话通知
第一、第二联：收账凭证　　第三联：会计组

年　月　日

21-04　酒店签账卡对账单

酒店签账卡对账单

卡号：　　　　　发单日期：　　　　　页数：

编号	消费日期	账目	金额
前次未付余款：	新签账金额：	应付金额：	

21-05 酒店应收账收回日报表

酒店应收账收回日报表

年　月　日　　　　　　　　　　　　　　　　　　　　第　页

账单号码	客人姓名	收入票据				协会奖金	收入现金	佣金	票据编号
		银行及账号	票据号码	日期	金额				

账务经理：　　　　　　　主管：　　　　　　　制表：

21-06 酒店内部收受款项备查单

酒店内部收受款项备查单

编号：　　　　　　　　　　　　日期：

内部单位名称		经办人	
经管事项或出售物品数量、部门等摘要			
金额	¥	人民币	大写金额

兹将经管上列事项所代收的款项如数缴交，请惠予查收为荷。
此致
出纳室　　　　　　　　　　经手人：

21-07　酒店各营业部门送缴现金清点记录

酒店各营业部门送缴现金清点记录
年　月　日

区域	单位	班别	现金	兑换水单	代支单	支票	合计	备注
客房部	正楼	1						
		2						
		3						
		…						
	××厅	1						
		2						
餐饮部	××厅	1						
		2						
	××厅	1						
		2						
	××苑	1						
		2						
	××咖啡厅	1						
		2						
	××咖啡厅	1						
		2						
	酒吧	1						
		2						
	餐饮中心	1						
		2						
	宴会厅	1						
		2						
		…						
其他	总机室	1						
	停车费	2						
		…						
合计								

21-08　酒店现金缴纳登记表

酒店现金缴纳登记表

日期：　　　年　月　日

出纳姓名	金额	单位	保证人	备注

21-09　现金支取申请单

现金支取申请单

借款日期：　　　年　月　日

部门		领款人	
用途			
金额	人民币（大写）＿＿＿＿＿＿	左列款项于　年　月　日全部结清 报销数＿＿＿＿＿＿ 退还数＿＿＿＿＿＿ 补付数＿＿＿＿＿＿	

批准人：　　　　　财务经理：　　　　　经手人：

说明：此表格一式三联，一联记账，一联还款，一联退还本人，分别用不同颜色区分。

21-10　总出纳现金收入日报表

总出纳现金收入日报表

营业点	班次	收银员	袋数	现金	支票	信用卡	微信	支付宝
总计（人民币大写）								
	卡　名		金　额		佣　金		净金额	
信用卡								
长短款								

监收人：　　　　　　　　　　总收银员：

21-11　预付款单

预付款单

No.：

预付款单
Payment in Advance

日期：
Date：_____

姓名：　　　　　　　　　　　　　　　房号：
Name_____　　Room No.：_____

抵店日期：　　　　　　　　　　　　　离店日期：
Arrival Date：_____　　Departure Date：_____

预付金额（大写）：
Amount Paid：_____　　￥_____

备注：
Remarks：_____

付款人：　　　　　　　　　　　　　　收银员：

Payer：　　　　　　　　　　　　　　Cashier：

21-12　食品、饮料内部转账单

食品、饮料内部转账单

品名及规格	单位	请领数	实发数	单价		转账成本金额
				成本价	售价	

要货部门：　　　　　　　　　　　　　发货部门：

经理签字：　　　　　　　　　　　　　经理签字：

说明：此单一式三联，一联要货部门，一联发货部门，一联财务，分别用不同颜色区分。

21-13　承诺付款书

承诺付款书

ⅰ）全部费用 我承诺支付_____房_____先生/小姐的 ⅱ）房费 ⅲ）其他费用（请特别说明） 付款方式为现金/信用卡（信用卡号码：　　　　　　） ⅰ）total charge I will guarantee pay for Miss./ Mr.of room number_____during the stay from _____ to _____by cash/My Credit Card Number ⅱ）room charge ⅲ）others（please specify） 客人姓名：　　　　　　　　　　　　签名： Guest Name：　　　　　　　　　　　Signature： 房号：　　　　　　　　　　　　　　日期： Room Number：　　　　　　　　　　Date： 特别费用说明： Please specify the other charges： 经办人： Prepared By：

21-14　杂项收费单

杂项收费单

日期：

客人姓名：	房号：
摘要	金额
合计金额（大写）	￥_____
备注	

批准人：　　　　　　　经办人：

21-15 物资采购计划

物资采购计划
年　月　日

编号	物资名称	规格型号	单位	数量				估计单价	金额	要货日期	采购目的、用途和原因
				库存	最低储备	月消耗	计划采购				

总经理：　　　　　　财务经理：　　　　　　采购：

说明：此表格一式三联，一联总经理，一联财务部经理，一联采购。

21-16 采购申请单

采购申请单

要货部门：　　　　　用货日期：　　　　　制表人：

库存数	上期单价及供应商	月度用量	物资名称及规格型号	数量	单价	总额	本期供应商

如需进口或特殊要求，请说明理由：

付款方式：

用途/理由：

采购经理：　　　　　部门经理：　　　　　财务部经理：　　　　　总经理：

说明：此表格一式二联，一联财务，一联申请部门，每联用不同颜色区分。

21-17 物资验收入库单

物资验收入库单

物资编号：　　　　　　　　　　　　No：
合同编号：　　　　　　　　　　　　年　月　日

物资名称	规格型号	单位	数量		计划价格		实际价格	
			采购数	实收数	单价	金额	单价	金额
供应单位					运杂费			
备注								

部门经理：　　　　　　验收：　　　　　　保管：　　　　　　采购：

说明：此单一式四联，一联采购，一联仓库，一联财务报销，一联仓库转财务，每联用颜色区分。

21-18 物资收发存月报表

物资收发存月报表

类别：　　　　　　　　　　　　　　　　　　　　　　年　月　日

编号	物资名称	规格型号	单位	单价	上月库存量	本月入库量	本月发出量	本月库存量	本月库存金额	备注

财务部经理：　　　　　　　　　　　　保管员：

说明：此表一式三联，一联存根，一联财务部经理，一联计划。

21-19 物资领用单

物资领用单

领用部门：　　　　　　　　　No.：
物资编号：　　　　　　　　　年　月　日

物资名称	规格型号	单位	数量		金额	
			请领数	实发数	单价	金额
备注						

保管员：　　　　领用部门经理：　　　　领用人：　　　　财务：

说明：此表格一式四联，一联仓库，一联财务，一联部门留存，一联计划，每联用不同颜色区分。

Part 4 酒店管理文本

第22章　酒店目标管理文本

22-01　营销部经营目标管理责任书

营销部经营目标管理责任书

为了保证酒店经营目标的如期实现，增强酒店活力，充分调动部门员工的积极性，强化各项效益指标的考核，现决定实行部门经济效益与员工分配直接挂钩制度。

经协商，营销部责任人同意签订如下经营、管理目标责任书。

一、责任期

自_____年_____月_____日至_____年_____月_____日

二、责任人员

营销部经酒店核定的人员。

三、各项考核指标

（一）任务指标

1.销售任务指标（万元）（分解图表如下表所示）

销售任务指标分解表

月份	1	2	3	4	5	6	7	8	9	10	11	12	合计
收入/万元													
其中（房）													
其中（餐）													

2.分配

（1）营销部销售经理考核办法。实行月薪制，每月工资按70%发放，剩余的30%作为绩效考核（绩效工资）。

按照酒店当月任务指标的完成比例发放绩效工资。比如1月实际完成80万元，完成任务指标的80%，绩效考核工资仅发放80%。

（2）营销部负责人考核办法。每月工资按70%发放，剩余的30%作为绩效考核（绩效工资）。

① 绩效工资的其中10%作为当月管理指标（软指标）进行考核。

② 绩效工资的其中20%作为当月任务指标（硬指标）进行考核，操作办法同销售经理。

（3）部门文员不参与考核，如超额完成任务按超额部分的2%给予奖励部门。

（4）部门责任人由职能部门按月汇总考核业绩情况，如连续两个月未完成任务，酒店给予严重警告，连续三个月未完成任务，酒店有权解聘部门责任人，年终考核未完成任务指标，部门责任人自动解聘，如发生重大违纪行为，按责任扣除相应的担保金。

3.销售工作的考核和分配

（1）营销部门承担酒店全部销售任务，包括所有协议客户入住及协议在住就餐转房账的客户，会议、团体及其他由营销部联系担保的散客及签单、挂账客户等，餐饮销售需提前2小时以上预订，会议及旅游团队的销售提前4小时预订。

（2）销售任务的确认严格按酒店全员营销方案执行，履行相关手续，分部门认真填写"销售预订单"，并得到营业部门责任人签字认可，月底交财务部汇总。不填不算，徇私舞弊者重罚。

（3）部门对专业销售人员销售任务的完成情况，可逐月进行考核，连续三个月未完成销售任务，营销部责任人有权解聘专业销售人员。

（4）酒店其他部门所介绍会议，统一由营销部接待，算销售任务。

4.任务指标项目

（1）会议团队、旅游团队住房、用餐、会议室等消费。

（2）协议单位住房、用餐、会议等消费。

（3）签署担保的挂账单位住房、用餐、会议室等消费。

（4）充值卡销售（本部门销售的）、会议提留款。

（二）管理指标

营销部管理指标见下表。

营销部管理指标

	考核项目	标准		考核项目	标准
1	服务质量	按四星级标准	12	各种资料宣传档案（季度归档）	1次/季度
2	年宣传品、纪念品费用	_____万元	13	大型活动	亲自组织安排
3	年广告费用	_____万元	14	卫生检查合格率	按四星级标准
4	年环境布置费用	_____万元	15	店内宣传广告（包括大堂、餐厅）	按四星级标准
5	录制酒店资料宣传片	2次/年	16	客源市场分析	1次/季度
6	举办宾客联谊会	2次/年	17	工作总结、计划	1次/月
7	举办各种宣传活动	1次/季度	18	部门培训工作	1次/月
8	节日环境布置合格率	按要求完成	19	销售预测	1次/季度
9	录音、录像、图片资料归档	1次/年	20	提供竞争对象情况	1~2次/月
10	客人投诉率	2%	21	会议安排	按要求程序
11	客户沟通	1次/月	22	部门会议	1次/周

四、营销部及专业销售人员的工作权限

以总经理办公室《关于酒店管理人员折扣权限规定》文件为标准。

五、惩罚及聘用解除

（1）挪用公款者，一律解聘，本酒店并遵循法律途径向本人追究。

（2）与客人串通勾结者，一经查证属实，一律解聘。

（3）做私人生意者，一经查证属实，一律解聘。

（4）凡利用公务外出时违规操作者，一经查证属实，以旷工论处，并记大过一次。

（5）挑拨酒店与员工的感情，或泄露职务机密者，一经查证属实，记大过一次，情节严重者解聘。

六、消防安全责任

营销部责任人为××大酒店营销部所管辖区域内安全、消防、食品卫生的第一责任人，有进行检查和监督的权力与义务，并承担相应的责任。

酒店负责人（签字）： 销售部责任人（签字）：

××酒店管理有限公司（盖章）

_____年_____月_____日　　　　　　　_____年_____月_____日

22-02　客房部管理目标责任书

客房部管理目标责任书

为了提高酒店的服务质量和部门的责任心，充分调动员工的积极性，经酒店领导研究决定，对酒店客房部实行目标责任制管理，规定如下：

一、目标责任制管理的范围

酒店主楼、××苑、××轩等共_____间客房、PA、洗衣房及园林。

二、目标责任制管理的时限

自_____年_____月_____日至_____年_____月_____日止。

三、目标责任制管理的费用指标（年客房收入_____万元）

（1）人员编制与工资总额

① 基本人员编制。管家部人员编制为_____人，其中经理_____人、PA主管_____人、园林主管_____人、洗衣房主管_____人、楼层主管_____人、基层员工_____人（岗位人数随客房入住率的提高而增多）。

② 工资总额。_____万元/月以内，本部门员工的试用、录用、晋升和调资

按酒店现行《工资等级制度》执行。

③ 主管以上员工参加绩效考刻（PA、园林主管除外），工资分为基本工资和绩效工资，经理级＿＿＿＿，主管级＿＿＿＿；如部门根据工资制度对员工进行调资，部门的工资总额随之调整，同时工资总额随着酒店经营情况的变动而变动；绩效工资以酒店总的绩效工资为基础计发部门绩效工资。

（2）洗涤费用＿＿＿＿万元/月，年计＿＿＿＿万元。

（3）一次性客用品＿＿＿＿万元/月，年计＿＿＿＿万元。

（4）棉织品＿＿＿＿万元/月，年计＿＿＿＿万元。

（5）绿化肥＿＿＿＿万元/年。

（6）客房印刷费＿＿＿＿万元/年。

（7）设备设施维修费＿＿＿＿万元/年（不含客房维修）。

（8）物料消耗＿＿＿＿万元/年。

（9）布草消耗。布草损耗率为＿＿＿＿%，按每月入住率计算；制服损耗率＿＿＿＿%。制服损耗率为＿＿＿＿%/月，制服使用期限2年（外围员工使用1年）。

（10）不包括兰花费用和新增花木费用。

（11）以上费用节约部分按30%奖励部门。

四、物资管理

客房部实行目标责任制之后，酒店现有的库存物品由财务部和客房部共同清点。用完以后，所需物品，财务部和采购部根据客房部申请量和备用量按酒店采购程序采购库存。

五、目标责任制管理的细则

（1）部门的工作质量、安全、人事、食品等管理按酒店的规章制度要求实行。

（2）人员编制实行弹性定编，即旺季或住房率较高时按满员编制，淡季按编制的80%定员，且由客房部、人力资源部共同商议实施。

（3）员工公共部分培训，如酒店意识、服务质量意识、安全知识由人力资源部负责组织培训，专业业务及技能由部门培训。

（4）由财务部和客房部共同清点部分所属物品，并记录存档。凡属该部门保管使用的物品（含客房新增物品），除自然损坏外，人为损坏、丢失一律由部门负责照价赔偿。

（5）由于部门业务培训不到位，在工作中出现错误，导致客人投诉，并给酒店造成经济损失，由部门负责。

（6）部门维修费，属酒店计划维修，由客房部和工程部共同计划，酒店领导审批，成本不计入客房部。正常维修，由客房部填单申请，工程部负责维修，成本计入工程部。

（7）部门大的物品更新或采购，由酒店总经理批准同意，成本列入部门。

（8）积极组织部门员工参加酒店的各项活动及消防演练，并有责任杜绝各种事故及消防安全的发生。

（9）洗衣房按《洗衣房目标责任管理书》实行考核。

（10）PA按《PA目标责任管理书》实行考核。

（11）主管级以上管理人员的年终考核结合本年度酒店完成的任务及部门各项指标考核结果，由酒店总经理确定年终奖罚标准。

六、要求

（1）部门必须服从酒店统一管理，无条件接受酒店的工作质量、安全、物价、食品等各项检查。

（2）配合财务部进行成本费用核算工作的辅助工作，如建立台账、填报各种生产经营基础报表。

（3）做好消防安全工作，杜绝一切事故发生。因违规发生事故要分清责任进行处理。

（4）人事管理按酒店人事管理规章实施。

（5）部门主管（含）以上人员须交纳相当于一个月工资作为责任管理风险金。

七、其他

（1）本责任书由总经理办公室负责解释、修订。

（2）本责任书由酒店执行总经理和部门第一负责人签署后即生效，并对双方都具有约束力。

（3）本责任书一式三份，总经理办公室、财务部、客房部各持一份。

酒店总经理（签字）：　　　　　　　　客房部负责人（签字）：
××酒店管理有限公司（盖章）
　　　　年　　　月　　　日　　　　　　　　　年　　　月　　　日

22-03　餐饮部经营管理目标责任书

餐饮部经营管理目标责任书

为充分调动餐饮部经营管理人员的积极性，确保总经理室下达给餐饮部各项经营指标的责任落实与实现目标。加强各部门经营管理的工作责任，共同努力完成＿＿＿＿＿＿＿年的经营任务，做好各项经营管理工作，完善以部门为主体的服务质量工作体系，适应酒店的发展需要，真正树立××酒店的形象，餐饮部与酒店签订以下责任书。

一、_____年度经营管理考核期间

_____年_____月_____日至_____年_____月_____日。

二、经营责任职能部门

出品部、中餐楼面部、中餐营业部、客户服务部、西餐楼面部

三、经营管理目标

服从酒店安排，认真完成_____年的营业收入与经营毛利润任务，并根据酒店的要求，做好经营任务的分解、落实，做到按月指标开展经营管理工作，按季度接受酒店考核奖罚。

（一）经营责任关键考核指标

（1）经营毛利润指标。_____年餐饮部全年实现经营毛利润（GOP）GOP指标分解表目标_____万元。GOP指标分解见下表。

经营期	GOP指标分解
第一季度	_____万元
第二季度	_____万元
第三季度	_____万元
第四季度	_____万元
合计	_____万元

（2）部门的经营任务考核奖罚标准。根据酒店下达的季度GOP指标，以每季度为结算单位，完成并超出部分将给予考核部门奖励；如未完成任务，将根据酒店绩效考核体系对考核责任人进行绩效考核工资的处罚与年度岗位的调整。

（二）经营责任辅助考核指标

（1）综合毛利率经营指标。_____年餐饮部每月综合平均毛利率达到55%以上。

（2）重大食品卫生安全事故与重大食品质量投诉发生率为0。重大食品卫生安全事故与重大食品质量投诉指因食品卫生而导致客人饮食中毒、身体产生不适症状并属实者，导致上级行政管理部门介入调查，影响到酒店的正常经营业务活动，并造成酒店经济损失。

（3）年度内发生重大食品卫生安全事故与重大食品质量投诉，影响到酒店正常经营业务活动，并造成酒店经济损失者，将全额扣除考核季度内C级以上人员绩效考核工资部分；如有发放奖励工资，将停止奖励工资的发放，直到整顿后杜绝此类安全事故的发生。

（4）宾客满意度达到90%以上。①宾客满意度达到90%以上，量化的计算方式为：宾客满意度＝当月宾客消费有效投诉个案数量/当月宾客入住总人数。②有效投诉的判断标准见下表。

有效投诉的判断标准

序号	项目	标准说明
1	服务质量	确实由于酒店服务作业流程未按照行业规范、内部标准、个性化服务进行流程化作业,对顾客的现场投诉未进行紧急投诉预案处理,造成顾客重大不满甚至越级投诉或造成重大利益损失者(拒绝结账或损失赔偿)
2	出品质量	确实由于厨房烹饪出品未按照行业规范与内部标准进行流程化作业,对顾客的现场投诉未进行紧急投诉预案处理,造成顾客重大不满甚至越级投诉或造成重大利益损失者(拒绝结账或损失赔偿)
3	食品卫生	确实由于厨房烹饪出品未按照行业规范与内部标准进行流程化作业,顾客现场发现食品存在卫生问题,造成顾客不满意进行投诉并属实者
4	硬件设施设备	确实由于硬件设施设备维修、维护、保养不及时,顾客对消费环境与氛围等进行现场投诉,对顾客的现场投诉未进行紧急投诉预案处理,造成顾客重大不满甚至越级投诉或造成重大利益损失者(拒绝结账或损失赔偿)
5	重复性投诉	顾客进行投诉并进行了紧急投诉预案处理后,重复性地发生相同的投诉个案2次(包括2次)以上,视同有效投诉

所有有效投诉个案的争议将以质检组的调查意见为判断标准,酒店服务质量委员会为服务质量管理核心组织。

(三)管理指标

餐饮部管理指标见下表。

餐饮部管理指标

	考核项目	标准		考核项目	标准
1	部门培训报告	1份/月	12	岗前例会	1次/班
2	员工培训	2小时/周	13	美食节	1次/季度
3	餐饮部经营状况分析报告	1份/季度	14	宾客投诉率	不超过3次/月
4	费用指标(成本控制)	费用率____%	15	菜式更新	2个菜/周/部门
5	餐具卫生合格率	按四星级标准	16	员工流动率	5%~10%
6	环境卫生合格率	按四星级标准	17	总结计划报告	1份/月
7	员工大会	1次/周	18	菜单更换次数	4次/季度
8	厨房部会议	1次/天	19	安全检查(安全记录)	4次/季度
9	消防知识培训	2次/年	20	建立常客档案	1次/月
10	卫生检查记录	1次/天	21	领班会议	1次/周
11	客源分析	1次/月	22	安全责任达标率	按四星级

四、餐饮部负责人的职责

（略）。

五、惩罚及聘用解除

（1）部门内如发生安全责任事故，视情况严重程度对经营责任人进行处理。

（2）因内部管理、作业流程基础工作、物资保管不善等原因而发生的原材料丢失与物料毁损，根据其营业收入比例处理，高于报损管理规定比例的，责任人按原价落实赔偿。

（3）挪用公款者，一律解聘，本酒店并遵循法律途径向本人追究。

（4）与客人串通勾结者，一经查证属实，一律解聘。

（5）做私人生意者，一经查证属实，一律解聘。

（6）凡利用公务外出时违规操作者，一经查证属实，以旷工论处，并记大过一次。

（7）挑拨酒店与员工的感情，或泄露职务机密者，一经查证属实，记大过一次，情节严重者解聘。

六、消防安全责任

餐饮部责任人为××大酒店餐饮部所管辖区域内安全、消防、食品卫生的第一责任人，有进行检查和监督的权力与义务，并承担相应的责任。

七、其他

（1）本责任书由总经理办公室负责解释、修订。

（2）本责任书由酒店执行总经理和部门第一负责人签署后即生效，并对双方都具有约束力。

（3）本责任书一式三份，总经理办公室、财务部、餐饮部各持一份。

酒店总经理（签字）：　　　　　　　餐饮部责任人（签字）：
××酒店管理有限公司（盖章）
_____年_____月_____日　　　　　_____年_____月_____日

22-04　康乐部经营目标责任书

康乐部经营目标责任书

为了确保集团下达给酒店月度经营目标的实现，酒店管理当局（以下简称甲方）授权给以_____为第一责任人的酒店娱乐部（以下简称乙方）负责该部门的经营管理。

按照责、权、利对等的原则，双方在平等的基础上签订_____年经营目标责任书，以明确双方的责任、权利和义务，本责任书一经签字即对双方具有法律约束力，甲乙双方应共同遵守。

一、目的

在完善××国际酒店董事会领导下总经理负责制的经营管理机制的基础上，在充分调动酒店经营管理人员积极性的同时，建立酒店对娱乐部的经营目标责任考核体系，以加强酒店对部门的有效监控，同时推动酒店经营管理工作逐步向理性、科学、精细和规范的方向发展。通过推行目标责任体系，用科学的指标评价体系替代粗线条的考评，将有力地推动酒店管理手段和经营风格的转变，增强酒店管理层的抗风险意识和能力。

二、考核期间

_____年_____月_____日至_____年_____月_____日。

三、双方的权利和义务

（一）甲方的权利和义务

（1）甲方有权对乙方的经营活动进行检查和监督，并提出改进意见。

（2）甲方有义务为乙方在经营过程中提供必要的服务和支持。

（3）甲方有权在乙方生产经营活动出现失控和重大失误时，对本责任书提出修订或决定终止本责任书的执行。

（二）乙方的权利和义务

（1）乙方应严格遵守国家各项法律、法规及酒店制定的各项经营政策和管理规定。

（2）乙方享有酒店授权范围内开展经营管理活动，进行正常的经营决策的权利。

（3）乙方应在市场竞争中积极拓展经营范围，加强内部管理，降低营运成本，加强市场体系建设，提升营销管理水平，提高市场占有率，增强行业市场地位，提高盈利能力。

（4）乙方必须保障经营资产的安全与完整，不得使经营资产遭受损失。

（5）乙方必须定期或不定期地按甲方要求报送（提交）与经营活动有关的各项文件和资料，包括以下内容。

① 月度的经营计划及任务分配。

② 月度销售政策。

③ 奖金的分配方案的报批。

④ 月度计划完成情况的汇总及进展报告。

四、经营责任考核指标

本月度经营责任考核指标包括主要指标（毛利率、销售收入）以及相关修正指标（包括安全、员工流失率、不良资产及其他方面）。

营业总收入：_____万元。

完成目标值的奖罚办法为：部门负责人提取基本工资的20%作为绩效工资，完成营业收入指标发放基本工资，完不成发放基本工资的80%，各项任务完成奖励营业指标超额部分的_____%。员工确保基本工资。

（注：此任务不包括技师提成。）

五、修正指标及其考核细则

（1）安全。执行部门在月度考核中加强员工安全教育工作及安全管理工作，若发生不安全事故实行一票否决制。

（2）员工流失率。10%以内。

（3）不良资产损失。对于经营上的严重失误及非正常因素造成的损失，追究责任人及主管领导责任并给予相应处罚，参照资产损失评估情况扣减考核奖金或薪资。

六、其他

（1）本责任书由总经理办公室负责解释、修订。

（2）本责任书由酒店执行总经理和部门第一负责人签署后即生效，并对双方都具有约束力。

（3）本责任书一式三份，总经理办公室、财务部、康乐部各持一份。

酒店总经理（签字）：　　　　　　康乐部经理责任人（签字）：
××酒店管理有限公司（盖章）
_____年____月____日　　　　　　_____年____月____日

22-05　洗衣房目标管理责任书

洗衣房目标管理责任书

为了加强管理，提高员工的工作积极性和责任感，根据酒店的统一要求，制定目标责任书。

一、营业指标

每个月完成平均洗涤收入_____万元，收入包括对外接收的布草洗涤收入、洗衣店营业收入和酒店客衣收入。按照淡季和旺季分月确定收入指标。

二、人员与工资

洗衣房核定领班1人，工资_____元。小组长_____人，工资_____元。洗衣员工_____人，工资_____元。布草员_____人，工资_____元。洗衣店布草员_____人，工资_____元。业务员_____人，工资_____元。共计_____人，工资标准_____元。

　　工资分基本工资和效益工资。基本工资每月领取，效益工资按照酒店目标责任纳入考核，按季度兑现。领班基本工资_____元，效益工资_____元。业务员基本工资_____元，效益工资_____元。小组长基本工资_____元，效益工资_____元。其他员工基本工资_____元，效益工资_____元。

三、挂钩方式

　　洗衣房总收入与工资总额挂钩，收入增长_____%，工资总额增长_____%，同比例减少。收入增减越多，工资增减越多。增加人员不增加收入目标和工资总额，减少人员不减少收入目标和工资总额。效益工资由洗衣房安排发放，酒店不予干涉。

　　负责分管后勤和洗衣房的酒店领导根据员工收入比例增加一倍比例增减。

四、成本控制指标

洗衣房洗涤物品分为九大类，平均成本如下表所示。

洗衣房洗涤物品平均成本

类别	成本	类别	成本
床单类	0.5元/千克	毛巾类	0.8元/千克
枕套类	0.7元/千克	台布类	0.9元/千克
厨衣类	1.0元/千克	客衣工装类	0.8元/千克
消毒浴衣	0.4元/千克	窗帘椅套类	0.5元/千克
耗电量	0.09元/千克		

　　用料数量由洗衣房根据洗涤程序控制，用料产品、质量、价格等由采购和洗衣房共同确定，但以实际使用部门的意见为主。节约用料成本奖励40%，浪费用料成本扣罚40%。奖罚部分增加或者减少洗衣房的效益工资。

五、工作指标

　　首先完成酒店的布草清洗。主要考核以下主要内容，根据工作完成质量、对酒店造成的影响和酒店的奖罚措施进行奖惩。每次奖惩1～10分，一分_____元。

　　（1）设备运转率98%。
　　（2）人为操作故障率0.1%。
　　（3）布草质量用户满意率95%。
　　（4）严格执行公司各项规章制度及岗位标准。
　　（5）加强消防工作，消除安全隐患，杜绝事故发生。
　　（6）禁止偷拿公司任何财产，一旦发现，偷一罚十。
　　（7）配合工程部做好设备的维护保养工作。

（8）做好员工的培训工作。
（9）团结协作搞好精神文明建设工作。
（10）按时完成公司下达的临时任务。
（11）配合各部门的临时清洗、熨烫工作。

六、安全指标

由于主观原因、工作不到位、工作失误造成安全事故，从效益工资中扣除酒店损失部分，洗衣店对具体责任人进行处罚。重大安全事故实行一票否决，扣除全部效益工资，还要追究责任，由责任人承担全部损失。

七、考核期间

本责任书从_____年_____月_____日开始执行，考核至_____年_____月_____日结束。一经签订不得变动，但可以根据酒店工作要求和实际情况补充考核内容。

酒店总经理：　　　　　　　　　　　洗衣房负责人及员工：
_____年____月_____日　　　　　　　_____年____月_____日

22-06　PA部目标管理责任书

PA部目标管理责任书

为了充分调动PA部工作人员的工作积极性，增强责任感，保障酒店公共区域卫生质量达到标准和要求，对PA部实行目标责任管理，内容如下。

一、责任标准管理范围

（1）酒店内的公共区域、停车场、公共地面、休闲区域和公共走道、大堂、外围玻璃与门窗。
（2）酒店行政办公区域、会议（宴会）厅、公共卫生间、过道、楼梯。
（3）各区域的地毯、木地板、地面清洁。
（4）酒店公共物品、雕塑、壁画、家私等。
（5）不含房内日常清洁和外包单位的清洁。

二、目标责任管理时间

_____年_____月_____日至_____年_____月_____日。

三、目标责任管理的各项经济指标

（1）月工资总额与PA部人员编制
① 总编制_____人，其中PA主管1名，领班_____人，PA员_____人。

②工资总额_____元/月，领班以下人员的工资标准由PA负责人根据员工的表现灵活调整，并报人事行政部同意。同时部门在对员工进行调资时，工资总额随之相应变动；本部门员工的试用、录用、晋升和调资按酒店现行《工资等级制度》执行。

③PA部不参加绩效工资考核，以质量标准为考核依据。

（2）年清洁器材维修费用_____万元。

（3）月物料费（包括消毒剂、去污剂、去锈剂、保养蜡、垃圾袋、空气清新剂、抛光垫、玻璃刮、铲刀、伸缩杆、卷纸、扫把、拖把等普通清洁工具）控制在_____万元以内。

（4）以上费用节约部门按30%奖励部门。

四、责任目标管理标准

（1）PA部必须依照酒店的《PA岗位标准与工作程序》认真完成每项清洁工作任务，确保达到酒店的卫生质量标准。

（2）PA部必须按照酒店的建筑物和装饰材料的特性来使用清洁工具和清洁剂，不得为省工时或瞬间提高光亮度而使用带有极具腐蚀性和破坏性的清洁工具和清洁剂。

（3）对酒店大堂、大堂吧等主要面客区域的地面、墙壁、立柱、玻璃、灯具不间断进行清洗，确保酒店良好形象；地毯、木地板以部门通知为准进行清洗；其他区域随脏随洗。

（4）外围高层建筑，应做好周期计划卫生，必要时，应服从酒店领导临时安排进行清洗。

（5）如遇突发性的自然灾害事故，PA部应立即组织人员对所管辖的区域及时进行清理，并在酒店指定的工作时间内完成。

（6）在政府部门例行检查、酒店评星工作中，PA部应全力以赴，凡属目标管理范围之内的工作，必须按照清洁卫生质量标准，做好清洁卫生。

五、清洁工具保养与使用

（1）在PA部实行责任目标管理后，酒店将现有的设备数量、质量、名称、性能等进行清点造册，转交给PA部代为保管。

（2）PA部应对设备进行定期维护与保养，对人为的毁坏由部门承担赔偿责任。

（3）PA部不得将代为保管的清洁工具转借给其他单位使用或从事其他盈利的活动。

六、管理细则

（1）PA部为固定人员、固定经济指标，所以按照经济指标增幅计算工资，人员按照工资定额，少人补齐，少员不奖（按实际人员计发工资）。

（2）PA部应熟知各种清洁工具（机器设备）的特性，熟练掌握清洁工具（机器设备）的使用方法，加强清洁工具（机器设备）的维修保养，延长清洁工具（机器设备）的使用寿命。各种清洁工具（机器设备）保养与使用年限见下表。

各种清洁工具（机器设备）保养与使用年限

名称	使用年限	已使用时间	待使用时间	维修次数（每年）	年维修费用	备注
洗地机两台	3～5年	3年	2年	3～6次	5000元	
抛光机一台	3～5年	3年				已坏
吸水机一台	3～5年	3年	2年	5～7次	4000元	
高压水枪一台	3～5年	3年	2年	2～4次	1000元	
吹风机一台	3～5年	3年				已坏
吸尘机一台	3～5年	3年	2年	2～4次	1000元	

在上述待使用年限内，维修费用超过使用预算的，PA部负责人承担使用超过部分_____%的维修费用；在待使用年限内，上述清洁工具（机器设备）报废不能维修的，扣除PA部目标管理责任人当月工资的50%。

（3）PA部应合理使用和保管各种清洁所用的物料品，坚决杜绝浪费，在保证清洁卫生的情况下，月物料品消耗量控制在_____万元以内。超过预算经济指标的，部门承担_____%的超支费用。

（4）PA部应熟悉酒店不同材质的墙面、地面、家私、玻璃清洁程序，并按其材质的特性，科学使用相应的清洁工具和清洁剂，避免建筑材料和装饰材料失去光泽或受到腐蚀。如果因使用不当、清洁剂使用不当或过量，造成建筑材料和装饰材料失去光泽或受到腐蚀的，部门应对损失承担_____%的经济责任。

（5）PA部应对其他部门下达的周期保养和清洁任务及时受理，并在3天之内做出合理安排；对在酒店迎接新的重要检查、重要接待、重要会议来临之前临时下达的清洁任务应立即予以受理，并按指定的时间和要求完成。上述工作安排不到位，造成其他部门一般性投诉的，每发生一起处罚部门_____元；给酒店造成一定负面影响的，每发生一起处罚部门_____元。

（6）酒店对PA部的工作质量，纳入酒店例行的质量检查工作中，即实行周检和月检，对存在的清洁卫生质量问题，按《质检制度》规定的处罚措施执行。

（7）PA负责人必须交纳相当于一个月的工资作为风险保证金。

酒店总经理：　　　　　　　　　　　客房部经理：
　　____年____月____日　　　　　　　　　____年____月____日

第23章 酒店营销管理文本

23-01 酒店开业营销策划书

××假日酒店开业营销策划书

××假日酒店是一家按四星级标准建设的酒店,酒店经营项目:酒店餐厅、茶餐厅、会议、客房等。虽能接待一定量的商务接待、团队会议、旅行家居等,但主产品单一,特色性不强,配套设施设备标准参差不齐,对市场刺激度不高,所以我们在延续酒店传统模式经营基础上,不仅要把主营产品做好做精,还要不断突出特色,特别是增加参与性活动项目配套设施建设考虑。

根据目前酒店情况,首先树立"以市场为先导,以营销为龙头,以品牌为目标"的思想;其次为了更好地开展品牌营销工作,特制定营销方案、市场推广计划,并在工作中逐步实施。

一、目标任务

(1)客房目标任务。_____万元/年。

(2)餐饮目标任务。_____万元/年。

(3)起止时间。自_____年_____月至 _____年_____月。

二、形势分析

(一)市场形势

(1)××辐射到××景区,规范化星级酒店。五星级酒店(挂五星/标五星)_____个,房价范围_____元/间/晚~_____元/间/晚,酒店客房_____间;四星级酒店(挂四星/标四星)_____个,房价范围_____元/间/晚~ _____元/间/晚,酒店客房_____间;三星级酒店(挂三星/标三星)_____个,房价范围____元/间/晚~____元/间/晚,酒店客房_____间;预计近两年还会增加3~5个酒店相继开业。

(2)与本店直接产生竞争酒店有:_____温泉酒店、_____酒店、_____休闲会所等。

(3)竞争形势会相当激烈,"僧多粥少"的现象比较凸显,品牌与个性化服务是竞争的重点。

(4)预测。相继开业的新酒店与××地理优势,使得旅游散客竞争更加激烈,需保持市场平衡;会议团队市场潜力很大,将是酒店做品牌期间重中之重的客源。

（二）竞争优、劣势

1.优势

（1）××假日酒店具有高标准的硬件条件与一支优秀现代化管理团队。

（2）××假日酒店就××景区而言，地理位置佳。

（3）××假日酒店就××景区而言，目前同类竞争酒店基本为零。

（4）××假日酒店拥有一批优质的××购房业主，为目标客户群。

2.劣势

（1）××景区受地震影响，至今景区未开发，同时××假日酒店距离市区、××镇、××山等人流区及成熟旅游景区较远。

（2）餐饮、会务设施不够齐全，与现酒店整体标准不匹配，不仅影响散客的接待质量，还将制约酒店主要客户群（会议团队）的开发，对酒店品牌营销产生直接影响。

三、市场定位

作为××景区唯一一家星级酒店，充分发挥酒店品牌及高标准、高服务优势，瞄准会议团队及购房业主消费群体。

（一）客源市场

（1）当地政府会议团队接待。

（2）具有企业的高端购房业主会议团队接待。

（3）购房业主访客的家庭接待。

（4）其他度假旅游型散客接待。

（二）目标客源特征

（1）商务接待服务要求高，渴望被尊重。

（2）团队接待对于酒店软、硬件设施、规模要求高，同时对于酒店的配套参与性活动项目有一定要求。

（3）家庭接待消费比较理智，对服务要求高。

（4）向往健康的东西，有安全保证。

四、目标客户心理分析

马斯洛需求层次理论将人的需求分为生理需求、保障与安全需求、归属与承认需求、尊重需求、自我实现需求。对于酒店的消费者，他们并不是单纯为了生理上的需求，也超越了保障与安全的需求，他们来此消费是为了得到一种人性化、细微化、高品位的享受。而在消费的过程中，可以凸显个人生活的优越性、成功满足感，因此，目标客户的消费动机属于马斯洛需求层次的尊重需求、自我实现需求。

五、销售季节划分

（1）旺季。2月、5月、6月、7月、8月、9月、10月份（其中黄金周月份：10月、2月、5月，三个月）。

（2）平季。1月、3月、4月份。

（3）淡季。11月、12月份。
六、酒店客房价格定位
（略）。
七、营销方式（广告策略和媒体选择）
1.广告策略建议

整个广告活动的宣传应贯穿于整个项目的前期、开业期及后期，前期的广告宣传主要是为酒店做形象、品牌，引起市场关注，提高影响力。开业期主要以互联网和报纸广告宣传为主要媒体，在该阶段，力求将信息全面覆盖到主要目标和潜在客户所在区域。后期的广告宣传主要为了增强受众的记忆度，提高酒店的品牌度，在整个活动的宣传中，应与××市的主流宣传媒体保持良好的合作。

2.媒体分析及选择

（1）户外媒体。户外媒体能迅速、有效地提高知名度，建立产品品牌度，在这里大力推荐大型广告牌和路灯POP或灯箱广告，大型广告牌可很好地展示酒店的档次，有利于品牌形象的建立，路灯POP或灯箱广告信息覆盖面广，可以迅速提高知名度。

（2）报纸媒体。报纸受众人群主要为企业高管或直接领导人、有一定文化修养的老年人等，该群体也将成为酒店前期主要客户群体。

（3）电视媒体历来是注目率最高、覆盖面最广的大众媒介，电视广告能够使信息到达率达到最高点，是迅速提高产品知名度最适合的媒体。××卫视、××电视台在线频道等都是个不错的选择；

（4）互联网。作为一种新型的传播媒体，已经越来越多地运用在商业活动中，其覆盖范围广阔、无区域限制、成本低等特点越来越受人们喜爱，像携程网、同程网、百度、××定房网等。同时可以建立酒店自己的网页，宣传酒店品牌、形象。各酒店直销网是互动式网上直销平台，是酒店提供给顾客最为直接的消费预订平台。此类定房网不收取佣金，但要收取年费，根据酒店规模和提供的服务种类收取_____元/年。

3.人员营销

（1）开业前一个半月，设计、印刷宣传单册（5000）份，组织营销部全部员工到全市所有旅行社部门及企业机关上门拜访和发放。

（2）开业前营销部人员以电话传真、上门拜访的方式与目标客户签订消费协议。

（3）制作酒店的信封，以便营销部在开业前邮寄酒店宣传册给目标顾客；开业后也可以使用。

（4）制作酒店标志的小纪念品，由营销人员在开业前上门拜访时赠送给大客户，在以后的营销活动中也可以使用。

4.活动营销

就××当地民风民俗及当地特色，邀请举办联谊会、展销会（如：根雕展、摄影展、教师联谊会、夕阳红联谊会等）。

八、酒店推广计划

在此，我们将推广计划分为前期推广计划、中期推广计划、后期（长远）推广计划三个阶段。

1. 前期推广计划

（1）推广目的。提高酒店知名度，使信息覆盖到目标和潜在客户群区域，引起市场关注。

（2）推广思路。前期的广告侧重在省内和本地区，集中火力，使酒店知名度在省内扩散到其他地区。

（3）推广内容。通过××、××电视台以新闻的形式和相关栏目（如摄影、踏春等）全面报道酒店情况，尽量突出酒店特色；报纸广告也需做一部分，以软文的形式对酒店做全方位报道，首选《××都市报》或其他，同时也要为酒店做一个网站，推行网上定房等电子商务业务，而网站本身则可以通过其他广告媒体进行宣传时以文字的形式附带进去。

2. 中期推广计划

（1）推广目的。提高酒店知名度，树立品牌形象，为全面拓展市场奠定基础。

（2）推广思路。以酒店开业为契机，以酒店开业庆典为宣传点，以其他媒体的宣传使信息达到全面覆盖。

（3）推广内容

① 开业庆典，邀请当地政府部门重要人员进行酒店开业剪彩仪式，并邀请当地和市媒体报道。

② 分别在《＿＿＿报》和《＿＿＿报》上对酒店开业庆典用软文的形式说明。

③ 在××的高速路、××牌坊口、××路口设置醒目的大型广告牌，在××景区路口设个醒目广告牌。

3. 后期（长远）推广计划

（1）推广目的。使信息全面到达目标客户，为酒店的可持续发展提供广告支持。

（2）推广思路。酒店后期的广告宣传侧重于目标客户群，因此，在媒体选择上，应以大多数目标客户接触的媒体为准，一方面要考虑散客旅游市场，另一方面要注重当地政府和会议团队客户群体。后期的酒店推广计划可以根据酒店经营目标进行合理规划，使酒店的发展和品牌建立得到良好的广告支持。

（3）推广内容。在对外宣传上，增强与本地政府及传媒产业、旅游产业的合作，达到相互促进，共赢共利的作用和目的。

九、效果预测

（1）通过以上媒体的整合推广宣传，使××社会高端阶层、社会精英人士及核心消费人群全面了解营销活动的内容、产品种类、活动日期的信息，引起目标市场客户群的关注，激发他们了解和消费的兴趣。

（2）通过此次宣传，将为酒店树立良好的品牌形象奠定长远的市场基础和客源基础。

23-02　酒店长住客人订房协议书

××酒店长住客人订房协议书

××酒店管理有限公司（以下简称甲方）与××贸易有限公司（以下简称乙方），于＿＿＿＿年＿＿月＿＿日就租用客房事宜签订协议如下。

一、租用房号

＿＿＿＿＿，共＿＿＿＿＿＿间房。房租价格（人民币）：每天每房定价为＿＿＿＿＿元，合计为＿＿＿＿＿元，预付租金为＿＿＿＿＿元。

二、付款事项

除预付租金外，乙方所有的费用可签单入账，月结一次。乙方应于每月＿＿＿＿＿日前到前厅部办理结算，以付清当月全部钱款。预付租金余额不足一个月时，乙方必须提前付清续住预订租金，否则做自动退房处理，酒店有权将该房的物品迁移至行李库保存、待领，并终止协议，原房另行出租。

三、优惠项目

乙方可凭本酒店长住房房卡享受下列优惠。

（1）每间房免费提供双人早餐（时间7:30至8:30分）。

（2）免费熨衣服务。

（3）除长住房外，乙方另开房间，房费可享受协议价优惠。

四、备注

乙方同意下列各点。

（1）所租客房未经酒店前厅部同意，不得分租或转租他人。

（2）乙方在酒店内住宿，必须向服务台出示有效护照、身份证或居留证件，并填写住宿登记表；乙方短期外出，须通知服务台，返回酒店时应当重新到服务台办理入住手续；乙方在外出期间，如有朋友、同事要求入住该长住包房时，请事先通知甲方，凭乙方书面证明和住宿者本人有效证件到服务台办理来宾住宿登记手续。

（3）客房内增住其他客人需经酒店前厅部同意并到服务台办理住宿登记手续。

（4）客房内不得存放任何易燃易爆物品；客房内严禁使用电炉或者其他功率在500瓦以上的电器设备。否则，由此引起的一切后果均由乙方承担全部责任。

（5）乙方对客房布局进行调整时不得改变房间结构，如因使用、保护不当而造成客房建筑、设备的损坏应由乙方负责赔偿。

（6）乙方应按期缴纳租金及电话费等其他费用。

（7）租约期满时，在当时房价及上述各条款没有更改的情况下，同时双方也无其他异议时，本协议书可自动延长一年。期满退租或甲方收回自用均应在协议终止前一个月书面通知对方，并立即办理退租手续，否则默认为续租。乙方如在租约（合同）期内退房，预付款不予退还。

（8）本合同一式两份，用中文书写，双方各执一份，自签约之日起即行生效。

协议有效期自_____年____月____日至_____年____月____日止。

甲方：××酒店管理有限公司（盖章）	乙方：××贸易有限公司（盖章）
签约代表：	签约代表：
签字：	签字：
日期：_____年____月____日	日期：_____年____月____日

23-03　酒店商务客房预订合同

××酒店商务客房预订合同

合同编号：××××××

甲方：××科技有限公司

乙方：××酒店管理有限公司

甲乙双方按照互惠互利的原则，就酒店客房预订业务达成以下协议。

一、价格

乙方向甲方提供房间价格如下表所示。

乙方向甲方提供的房间价格表

单位：元

房间类型	甲方团队价		甲方散客价		是否含早餐
	销售价	优惠价	销售价	优惠价	

备注：

（1）加床：_____元，早餐：_____元。

（2）为使面向甲方的销售价格能始终等于或低于乙方现行门市优惠价格，乙方进行门市价格下调或推出优惠价格时，应及时通知甲方，同时签约价格根据下降比例做相应下调。

（3）以上价格均含酒店服务费。

二、预订形式

（1）甲方在客人抵店前，将客房预订通知单以电子邮件的方式通知乙方，乙方收到后尽快以电子邮件或传真至订单上。遇营销部、预订处休息期间，甲方可直接向乙方总台以电话方式预订客房。甲方同时发送电子邮件至乙方指定的邮箱，待正常工作日，乙方核实并以电子邮件或传真至订单上，并确认传真号码。

甲方联系人：_____   电子邮箱：_____
乙方联系人：_____   电子邮箱：_____

任何一方更换联系人，需提前5个工作日以书面方式通知对方。

（2）预订取消。乙方在_____点之前为正常保留时间，_____点以后甲方取消预订客房时，须以传真或电话的方式通知乙方。

（3）甲方客人退房时间为14:00，若客人要求延迟退房，乙方可视当天客房情况尽量满足甲方客人的要求。

（4）当甲方客人直接向乙方要求续住时，乙方应以同样的协议价格予以续住，并及时通知甲方。

（5）如因乙方原因造成甲方客人不能顺利入住，乙方应负责免费给客人升级客房，或在客人同意的情况下，将甲方安排至同等标准、同等价格的酒店，佣金应照常返还。

三、财务结算

（1）甲方散客入住时，乙方实时与入住客人结算；甲方团队入住时，于团队离店后5个工作日内甲方凭甲乙双方签字认可的入住房间清单付款。

（2）乙方应向甲方开具发票。

四、附则

（1）本合同的有效期为自_____年___月___日至_____年___月___日。

（2）本合同经双方盖章有效，一式6份，甲方执4份，乙方执2份，具有同等法律效力。

（3）若双方在履行合同中产生纠纷，应友好协商解决，不能协商解决的，提交原告所在地法院仲裁。

（4）本合同要求手写项外，手工涂改、增减条款均视为无效。

甲方：××科技有限公司   乙方：××酒店管理有限公司
代 表 人：_____   代 表 人：_____
地　　址：_____   地　　址：_____
邮　　编：_____   邮　　编：_____
签署日期：_____   签署日期：_____

23-04　旅行社与酒店合作协议

×× 旅行社（旅游服务有限公司）与 ×× 酒店合作协议

甲方：×× 旅行社旅游服务有限公司
乙方：×× 酒店管理有限公司
甲乙双方就乙方加盟甲方运营平台：＿＿＿＿＿＿＿，乙方向甲方各成员单位提供优惠客房，并成为甲方网络平台的加盟会员酒店，经友好协商达成以下合作协议。

一、客房协议价格
（1）房间类型及价格如下表所示（略）。
（2）乙方在签约价格上无倾斜政策，为了更好地推广乙方酒店，建议以返佣金的形式返利于甲方，金额在＿＿＿＿＿＿元以上。
（3）奖励政策。甲方每月完成＿＿＿＿＿＿间次奖励＿＿＿＿＿＿元/间次，完成＿＿＿＿＿＿间次奖励＿＿＿＿＿＿元/间次。
（4）团队含义。同进同出＿＿＿＿＿＿间以上为团队接待，价格为一团一议。

二、客房预订
（1）甲方各成员单位免费为酒店介绍客源与进行必要的促销，乙方负责协调酒店营销部、预订部及前台，配合好甲方各成员单位预订单的落实，做好到店客人的入住安排。
（2）甲方各成员单位在客人抵店前通过传真方式通知乙方，乙方按订单上传真号码回传各成员单位确认。
（3）在无法联系到乙方营销人员的情况下，甲方各成员单位可直接发传真到乙方前台，由乙方前台按甲方各成员单位传真内容先予以接待。
（4）因乙方原因造成甲方各成员单位预订客房不能顺利入住，乙方应承担相关责任或在客人同意的前提下，将甲方客人安排同标准酒店，佣金应照常返还。
（5）甲方客人退房时间为中午＿＿＿＿＿＿点，如客人要求延迟退房，乙方视当天客房情况尽量满足甲方客人的要求。
（6）当甲方客人直接向乙方要求延住时，乙方须按甲方原先的传真预订价格安排客人续住，并及时通知甲方。
（7）乙方＿＿＿＿＿＿点至＿＿＿＿＿＿点为正常住宿时间（特殊情况请在预订单上注明），＿＿＿＿＿＿点以后甲方成员单位取消预订客房时，须以传真或电话通知乙方。
营销部休息日期：＿＿＿＿＿＿＿＿＿＿下班时间：＿＿＿＿＿＿。
预订部休息日期：＿＿＿＿＿＿＿＿＿＿下班时间：＿＿＿＿＿＿。

三、夜审跟单
为减少给乙方酒店带来不必要的损失，甲方各成员单位每天在＿＿＿＿点＿＿＿＿分前后，以电话形式直接与酒店前台或预订部联系，对保留至_____点的客房进行跟单，以便保留或及时取消，酒店应通知前台或预订部给予配合，及时告知甲方预订的客人是否到店、入住房号的情况。

四、付款、结算

（1）当甲方客人入住酒店时，乙方总台按甲方传真所指定的协议价格直接向客人收取所有房费。房费差价（佣金）归甲方所有。

（2）甲方在每月_____日前向乙方提供上月甲方各成员单位客人入住详细资料（包括客人姓名、入住房价、入住日期、离店日期及返佣金额），经双方核对确认后，订房佣金由乙方在每月_____日前汇入甲方指定的账号，并由甲方向乙方开具发票，如果乙方未能按时汇款，甲方向乙方收取每日_____%的滞纳金。

五、双方的权利和义务

（1）乙方应协助甲方接待好客人，为客人提供优质的全方位服务，做好预订、财务结算工作。

（2）甲方各成员单位的订房，乙方正常保留至当天_____整（视当日房源情况可适当延长保留时间）。

（3）乙方遇门市散客价格调整或推出特惠价格时，应及时以传真形式提前1天书面通知甲方。

（4）双方签约人员如有离开原工作岗位的情况，应及时书面通知对方，所签订的原协议继续有效。

（5）在设置甲方名称时，请统一用"××旅行社"名称设置，便于甲方成员单位客人查找预订信息。

（6）乙方若有装修、停业等影响客人入住的情况，务必提前通知甲方。

（7）甲方不为任何客人和各成员单位承担信用担保。

六、法律管辖及仲裁

本协议一式两份，双方各执一份，盖章签字后生效，本协议受中华人民共和国法律管辖。凡由于执行本合同而发生的一切争执，双方应当通过友好协商解决。如不能解决的，可诉诸仲裁。仲裁应当提交_____仲裁委员会，按照_____仲裁委员会的仲裁规则仲裁，该仲裁是最终裁决，双方必须遵守。此协议传真同样有效。

甲方：××旅行社旅游服务有限公司　　乙方：××酒店管理有限公司
地址：_____　　　　　　地址：_____
电话：_____　　　　　　电话：_____
传真：_____　　　　　　传真：_____
签约人：_____　　　　　　签约人：_____
签署日期：_____　　　　　　签署日期：_____

23-05　酒店客房营销活动方案

××酒店客房营销活动方案

考虑到××区域的客源暂时没有新的变动，将来的客房市场将出现"僧多粥少"的局面，为了稳住本酒店在××区域的地位，刺激市场消费，开拓潜在客源市场，特制定本方案。

一、活动时间

_____年____月____日至_____年____月____日。

二、活动地点

××酒店。

三、活动主题

温馨享受午夜房，特价标间天天有，打折金卡新体验，会员充值任您选。

四、活动目的

在原来的基础上更新设施设备和实施新的经营策略，使客房服务多样化。

五、促销对象

住店散客。

六、活动宗旨

完善酒店客房软件管理模式，提升客房创新意识，为客人提供个性化服务。

七、活动内容

（一）午夜房

从_____年____月____日起，实施午夜房（当日凌晨1点入住至当日中午12点退房）特别优惠价格，仅限酒店商务单、标间，房价为：_____元/间/晚，酒店将视情况确定活动终止日期。

（二）特价标间

从_____年____月____日起，酒店每天推出特价房_____元/间，每天推出_____间，如当日满房或房源紧张则停止。

（三）打折金卡

从_____年____月____日起，推出酒店打折金卡，金卡售价_____元/张，购卡后即可享受房价每间打折_____元的优惠，如原房价168元/间变为138元/间，每张卡每天最多可开3间客房。同时，持有打折金卡的客人可在本酒店用餐享受6.8折的优惠。

（四）会员充值卡

从××月××日起，推出会员充值卡，_____元起充，充值_____元赠送_____元。使用会员充值卡开房，价格在最低优惠价的基础上打6.6折。

八、宣传推广

（一）人力推广

各部门应互相配合，在适当时间为客人宣传本次活动内容和优惠措施，邀请有需求的客人入住体验。

（二）媒介推广

大堂海报1张、电梯广告1个、巨幅喷绘1幅，大力宣传本次活动内容。

广告标题："温馨享受午夜房，特价标间天天有，打折金卡新体验，会员充值任您选"。

广告内容：（略）。

注：酒店将视情形决定活动终止日期，以上活动最终解释权归本酒店所有。

××酒店管理有限公司

销售部

××年××月××日

23-06 酒店客房促销活动方案

××酒店客房促销活动方案

一、活动目的

为了提高客房出租率，稳定客源，特制定本方案。

二、活动时间

_____年___月___日至_____年___月___日。

三、活动内容

凡于_____年___月___日至_____年___月___日期间入住××酒店的客人累计入住10次，第10次入住房间免费。

四、操作程序

（1）客人首次入住时由总台人员发放累计消费卡，客人填写累计消费卡的相关内容后呈交客人保管。

（2）每次填写累计消费卡须由当班收银员及领班签名后方可生效。

（3）客人第10次入住时，当班人员收回累计消费卡，由主管或经理签字后下免费单，免费单由总经理签字后，将免费单和消费卡一起上报财务部，并告知客人下次入住时送其新的累计消费卡。

五、活动要求

所有员工应本着对酒店、客人负责的态度，认真执行本方案。在执行过程中如发现问题应及时逐级汇报、落实解决。

××酒店管理有限公司
销售部
××年××月××日

23-07　酒店淡季客房营销活动方案

××酒店淡季客房营销活动方案

一、目标市场

酒店的客源以散客、长住客为主，以协议单位、旅游团队为辅，会议客人为补。现需努力开发和提高旅游团队、协议单位及会议客人的入住率。

二、目标任务

提高客房入住率（实现酒店客房月平均完成入住率达到80%，客房出租间数达到××间以上）。

三、促销时间

1月、2月、3月、4月、5月、9月。

四、促销活动内容

（一）协议单位客人

普通标准间、单人间优惠为_____元/间，含双早（原_____元/间不含双早）。其他房型保持原有的协议价不变，套间另赠送价值××元鲜花一篮，单间送价值××元水果一份。

（二）会议客人

凡是以会议形式入住，不论会议规模大小都可以享受酒店的协议价，如会议预订超出_____间以上（含_____间）的，在享受协议单位活动价的基础上，另赠送豪华标准双人房1间（含双早）。

（三）旅行社

在酒店消费季度累计达_____万元（含_____万元）的可返还给旅行社_____%的提成，消费累计达_____万元（含_____万元）的可返还给旅行社_____%的提成，房价保持原协议价不变。网络客人如114、12580保持协议价不变。

（四）散客、常住客

保持原有协议价不变，可每天赠送矿泉水_____瓶。

五、促销措施

（1）稳定本地区的主要旅行社，主动与外地各旅行社联系，了解团队信息，力争将××酒店作为本地区重点旅游团队的指定入住酒店。

（2）推出"住房消费积分卡"和"酒店前厅消费代金券"。

（3）实施全体员工揽客奖励。对成功揽客入住的员工，按每间房的_____%给予提成奖励。

（4）公交大巴广告。广告以_____辆××市乘坐该大巴前往"××"旅游景点的乘客为目标群，使其乘客全程都能看到××酒店的广告订房信息。公交大巴（_____元／辆）车做起，广告先投放_____个月，具体费用大约为_____元／辆。

（5）制作××酒店的宣传册，摆放在各旅行社、车站、火车站的醒目位置。

（6）在高速路口到酒店门口放置醒目指示灯箱、大型广告位，提示客人顺利到达××酒店入住。

××酒店管理有限公司

销售部

××年××月××日

第24章 酒店安全管理文本

24-01 安全生产责任书

安全生产责任书

为进一步加强酒店安全生产工作，保障酒店财产和宾客及员工的人身安全，把"谁主管谁负责"的安全责任制落到实处，根据有关规定，饭店与各部门经理签订安全生产责任书。

（1）部门经理是主管本部门安全生产的第一责任人，在任职期内，负责本部门的安全生产工作。

（2）建立健全本部门的安全生产责任制度，做到分工明确，责任清楚，制度健全，严格监督，必须保证每天下班前认真检查各种设施、设备开关，该关的必须关掉，人走断电，检查确无隐患后，到保卫部填写消防值班检查记录。

（3）必须提高本部门全体员工的安全生产意识，做到警钟长鸣，发现隐患，及时清除。必须做到会使用灭火器，会使用消火栓，会报警，会引导客人疏散。

（4）部门经理需积极配合保卫部不定期对各部室员工进行消防安全普法教育，发现有违法现象应及时上报保卫部并积极配合调查。

（5）各经营部门要加强对本部门的现金、票证、物资设备、易燃易爆品的安全管理，坚持以预防为主，并制定有效的管理措施。现金过夜不得超过银行规定的数据，如遇特殊情况需经部门经理批准，并报保卫部备案。

（6）部门经理要掌握本部门员工的思想动态，经常进行职业道德教育，教育员工遵纪守法，拾金不昧，爱护酒店消防设施。

（7）各部门管辖区域所使用的钥匙应派专人管理，同时制定管理制度。遇有钥匙丢失或损坏现象，专管人员应立即报告保卫部，由保卫部负责统一配制，任何部位的钥匙，任何员工均不得带离酒店和自行配制。

（8）对无理取闹、扰乱各部门正常经营的人和事要及时劝阻，疏导制止，尽量把事态平息在萌芽状态，对不听劝阻的违法犯罪行为要及时向保卫部报警。

（9）各部门经理必须在管理期限内，确保所辖区域内的消防设备、设施完好无缺，非酒店保卫部批准外，严禁挪动，确保百分之百完好率，发现丢失或损坏现象要及时上报保卫部。

（10）各部门经理要积极配合并接受消防公安部门的检查、监督和指导，对查出的隐患要认真在规定期限内予以整改，对因客观条件制约暂时难以解决的隐患，要采取有效的防范措施和应急预案。

（11）保卫部有权对各部门消防设备、设施及隐患进行安全检查，提出整改意见并下发限期整改通知书。对限期内未整改或未采取有效措施的部门，保卫部有权代表酒店对其负责人依照有关法律法规进行经济处罚。

（12）各部室必须指定一至两名义务消防员，部门经理要全力支持义务消防员一月两次的消防知识培训和按照酒店义务消防员规定的任务执行消防安全工作。

（13）各经营部室如需施工或动明火，必须按照酒店有关规定，到保卫部及工程部办理施工或动火申报手续，未经获准擅自施工或动火出现的一切安全责任或损失，全部由部门负责人自行承担，并按酒店规定处罚。

（14）对违反消防安全保卫责任规定，存在重大隐患并在规定期限内未采取安全防范措施，责任落实不到位者，或由于失职、渎职发生事故造成损失的，全部责任由负责人承担。

（15）本责任书一式两份，自签字之日起生效，总经理（保卫部代存）、签署部门经理各持一份，责任人任职期间有效。遇责任人变动时另行重新签订。

总经理：　　　　　　　　　　　　部门经理：
（签字盖章）　　　　　　　　　　（签字盖章）
　　年　月　日　　　　　　　　　　　年　月　日

24-02　酒店食物中毒应急预案

酒店食物中毒应急预案

根据卫生部门有关食品卫生安全的会议精神，为确保在发生意外安全事故时将损失减少到最小，我单位特制定以下关于食物中毒的应急处置预案。

一、食物中毒应急处置组织机构

领导小组

组长：李××

副组长：万××、陈××

成员：吕××、孙××、刘××、林××

领导小组下设处置办公室

主任：朱××

成员：王××、丁××

二、预案启动条件

此预案在发生食物中毒事件时马上启动。

三、应急处置步骤

（1）酒店任何一名员工均有责任报告食物中毒事件，一发现有食物中毒现象，应马上向应急处置办公室报告。

（2）办公室人员在接到报告后立即赶赴现场，并通知相关成员到场协助处理。

（3）以下各步骤同时进行。

① 及时与急救中心或医院联系，讲清楚地点、中毒人数、中毒程度、症状等，由相关人员陪同就医。

② 由餐饮部负责查找毒源，各部门应全力配合，保护现场、保留样品。病人吃剩的食物不要急于倒掉，盛食品用的工具、容器、餐具等不要急于冲洗，病人的排泄物要保留，以便卫生部门采样检验，为确定食物中毒提供可靠的依据。

③ 由副组长负责将现场情况向酒店领导报告、请示。

④ 由办公室主任指挥各部门经理做好人员的稳定工作。

⑤ 如实反映情况。酒店负责人及与本次中毒有关人员，如厨房工作人员、分管经理及病人等应如实反映本次中毒情况，将病人所吃的食物，进餐总人数，同时进餐而未发病者所吃的食物，病人中毒的主要特点，可疑食物的来源、质量、存放条件、加工烹调的方法和加热的温度、时间等情况如实向有关部门反映。

⑥ 做好中毒人员的善后处理工作。

⑦ 对中毒食物的处理。在查明情况之前对可疑食物应立即停止食用。在卫生部门已查明情况，确定了食物中毒，即可对于引起中毒的食物及时进行处理。

24-03　酒店空气传播性疾病应急预案

酒店空气传播性疾病应急预案

为了保障住店客人的安全，预防空气传播性疾病在公共场所的传播，保障公众健康，依据《中华人民共和国传染病防治法》《公共场所卫生管理条例》和《突发公共卫生事件应急条例》，特制定本预案。

一、预防空气传播性疾病领导小组

组　长：李××

组　员：吕××、孙××、刘××、林××

二、启动条件

当空气传播性疾病在本地区暴发流行时，酒店将在第一时间按照卫生行政部门的要求启动预防空气传播性疾病的应急预案。

三、实施办法

（1）及时关闭所涉及区域的集中空调通风系统，并按照疾病预防控制机构的要求，对公共场所及其集中空调通风系统进行消毒处理。

（2）对有疑似症状的员工进行集中隔离，并安排休息；有类似症状的客人出现立即隔离治疗。

（3）加强环境消毒，每天对全酒店的设施设备、地面、空气进行消毒。

（4）空调系统采用全新风方式运行，各房间每日开窗通风不少于两次，每次半小时，确保各房间独立通风。

（5）每周对过滤网、过滤器、净化器、风口、制冷器、加热（湿）器、冷凝水盘等进行清洗、消毒或者更换。空调系统的冷凝水和冷却水以及更换下来的部件在处置前应进行消毒处理。

24-04 酒店抢劫案件应急预案

酒店抢劫案件应急预案

一、突发事件应急处理小组

组长：总经理

副组长：副总经理、保安部经理

成员：客房部经理、办公室主任、财务部经理、工程部经理

发生突发事件，在处理小组成员到达之前，由总值班员负责处理。

二、应急措施

（1）当酒店发生抢劫案件时，如劫匪持有武器（指枪械），在场员工应避免与匪徒发生正面冲突，保持镇静，并观察匪徒的面貌、身形、衣着、发型及口音等特征。如劫匪未持有武器且有足够人手可以制服匪徒时，则等待适当机会将之擒获交与警方，但决不可草率从事，以免造成不必要的伤亡。如监控中心工作人员发现酒店内发生劫案，应立即告知部门经理或总值班员，并按指示向110报警。

（2）如劫匪乘车逃离现场，应记下其车牌号码、颜色、车款或牌子等，并记清人数。同时可以乘出租车或其他交通工具跟踪，并向110报告方位和地点，以便警方组织力量设卡拦截。在跟踪的过程中要注意隐蔽，以确保自身安全。

（3）保护好现场。劫匪遗留的凶器、作案工具等不要用手触摸。画出警戒范围，不要让无关人员进入现场。

（4）如现场在交通要道、公共场所等人多拥挤处无法将劫匪留下的证物留在原处的，应一一收拾起来用塑料袋装好，交给警方处理。

（5）访问目击群众，收集发生劫案的情况，提供给公安机关。同时，公安人员未勘查现场或未处理完毕之前，相关人员不得离开。

（6）在场人员不可向新闻媒体或无关人员透露任何消息，不准拍摄照片。

（7）如有伤者，要立即送往医院救治，并报告公安机关。

24-05　酒店绑架人质案件应急预案

酒店绑架人质案件应急预案

一、突发事件应急处理小组

组长：总经理

副组长：副总经理、保安部经理

成员：客房部经理、办公室主任、财务部经理、工程部经理

发生突发事件，在处理小组成员到达之前，由总值班员负责处理。

二、应急措施

（1）当酒店客房发生人质绑架案件时，楼层服务人员应立即向部门经理、总值班员和保安部报告。

（2）接报后应急处理小组可在事发楼层设立指挥部，并在第一时间报警。

（3）在警方到达之前应封锁消息，严禁向无关人员透露现场情况，以免引起客人惊慌和群众围观，导致劫匪铤而走险，危害人质安全。

（4）尽量满足劫匪的一些合理要求，如送水、送食物，以稳定劫匪的情绪。

（5）保安、工程人员在附近待命，以便配合公安人员的行动，并画出警戒范围。同时疏散劫匪所在房间附近的客人，以防劫匪带有爆炸危险物品。

（6）及时收集、准备好客房的入住登记、监控录像、工程图纸等资料，提供给警方。

24-06　酒店斗殴案件应急预案

酒店斗殴案件应急预案

一、突发事件应急处理小组

组长：总经理

副组长：副总经理、保安部经理

成员：客房部经理、办公室主任、财务部经理、工程部经理

发生突发事件，在处理小组成员到达之前，由总值班员负责处理。

二、应急措施

（1）当酒店内发生斗殴事件时，应立即制止劝阻及劝散围观人群。

（2）如双方不听制止，事态继续发展，场面难以控制时，应迅速报告公安机关及通知酒店相关部门人员。保安员应迅速到场戒备，防止损坏酒店物品。

（3）如酒店物品有损坏，则应将斗殴者截留，要求赔偿。如有伤者，则予以急救后交警方处理。现场须保持原状以便警方勘查，并协助警方辨认滋事者。

（4）如斗殴者乘车逃离，应记下车牌号码、颜色、车型及人数等特征。

（5）协助警方勘查打斗现场，收缴各种打架斗殴工具。

24-07　酒店台风应急预案

酒店台风应急预案

一、突发事件应急处理小组

组长：总经理

副组长：副总经理、保安部经理

成员：客房部经理、办公室主任、财务部经理、工程部经理

发生突发事件，在处理小组成员到达之前，由总值班员负责处理。

二、应急措施

（1）各工作岗位人员应坚守岗位，未经允许或接替决不可离岗。

（2）工程部应对天棚、墙外装饰、招牌等进行检查，必要时给予加固。应做好电力设备的保障工作，防止因台风引起线路故障或电击伤人事故。要确保下水道畅通，避免引致水浸。

（3）保安员要留意和指导车辆停放，避免被吹落物砸坏。同时要加强警戒，防止坏人趁机作案。

24-08　酒店发生爆炸物（恐吓电话）应急预案

酒店发生爆炸物（恐吓电话）应急预案

一、突发事件应急处理小组

组长：总经理

副组长：副总经理、保安部经理

成员：客房部经理、办公室主任、财务部经理、工程部经理

发生突发事件，在处理小组成员到达之前，由总值班员负责处理。

二、应急措施

（一）接炸弹恐吓电话

（1）任何人接到炸弹威胁电话，都应听清来电者的每一个字、噪声及其背景声音，以猜测来电者的位置。

（2）假装听不清电话，拖延来电者占线时间以尽量获得更多信息，并做详细记录。

（3）如来电者同意，可将电话转给总经理或总值班员，同时通知保安迅速采取行动。

（4）如果来电说完就挂断电话，则立即通知总值班员或相关人员，以便采取进一步行动和对策。如有录音设备，要及时对通话进行录音。

（二）接到电话后处理

（1）对电话内容绝对保密，并立即通知总经理、总值班员。

（2）总经理、总值班员接警后应及时向公安机关报告，并召集应急处理小组人员进行磋商。

（3）应急处理小组应对事件进行评估，并决定是否需要组织人员对炸弹进行搜索。

（4）通知警方，为了避免人群聚集及防止滋事者在公共场所散布不满和制造恐慌，须迅速派出便衣保安人员到公共场所戒备，同时派出穿制服的保安员进行外围警戒。

（5）警方到达现场并开展搜查时，保安部应通知相关部门经理，以配合警方行动。

（三）对炸弹搜索

原则上不允许员工参与对炸弹搜索的行动，但如果员工自愿并在确定风险系数后，可使用相关工具按有关程序进行搜索。

（1）应急处理小组或保安部经理负责指导正当的搜索行动。

（2）搜索者在未经确定前不得接触或弄乱任何有可能容纳爆炸装置的包裹、箱子或其他物体。

（3）如发现情况，应及时报告应急小组或保安部经理。保安部经理接报后须通知警方，并派出保安员对炸弹或可疑物体的区域进行隔离警戒。

（4）在警方到达现场对可疑物品进行检测和解爆时，应疏散附近无关人员并通知各相关部门经理，以配合警方工作和确保人员生命财产安全。

（四）事件处理中与有关部门的工作

（1）应急小组应密切关注事态的发展，谨慎回答客人的疑问。

（2）妥善处理客人对炸弹威胁的恐慌。

（3）配合公安机关进行有关调查，并与有关人员保持密切联系。

（4）如有客人要求与某位权威人士通话，话务员可将电话转给应急处理小组成员。

（5）酒店情况发生任何变化，话务员须将应急处理小组的指示及时通知各部门经理。

（6）保安部负责派出人员到危险区附近的入口进行警戒，严禁无关人员进入。

（7）防止滋事者在公共场所散布不满和制造恐慌。

（8）如警方到达后，警戒人员应指引他们从后方区域到达事发现场。保安人员须保持警惕直到紧急情况结束。

（9）如发生意外有人员受伤时，办公室负责组织人员抢救和疏散。

（10）如事件现场涉及电器和机械设备，工程部须配合警方工作。

24-09　酒店停水应急预案

酒店停水应急预案

一、组织机构

组长：

副组长：

成员：

二、日常工作由_____负责。

三、停水应急处理方案

（一）计划停水

（1）工程部向停水通知单位问明停水的原因、日期、时间和恢复时间，负责在恢复供水后通知相关部门。

（2）各部门主要是餐饮部和客房部根据停水时间和时间长短提前蓄水。

（3）公关部准备客信发至客房部，由客房部安排摆放至房间。

（4）客房部服务中心和大堂副理须按客信上的停水原因和时间长短做好对客的解释工作，同时前台接待负责对预抵的客人做好提示工作。

（5）对于住店客人如停水时间较长，可联系附近的洗浴中心解决客人的洗浴问题。

（6）供水恢复后记录停水前后的全过程及相关费用和损失备案。

（二）临时停水

（1）发现停水即通知工程部，由工程部负责对事故原因进行排查，并确定恢复供水的时间。

（2）检查酒店是否是全店停水，如部分停水，可在未停水楼层打水供客人使用。

（3）如是全店停水，立即通知前厅部前台接待、服务中心、大堂副理做好对客的解释工作。

（4）客房部楼层准备足量的矿泉水供客人洗漱。

（5）对于住店客人，可联系附近的洗浴中心解决客人的洗浴问题。

（6）组织员工在长住宿舍接水运至酒店供客人使用。

（7）供水恢复后记录停水前后的全过程及相关费用和损失及备案。

（8）工程部须排查隐患，避免此类事件再次发生。

24-10　停电应急预案

停电应急预案

一、组织机构

组长：

副组长：

成员：

二、停电应急处理方案

（一）正常停电

1. 万能工

（1）接到停电通知后，应及时将停电的范围、时间、电梯停运以及安全防范要求通知相关部门及人员，并在显要部位张贴停电通知，通知有关部门做好停电前的准备工作。

（2）提前进行电路、设施设备检查，在停电20分钟前关闭所有非照明用电电源，并做好记录。

2. 前厅

（1）根据实际情况将停电内容公示客人，提示客人做好停电准备。

（2）提前根据客人住店情况准备并打印好一定数额的发票，以备客人退房所需。

（3）提前20分钟将登记系统电脑内容进行保存，并进行扫描、登记系统关闭，改手工登记，以备公安机关查询。

（4）及时保存相关营业重要数据，通知各收银点做好停电准备。

3.房务中心

（1）如果是夜间停电，应为客人准备好应急灯。

（2）提前检查停电时所必需使用的物品，如：客用品、清洁用品、维修用品、对讲机、应急照明用品等是否准备齐全，保证客人正常使用。

（3）应在保障安全的前提下进行各项清洁和服务工作，并提前20分钟关闭所有非照明用电电源。

（4）如客人急需要照明设施，应婉言拒绝，并做好解释工作。防止客人房间出现明火。

（5）提前关闭监控系统、网络系统及所有非照明用电电源。

（6）对在楼层徘徊的人员要主动询问，防止坏人乘机破坏。

4.保安

安排保卫人员做好楼层巡视工作，并安排保安在一楼定岗。

（二）突发性停电

（1）万能工应进行检查，查找停电原因，积极排除故障，尽快恢复供电。

（2）前厅应向前来登记的客人做好解释工作，并帮助客人解决问题。

（3）保安和房务中心要注意做好楼层的巡视检查，采取准备临时照明如手电筒措施。

（4）保安要加强对酒店各出入口的警卫工作，加强对各区域的安全巡视。

（5）密切注意客人停放车辆安全。

三、电梯停电应急处理方案

（1）工程维修人员（保安）应到机房断掉所有电梯的总电源，防止电梯恢复后大电流冲击电箱。值班人员急赴现场查看，安抚乘客要保持镇静，通过电话与外界保持联系。营救人员要根据楼层灯指示或小心开启外门察看，在解救被困人员前，应先切断故障电梯电源。

（2）当楼层出现停电事故后，工程维修人员（保安）应手持应急照明设备第一时间到达并查看电梯位置。

（3）工程维修人员（保安）到达电梯所在楼层时首先确定电梯的准确位置，判断是否可以放人。当电梯离地面80厘米以上时不可以放人，需要盘车到平层位置后才可放人。

（4）当判断电梯位置无法放人时，应安慰乘客："请您耐心等待，您在轿厢内很安全。"

（5）当放出被困人员后，应引导客人走安全通道。

四、楼层停电应急处理方案

（1）工程值班人员（保安）接到或发现停电后，立刻到事故现场确定事故原因、事故造成停电面积、影响区域。

（2）如停电面积影响较小，要及时通知使用部门做好停电后的各项应急准备工作。

（3）如停电面积较大要及时上报部门、通知使用部门，夜间发生问题要及时通知值班经理，详细说明停电原因、影响面积、处理情况以及应急措施。

（4）立刻对事故现场进行处理。首先要确定故障点，断开故障点将故障范围降到最小，减少影响营业区面积。

（5）要尽量采取临时线路保障营业区用电和必要的设备用电供应。

（6）对事故处理情况要及时与使用部门沟通，说明事故处理进展情况，让使用部门做好各项应急准备工作。

（7）事故处理完毕要及时恢复用电并通知使用部门、夜值经理及相关岗位。

（8）供电正常后要对事故点进行监督跟踪，防止故障再次发生。

（9）事故处理完毕运行正常后，要对事故发生原因进行分析总结，找出发生故障的原因，从管理或使用角度对设备或线路进行相关改造，并整理文件备档。

五、事故停电应急处理方案

事故停电是指外供电线路发生事故造成停电，这种停电分大面积停电无法恢复和瞬间闪断两种。事故停电由于属于突发事件，所以情况一般都非常紧急，需要各部门协调工作。

（1）值班人员发现停电后要第一时间询问供电部门停电原因，及时通知值班经理及宾馆各相关值班岗位。

（2）查明原因后要立刻采取措施确定处理方案

① 严重事故停电无法立刻恢复，要立刻按停电计划预案处理，进行备用线路转换投送。

② 送电完毕要电话查询闪断故障原因，了解详细后在工作日志进行登记交接。

（3）如连续闪断超过两次要停止送电，进行备用线路转换，待供电部门查明原因，处理完毕后根据宾馆经营情况进行专用线路恢复。

六、其他停电措施

（1）各部门停电期间使用的任何照明设施必须保证安全，尽量不要使用明火，防止产生火灾隐患。

（2）停电时应做好记录；如遇突发性停电，应立即上报工程部进行线路和原因调查。各部门应立即对本部门设施设备及环境进行自查。各部门员工应根据工程部要求统一口径向客人做好解释工作。

（3）值班经理有权在停电期间根据实际情况对客人进行房价折扣、延长住店时间、免费退房、免费住房等相关处理。

（4）恢复供电时，工程部应立即检查自来水加压系统及热水、空调、电梯等系统是否正常工作。

（5）恢复供电时，工程部应立即检查主电源箱及各楼层电源箱是否工作正常。

同时根据实际情况和记录开启停电时关闭的应使用电源系统。

（6）恢复供电时，前厅应立即将电脑、扫描登记等系统开启，将灯光系统开启，并检查工作是否正常，根据情况进行关闭；将客人登记未传输部分进行传输；将停电公示牌收回。

（7）恢复供电时，房务中心应立即将灯光、监控等系统开启，检查工作是否正常，并根据情况进行关闭；检查工作环境有无异常。

（8）各部门发现异常情况必须第一时间通知主管领导、工程部。工程部应立即组织检查抢修，坚决杜绝任何安全隐患发生。

24-11 酒店地震应急预案

酒店地震应急预案

为确保在破坏性地震发生时，应急工作高效、有序地进行，最大限度地减轻地震给酒店造成的灾害，保障酒店财产和宾客员工的生命安全，根据《中华人民共和国防震减灾法》，结合酒店实际，特制定本预案：

一、地震应急处理领导小组

组长：李××

执行组长：万××

副组长：陈××

成员：吕××、孙××、刘××、林××

发生突发事件时在处理小组组长、执行组长或副组长、成员到达之前，由总值班员负责处理。

主要职责：负责组织协调、综合处理抗震救灾有关事宜；掌握震情和灾情，随时向上级汇报，向指挥部各工作组通报；筹集、调拨救灾经费和救灾物资；负责处理指挥部的日常事务。

二、各组任务与职责

（一）抢险救灾组

负责人：陈××

（1）迅速集结人员和器材，抢救被埋压人员。

（2）及时运送重伤员和调配救灾物资。

（3）震后第一时间迅速关闭、切断输电、燃气、供水系统（应急照明系统除外）和各种明火，防止震后滋生其他灾害。

（4）抢修供电、供水、供气等管线和设备，迅速恢复供电、供水、供气。

（5）保证通信联络设备的畅通，确保能够随时接收和发布信息。

（二）医疗救护组

负责人：吕××

（1）准备充足的药品、器械和设备。

（2）根据领导小组命令，立即进行现场救护。

（3）根据灾情情况，部署救护力量，妥善安置重伤员。

（三）治安保卫组

负责人：万××

（1）加强单位内治安巡逻、检查，采取有效措施确保酒店安全稳定。

（2）检查各部门的安全措施和消防器材的完好、可用情况。

（3）地震灾害发生后，做好重点要害部位的安全保卫工作。

（4）维护治安，严防各种破坏活动。

（5）督促有关部门采取有效的安全防范措施。

（6）疏导酒店交通。

（四）人员疏散组

负责人：刘××

临震应急疏散地点为酒店广场草坪区。

（1）餐饮部主要负责在酒店餐厅就餐宾客以及餐饮部员工的疏散。

（2）客房部主要负责在酒店入住客房的宾客以及客房部员工的疏散。

①要告知员工与宾客，地震时第一不能跳楼，第二不能拥挤。

②部门经理和主管应组织安排宾客与员工从安全通道下楼，要避免碰撞、拥挤、踩伤。绝对禁止使用电梯。

③部门经理和主管在负责指挥宾客和员工疏散过程中，不得擅离岗位。

④如楼层较高，建议宾客与员工在卫生间等小开间场所就地避险。

（五）物资供应组

负责人：罗××

（1）根据各部门提出的物资计划，负责采购、调拨急需的救灾物资。

（2）接受援助，统筹安排。

（3）为本单位地域的灾民提供食品、饮用水和必要的生活用品。

（4）运送人员、伤员和救灾物资。

（六）宣传组

负责人：马××

（1）宣传普及地震科学知识，增强员工与宾客防震避险、自防自救能力和地震应急应变能力。

（2）负责抗震救灾工作宣传报道，向公众发布震情和灾情信息，安定民心。

（3）收集灾情和救灾资料，编写震情通报；进行震害调查；负责地震伤亡和财产损失统计工作，评估灾情。

三、临震应急反应

接到政府及有关部门关于地震预报后，全酒店进入临震应急期。

（1）酒店地震应急处理领导小组立即召开紧急会议，研究部署应急措施，立即向各工作组传达临震处置意见，并按应急预案落实各项应急措施，准备消防器材。

（2）宣传组利用宣传工具，立即开展应急宣传，要特别注意防止和果断平息地震谣传、误传事件，确保酒店秩序稳定。

（3）各组负责人制定本组应急方案。

四、破坏性地震震后应急对策

（1）地震发生后，地震应急处理领导小组成员立即进入第一线，了解震情和灾情，迅速组织实施破坏性地震应急预案，及时将震情、灾情及其发展趋势等信息报告上级，必要时发出紧急支援的请求，启动抗震救灾指挥系统。

（2）各工作小组立即进入各自岗位，启动应急预案，完成各自任务。

（3）启动各类通信设备，确保通信昼夜畅通，地震应急处理领导小组及办公室，随时与各级人民政府及其有关部门保持密切联系。

（4）根据震情灾情安排慰问工作，妥善安置宾客，保障宾客和员工的基本生活和安全，并向受灾人员提供精神及心理方面的帮助。

（5）尽快恢复被破坏的建筑、设施和设备，做好服务经营的恢复工作。

（6）保卫部门要加强酒店的治安管理和安全保卫工作，协助辖区公安部门预防和打击各种违法犯罪活动。

五、奖励和处罚

（1）在破坏性地震应急活动中有下列事迹之一者，应予以奖励。

① 出色完成破坏性应急任务的。

② 保护酒店财产和抢救人员有功的。

③ 及时排除险情、防止灾害扩大成绩显著的。

④ 及时供应救援物资和工具成绩突出的。

⑤ 其他有特殊贡献的。

（2）在破坏性地震应急活动中有下列行为之一者，应予以处分或处罚。

① 不听从指挥，不服从命令，拒不承担应急任务的。

② 临震应急期或震后应急期擅离职守、临阵脱逃的。

③ 阻挠抗震救灾指挥部紧急调用物资、人员或占用场地的。

④ 贪污、挪用、盗窃地震应急工作经费或物资的。

⑤ 趁机哄抢国家、集体或者公民财产的。

⑥ 不按照规定和实际情况报告灾情的。

⑦ 散布谣言扰乱社会秩序，影响破坏性地震应急工作的。

⑧ 有危害应急救援工作的其他行为。

24-12　紧急疏散程序预案

紧急疏散程序预案

酒店在发生重大火灾、地震、爆炸或其他突发事件后，为保证客人和工作人员安全，酒店将进行紧急疏散。

一、组织机构

组长：

副组长：

成员：

二、应急处理方案

（一）紧急疏散中的注意事项和方法

（1）以宾客第一为疏散原则，酒店员工有为客人指引疏散通道、保护客人优先撤离的职责和义务。

（2）紧急疏散的唯一途径是：使用消防楼梯和安全门撤离酒店。

（3）在火灾发生的情况下，所有的电梯都降至首层自动锁闭（除消防电梯外），切记不要乘坐电梯疏散。

（4）一般情况下，疏散要使用最近的消防通道。

（5）从主楼疏散下来到首层，有直接通向楼外的安全门，到首层后应该迅速撤向楼外。

（6）高层疏散人员，在进入消防楼梯后，请往下行，沿着消防通道可以进入首层大厅。不要再沿楼梯走到地下室，地下一层的工作人员迅速赶到一层疏散，从通向楼外最近的安全通道门撤离酒店。

（7）如果走廊里充满浓烟雾，要注意寻找紧急出口的指示灯，朝灯标指示的方向走，千万不可走错方向。

（8）当通过烟雾逃生时，应弯腰前进或跪在地下爬行，因为火灾发生时烟气大多聚集在上部空间。

（9）疏散次序：火灾楼层、火灾层的上一层、火灾层的下一层。火灾层以上各层由下自上逐层疏散；火灾以下各层由上自下逐层疏散。

（10）所有客人疏散到楼外后需引领到酒店空地集合，酒店员工疏散到楼外后全部到酒店东弧形车道集合。特殊情况（严重火灾、地震）需引领客人和员工到商业区前集合，客人在东，员工在西面。

（11）所有客人和员工疏散后，在条件允许的情况下，由保安部负责酒店各出入口的安全工作。

（12）酒店办公室主任负责媒体的接待工作，所有对外发布的各种信息需经酒店总经办领导同意。在征得酒店总经办领导同意之前不允许媒体采访酒店客人和员工。

（13）酒店员工不得私自接受媒体的采访，不得向外界透露任何未经酒店确认并允许外传的信息。

（二）紧急疏散程序

应急小组下达疏散指令后，各部门立即组织疏散客人和员工，并随时将转移的情况向应急小组报告。

1. 保安部任务

（1）接到疏散（全部或某局部）指令后，由消控中心通过消防广播按中、英文疏散通知反复广播。

（2）消防通道口配备警力，做好疏散引导工作，维护秩序。

（3）保安人员加强对酒店出入口的警力，阻止无关人员进入酒店。

（4）保安人员对疏散集结地设置警戒线，保证人员和物品的安全。

（5）保安部经理与办公室配合，调出员工考勤记录到疏散地清点人数，调配员工参加救援工作。

（6）打开酒店一层的所有出口，并做好安全工作。

（7）巡逻保安人员到酒店入口处指引消防车进入酒店，并带领消防人员进入酒店消防中心。

（8）巡逻保安根据疏散指令，视情况关闭各楼层的消防卷帘门。

（9）保安部在疏散过程中和疏散后负责全酒店的安全保障工作，在未接到应急小组撤离指令前，必须坚守岗位。

2. 工程部任务

（1）配电室确保应急发电机的正常运行。

（2）水泵房保证消防水源正常供应。

（3）保障空调排烟、送风的畅通。

（4）视具体的疏散指令（全部或局部）关闭空调、停水、断电等。

（三）设备部机房疏散程序与路线

1. 工程部机房疏散程序

（1）接到应急小组指令后，方能切断总电源，关闭水源和热源的总阀门。

（2）总变电室、消防水泵房值班人员在未接到应急小组撤离指令前，必须有人坚守岗位。

（3）值班人员要确认员工全部撤离后，将门锁好并在门上画圈做好标记撤离。

2. 疏散路线

（1）所有人员迅速撤离房间，就近进入消防疏散通道，沿楼梯走到一层，通过安全出口撤出大楼。

（2）撤出人员应迅速到统一集合地点集结。

（3）工程部经理负责疏散期间各项工程保障工作，在未接到应急小组撤离指令前，必须坚守岗位。

（四）一层疏散程序与路线

1. 前厅部及营销部疏散程序

（1）前台礼宾员迅速到一层消防通道口内，负责指引高层疏散下来的客人撤离，防止客人进入地下一层。

（2）大堂门童负责老、弱、残等行动不便的客人撤离。

（3）前台值班人员迅速携带好现金撤离。

（4）前台接待领班负责打印两份当日住店客人名单，一份送应急小组，一份在客人集散地交给办公室主任核对客人。撤离时携带好保险箱使用登记卡和钥匙。

（5）网络、电脑人员携带备份硬盘撤离。

（6）厨房员工准备好轮椅、担架等物品供受伤客人使用。

（7）洗衣房人员到酒店大门处做疏散引导工作。

（8）前厅部主管负责保障酒店电话联络畅通，在未接到应急小组撤离指令前，必须坚守岗位。

（9）前厅部经理负责一层疏散指挥工作。在确认全楼客人和员工疏散完毕，报告应急小组后方能撤离。

（10）夜间或节假日疏散时，前台工作人员也必须保证全楼客人疏散工作结束，得到应急小组命令才能撤离。

（11）市场销售部男销售经理负责在大堂协助客人疏散工作，待客人全部疏散后到客人集结地负责安抚客人。

（12）营销部女销售经理迅速赶往客人疏散集合地，负责疏散到集合地客人的组织和安抚工作。

2. 疏散路线

（1）前厅工作人员指引客人就近通过酒店的大门撤离到东边空地集结。

（2）前厅部经理（夜间由值班经理）负责大堂客人及员工的疏散指挥工作。

（3）营销部总监全面负责集结地客人的组织及安抚工作。

（五）二层疏散程序与路线

1. 疏散程序

（1）早餐区、包房、宴会厅由厅面主管在楼梯口引导客人撤离。

（2）收银员带好现金撤离。

（3）厅面主管待客人撤离后，带领剩下员工做好标记撤离。

2. 疏散路线

（1）早餐区、包房客人和员工从东裙楼西边消防楼梯到一层通过各大门撤出大楼。

（2）宴会厅客人和员工从东裙楼宴会厅内消防楼梯到一层通过各大门撤出大楼。

（六）三层棋牌、健身室、宴会厅疏散程序与路线

1.疏散程序

（1）服务人员分出一半立即通知客人按安全路线撤离。

（2）服务人员分出一半立即到疏散通道口引导客人就近撤离。

2.疏散路线

楼层正中为分界点，以东客人从东边安全出口撤到一层撤离大楼；以西客人从西边安全出口撤到一层撤离大楼。

（七）四楼包房、宴会厅疏散程序与路线

1.疏散程序

（1）服务人员分出一半立即通知客人按安全路线撤离。

（2）服务人员分出一半立即到疏散通道口引导客人就近撤离。

2.疏散路线

楼层正中为分界点，以东客人从东边安全出口撤到一层撤离大楼；以西客人从西边安全出口撤到一层撤离大楼。

（八）五楼办公区疏散程序与路线

1.疏散程序

（1）办公区人员就近走疏散通道到一层撤离大楼。

（2）办公室职员携带各种文件、印章，确认领导和工作人员撤离后，关好门做好标记撤离。

（3）财务部员工携带好印章、现金、支票和保险箱钥匙等撤离。

（4）办公室人员负责通知公司领导撤离。

2.疏散路线

以总经办办公室为分界点，以东员工从东边安全出口撤到一层撤离大楼；以西员工从西边安全出口撤到一层撤离大楼。

（九）客房疏散程序与路线

1.疏散程序

（1）客房中心服务员在接到疏散指令后迅速通知需疏散楼层的服务员和主管，自己疏散时需携带好当日客房房态表，到达疏散地时交给办公室主任核对客人情况。

（2）需疏散楼层的服务员要根据客人入住房间号，迅速逐间呼叫客人引导撤离，并在已疏散房间门上做好标记。

（3）楼层主管到安全出口处负责疏导客人安全撤离。

（4）特别注意老、弱、病、残客人的疏散工作。

2.疏散路线

（1）服务员引导楼层内6～9层房间的客人进入东疏散通道到一层撤离大楼。

（2）服务员引导楼层内10～13层房间的客人进入西疏散通道到一层撤离大楼。

（3）引导所有客人和员工在酒店东边空地集合。
（4）管家部经理负责指挥楼层客人的疏散；视情况可向应急小组申请人员支援，帮助疏散。

24-13　春节、元宵节及其他节日庆典安全工作方案

春节、元宵节及其他节日庆典安全工作方案

为了保证春节、元宵节及其他节日庆典活动顺利进行，在活动期间将做好如下安全工作。

一、成立安全领导小组

沿用应急小组。

由应急小组负责对发生意外情况的组织指挥工作，具体工作由保安部经理负责。

二、任务分工

1. 安全员组：8人

由保安部班长负责，指挥参加活动人员的进出、车辆的疏导停放。

2. 治安警戒组：5人

由保安部经理负责，保护参加活动领导人的安全。维持各会场、大堂治安、门前秩序。安排两人负责突发事件的报警和现场保护。

3. 消防疏散引导组：2人

由工程部经理负责，在活动前对所有消防设施、消防通道应急等进行一次全面的安全检查，活动中成立火灾扑救小组，由3人组成，备勤，每个安全通道由一人负责把守，如发生火灾及时扑救和进行人员疏散。

加强监控室作用，发现问题及时上报，并向现场人员提供所有信息。

三、要求

克服麻痹思想，遇事沉着冷静，迅速采取措施，团结协作，确保活动的顺利进行。

第25章 酒店各项活动策划方案

25-01 酒店开业庆典策划方案

××酒店开业庆典策划方案

一、整体构思

（1）以剪彩揭幕典礼为主线，通过酒店剪彩揭幕、馈赠礼品来完成活动。

（2）通过活动传播开业酬宾的信息，引起当地居民与潜在消费者的注意。

（3）通过活动的间接影响，使更多的潜在消费者对酒店有一个基本的了解，进而吸引更多的消费者。

二、整体氛围布置

配合酒店剪彩揭幕的主题，以喜庆和庄重气氛为基调，用十个空飘气球悬挂空中作呼应，并悬挂出酒店开业酬宾的信息。酒店内以红、黄、蓝相间的气球链造型装点一新。主干道及酒店入口布置有标志的彩旗，酒店内墙布置展板，做到气氛庄重热烈。

1. 酒店的布置

（1）在主干道两侧插上路旗及指示牌。

（2）悬挂剪彩典礼暨酒店开业庆典横幅。

（3）充气拱形门1个。

（4）门口铺红色地毯，摆花篮和鲜花盆景。

（5）酒店内四壁挂满红、黄、蓝各色相间的气球。

（6）酒店门匾罩红绸布。

（7）酒店现场布置10个空飘气球悬挂空中，文字为"××酒店开业庆典顺利举行"。

2. 主会场区

（1）在主会场区的入口处设置一签到处，摆放一张铺红布的长桌，引导嘉宾签到和控制入场秩序。

（2）会场周围设置两组大音箱和有架话筒，便于主持和有关人员发言讲话。

（3）乐队和舞狮队位于主会场主持区一侧。

三、活动程序设置

作为一个庆典活动，欢庆的气氛应浓烈，我们计划用一部分欢庆活动来起到调动会场情绪的作用。由舞狮活动来制造喜庆气氛，也是为以后的项目打气助兴做准备。因为费用低、动静大、最容易制造气氛和场面，所以，以舞狮活动作为开业仪式上的一个组成部分最为合理。另外，由司仪主持庆典活动的全过程，控制庆典活动的节奏。

具体活动程序布置如下。

9:00　酒店迎宾（礼仪小姐引导嘉宾签名和派发优惠券）。

9:20　礼仪小姐请嘉宾、客人到主会场。

9:30　乐队奏曲和司仪亮相，宣布酒店开业典礼正式开始，并向嘉宾介绍庆典活动简况，逐一介绍到场领导及嘉宾。

9:50　酒店总经理致辞。

10:00　重要嘉宾讲话。

10:20　剪彩仪式。

10:42　舞狮表演。

11:00　燃放鞭炮、乐队乐曲再次响起。

11:10　邀请嘉宾前往酒店参观和稍作休息（这时有专人为手持报纸或宣传单页的宾客派发礼品）。

12:00　庆祝酒会开始（酒会以中式宴席形式，气氛融洽又高雅）。

四、活动配合

（1）活动总负责——总务组。负责活动总体进展，确定嘉宾名单。

人员配置：暂定1人。

（2）现场总协调——会场组。协调现场各工序间工作。

人员配置：暂定1人。

（3）道具准备——后勤组。负责购买活动所需材料及用品，活动结束后清理会场。

人员配置：暂定2人。

（4）对外联络——公关组。负责派送请柬，联系乐队、舞狮队、司仪、新闻媒体等。

人员配置：暂定4人。

（5）宾客接待——接待组。负责嘉宾签到处、发放资料、为嘉宾佩戴贵宾花、引导车辆停放，并在活动结束后负责送客。

人员配置：暂定4人。

五、费用预算

（项目列出来，具体费用略）。

（1）条幅9条。

（2）请柬。

（3）司仪。

（4）礼仪小姐。
（5）乐队。
（6）充气拱形门。
（7）指示牌。
（8）花篮。
（9）嘉宾胸花。
（10）鞭炮。
（11）酒会餐费。
（12）装饰品购置费。
（13）宣传单页制作费。
（14）空飘气球租赁费。
（15）舞狮队。
（16）音响、话筒租用费。
（17）签名用文具购置费。
（18）剪彩、揭幕用红绸购置费。
（19）礼品。

25-02　星级酒店开业庆典策划书

××星级酒店开业庆典策划书

一、活动主题

××星级酒店开业庆典仪式

二、活动时间

（略）。

三、活动地点

（略）。

四、活动目的及意义

（1）正式宣布××星级酒店开业，引起酒店同行、目标消费者以及媒体的关注。

（2）让××星级酒店的市场目标客人以及潜在用户进一步了解我们所提供的独特服务，创造出到店来体验的强烈欲望。

（3）进一步加强与××媒体的互动和交流，为在区域市场的销售和推广营造一个良好的舆论环境。

（4）借助开业机会，建立起与相关的政府部门和合作伙伴的良性关系，为后续的市场经营及推广做好铺垫。

（5）让人们对××星级酒店有一个初步的了解、认识。

（6）参与人员：地方领导、酒店领导、外界友人、相关媒体。

五、相关庆典布置

（1）在酒店大门两侧的马路边上插上带标志的彩旗。

（2）在酒店大门两侧放置18个升空气球，气球下悬挂条幅，内容待定。

（3）酒店大门上沿挂横幅，内容为"××星级酒店开业庆典"。

（4）酒店主楼的墙壁上悬挂祝贺单位的条幅。

（5）酒店门口两侧摆放祝贺单位的花篮。

（6）周边主干道上增加10条条幅做宣传。

（7）酒店大门上悬挂20～30个大红灯笼（增加喜气，烘托气氛）。

（8）酒店大门右侧搭建一个10米×3米的舞台（舞台布置以带有酒店logo和活动主题的彩板为背景板，舞台上设麦克风、演讲台、音响两套等）。

（9）酒店大门入口处设置气球拱门，拱门上设置横幅，内容为活动的主题内容。

（10）各主要路口放置6个升空气球，气球下悬挂条幅，内容待定。

（11）主宾区铺上红地毯。

（12）在主席台两侧放置户外远程音箱2对，用于现场扩音；主席台前侧两边各摆放16门礼花炮，主持人宣布剪彩仪式开始时燃放。

（13）在主会场区的入口处设置一个签到处，摆放一张铺红布的长木桌，签到桌上摆放签到用品，如签到牌、签到簿、签到笔、桌花等。旁边有身着喜庆旗袍的8名礼仪小姐，在活动现场引导来宾签到、佩戴贵宾胸花、典礼开始引导来宾入场、配合仪式。

（14）酒店通道必须有醒目的引导标识或大的广告牌位。

（15）总台、休息区的茶几上摆放鲜花。

六、庆典活动流程

××年××月××日上午8:00，酒店工作人员到达现场做准备工作，保安人员正式对现场进行安全保卫。

8:28　活动各项准备工作就绪，播放喜庆音乐。

8:38　礼仪小姐迎宾（佩戴贵宾花、请领导签名并引导相关领导和来宾至休息处）。

9:18　主持人介绍相关活动情况，邀请相关领导和来宾至主席台前就位。

9:28　主持人介绍领导及嘉宾。

9:38　鸣炮（电子礼炮、鞭炮）。

9:43　邀请××区域相关领导讲话（礼仪陪同、锣鼓配合）。

9:51　邀请××区域酒店业相关领导致辞。

9:55　邀请××星级酒店董事长或总经理表态发言（礼仪陪同、锣鼓配合）。

9:58　主持人邀请相关领导为××星级酒店剪彩（礼仪陪同、放礼花炮、喜庆音乐、升空彩烟）。

10:05　主持人邀请相关领导及嘉宾随礼仪小姐的引领进入酒店参观，庆祝酒会开始（气氛融洽又高雅），喜庆乐曲再次响起（礼仪小姐陪同，锣鼓配合）。

七、预期效果

（1）使××星级酒店开业的消息得到广泛的传播，吸引更多的目标消费群体来参加此次活动。

（2）加深××星级酒店在消费者心目中的印象。

（3）不管是从前期策划还是从后期执行上，都要力争做到开业庆典达到空前轰动的效果。

（4）增强内部员工对××星级酒店的信心。

（5）在同行业中做到后来者居上，成为行业内的一匹黑马。

八、活动预算经费

（略）。

25-03　星级酒店10周年庆典活动方案

××星级酒店10周年庆典活动方案

一、活动目的

"十年同庆，共赢××"，我们将以第十届××星级酒店庆典活动为契机，深入开展"追求细节完美，缔造十年经典"优质服务主题活动，展现××星级酒店人的魅力与风采，鼓舞广大员工以饱满的热情迎接酒店10周年盛典。

二、活动精神

（1）倡导每位员工时刻遵循××星级酒店"我们时刻准备着，为您服务好一切……"的服务承诺，并在工作中付出实际行动，为客人提供殷勤周到的服务，急客人之所急、想客人之所想、解客人之所难，处处体现对客人无微不至的关心，展现××星级酒店的服务品质。

（2）发扬××星级酒店人"团结、睿智、奋勇、拼搏"的工作作风，真诚相待，时刻展现诚挚、关爱和正直的个人品质，增强上道工序为下道工序服务、后台为前台服务的意识。部门间处理事情不推诿，能够做到换位思考，消灭"灰色地带"，提高部门间、岗位间、同事间的团队协作精神，树立主人翁的意识，发扬爱岗敬业的作风及奉献精神，共同创建良好的工作环境。

三、活动时间

（略）。

四、活动实施

主题活动分"宣传发动""学习提高"和"总结评比"三个阶段实施。为促使此次优质服务主题活动的顺利实施，在活动开展期间，人力资源部结合主题活动的相关工作策划了10周年庆典文化活动。通过一系列文化活动的开展来不断增强酒店员工的凝聚力。

1. 第一阶段：宣传发动阶段

（1）为使活动顺利、有序、深入地开展，本次活动将成立活动领导小组。活动领导小组主要负责整个活动的计划、组织、实施、检查，由总经理担任组长，副总经理为副组长，各部门经理为组员。

（2）由人力资源部牵头，落实开展"追求细节完美，缔造十年经典"优质服务主题活动相关服务理念的宣传，由人力资源部牵头组织开展"迎××，创优质"主题培训，各部门围绕提升服务品质，结合自己部门工作特点制订相关培训计划，重点抓行为礼仪规范培训，在工作场所内增设仪表镜，采用专栏、专刊宣传行为礼仪标准等内容，积极营造活动气氛。

（3）各部门按制订的部门培训计划有效落实各项培训工作，人力资源部将全力协助各部门培训工作的开展，同时要求各部门把《××星级酒店人服务承诺守则》作为员工工作准则，并在实际工作中严格履行。

2. 第二阶段：学习提高阶段

（1）"追求细节完美，缔造十年经典"优质服务主题活动要求各部门从细节入手，不断提升服务品质。人力资源部将根据各部门的培训工作的进展，制订出有效的检查督导计划，依据《员工手册》《××星级酒店人服务承诺守则》等，组织质检组对各部门的培训成效不定时地进行全面检查及督导。对存在的问题及时反馈，督促相关部门及时整改落实。

（2）在酒店10周年店庆来临之际，人力资源部召集各部门经理、新老员工、优秀员工代表组织开展"十年畅想曲"员工座谈会，共享与酒店共同成长的历程，要求各部门从不同的层面来共同回味酒店10年间的酸甜苦辣。

① 议程一：各部门经理发表"畅享十年，感动你我"专题演讲。

② 议程二：10年老员工、优秀员工代表畅谈10年间与酒店共成长的经历。

③ 议程三：新老员工共同畅想下一个10年，为酒店的发展献计献策，安排人员深入到各部门及宾客间用DV去搜集酒店各位同仁及宾客对我们10周年的关注与期待。

（3）为深入挖掘员工身上的闪光点，人力资源部将继续开展"感动宾客"的细节服务案例征集工作，要求各部门各班组积极落实，挖掘我们实际工作中的闪光点,重点挖掘酒店员工在服务和管理品质工作中的先进事迹,总结部门在品质管理工作中所取得的成效,提炼部门服务中的亮点。人力资源部根据细节服务案例上交情况,评选出最佳细节服务品质案例,并给予一定的奖励,同时将评选出的最佳细节服务案例推荐至酒店内刊上发表,并将征集的优秀案例汇编形成《××星级酒店十年经典细节服务案例锦集》作为今后的培训及宣传素材。

（4）为了把10周年店庆活动推向高潮,同时检验前期各部门各项培训工作的成效,人力资源部将牵头组织开展"××星级酒店十周年庆典形象大使评选活动",各部门结合细节服务案例的征集工作,推选部门"酒店形象大使"候选人及相关突出表现事迹,人力资源部将根据上报的材料,在前台区域设置宾客意见箱,并开通总经理信箱、网上服务论坛,广泛听取来自内、外部人员的意见和建议,对内对外做好"酒店形象大使"评选工作。组织开展"酒店形象大使服务礼仪表演赛",比赛将通过形象展示及服务仪态表演、服务礼仪情景应对等形式进行,比赛通过宾客票选的情况评选出"××星级酒店形象大使",形象大使将挂牌上岗,并将享受一定的津贴,同时代言酒店参加一系列的形象宣传活动。

3.第三阶段：总结评比阶段

通过"追求细节完美,缔造十年经典"优质服务主题活动,促进各部门服务品质得到不断提升。在优质服务主题活动期间,神秘客人将不定期暗访,活动领导小组及酒店绩效考核组将通过质检组、神秘客人暗访情况、平日宾客意见反馈情况等,综合各部门品质管理目标达成情况评选出品质管理优秀部门2个,分别授予"品质管理进步奖""品质管理杰出部门奖";结合酒店年终评优工作,综合评选出"××星级酒店十佳魅力之星",分别给予一定奖励。

25-04 公园环保志愿活动策划书

××公园环保志愿活动策划书

一、活动主题

优美公园,你我共创。

二、活动目的

××公园免费开放后,管理面临新的问题。为了构建清洁美丽的环境,让游客感受到公园的舒适与温馨,向游客宣传环保意识,提升公园的和谐文明与人文气质,同时更好地展示××酒店文明环保形象,拟定开展此次××公园环保志愿活动。

三、活动对象

××酒店员工60人,分两批参加。

四、活动时间

待定。

五、活动地点

××公园。

六、活动形式

以清扫垃圾、环保宣传、文明劝导为主。

七、前期工作

（1）实地考察，联系公园管理处，确定好活动的可行性和活动的地点。

（2）确定好人数，分好组。

（3）制作酒店大旗一面（含酒店名称、logo），每个区域制作海报1~2张（主题是环保，但要有酒店logo），游客多的地方制作横幅1条、展板2块、海报2张。

（4）准备好志愿者的小红帽、绶带（带酒店logo）。准备旗杆、手提喇叭、对讲机、员工饮用水、小食品等。

（5）组织志愿者进行节能、环保知识培训，让他们明白活动的目的和意义。

八、活动内容

（1）环保宣传（挂标志牌，口头宣传、宣读公园管理条例等）。

（2）清理公园小道上游客留下的垃圾。

（3）文明劝导。

九、活动流程

（1）活动开展前和公园负责人确定好活动开展的事项。

（2）所有志愿者在酒店门口集合，由负责人清点人数，负责签到。

（3）乘车到公园。到达公园大门由各组负责人再次清点人数，并且分发小红帽。选2~4名形象气质好的女性员工佩绶带；男员工扛大旗、展板；横幅由2~4名员工负责；1名员工负责拍照。

（4）在公园门口宣誓。

（5）由负责人带本组组员到指定区域张贴海报、悬挂横幅，向游客做环保知识的宣传，制止不文明行为。

（6）前往公园小道清理白色垃圾。

（7）清点志愿者人数，收回小红帽，并集体拍照纪念（大旗、横幅、背景板）。

（8）组织乘车回酒店。

十、注意事项

（1）请参与本次活动的志愿者和组织者来回的路上注意人身安全。

（2）请参加本次活动的人员务必准时到达集合地点。

（3）请服从统一安排，活动过程中不准嬉戏打闹，切实维护志愿者形象。如果中间有人有事离开，请告知本组组长。

（4）在活动过程中与结束后请配合留影，作为酒店的宣传资料。

（5）活动结束后要落实宣传工作，争取得到3～4家媒体的图片或文字报道。

十一、活动意义

通过这次志愿者活动，激起人们爱护公园的情怀，让我们的公园更加美丽。

如果我们能够实现"从身边做起，从小事做起""除了你的脚印什么也别留下，除了你的记忆什么也别带走""公园是我家，美化靠大家"等这些目标，公园将更和谐更美丽，吸引更多游客。同时，这样的活动也有利于提高酒店的知名度，有利于增强员工的团队合作意识和环保意识。

建议：和公园管理处协商捐几十个垃圾箱，带××酒店名称、标识，垃圾箱造型、色彩别具一格，以吸引眼球，实现经济、环保、实用的目的。

25-05　酒店行业无偿献血活动策划书

××酒店行业无偿献血活动策划书

一、活动主题

××市酒店行业青年员工义务献血活动。

二、指导思想

无偿献血是一件光荣、高尚的事情，通过开展无偿献血活动不仅能反映出酒店的社会责任感，也能反映出青年员工的良好精神面貌。因此，××市酒店行业协会决定广为宣传，大力推行无偿献血活动，以提高××市酒店行业全体青年员工的思想认识。开展无偿献血活动，既能增强青年员工的社会责任感，培养正确的人生观和价值观，也能展现出酒店青年员工的风采。

三、活动目的

（1）通过无偿献血活动的开展，增进××市酒店行业间的行业交流，发扬广大青年员工的团结友爱、无私奉献精神。

（2）无偿献血，拯救生命，增强××市酒店行业社会责任感。

（3）宣传无偿献血的知识，倡导广大青年员工关爱社会，增强道德修养。

四、活动议程

（1）主持人在《爱的奉献》背景音乐下宣布"××市酒店行业青年员工义务献血活动"开始。

（2）介绍出席活动的相关领导。

（3）宣读义务献血倡议书。

（4）义务献血青年员工代表发言。

（5）进行义务献血横幅签名活动，让广大献血青年在爱的横幅上写下自己的名字。
（6）现场义务献血活动开始。
（7）媒体对献血活动进行现场拍摄和报道。

五、活动时间
（略）。

六、活动地点
××广场。

七、领导小组
组长：陈××
组员：林××、万××、刘××、文××

八、活动负责人
主办单位：××市酒店行业协会
承办单位：××酒店
协办单位：＿＿＿＿＿＿＿＿＿＿＿＿＿＿＿

九、活动步骤
（一）前期准备
（1）制定活动策划书、经费申请、所需器材申请等。
（2）制作宣传板（主题宣传板、倡议书、献血常识等，内容待定），与血站联系、摆放关于献血的健康知识宣传板。
（3）制作无偿献血签名横幅（内容为：××市酒店行业青年员工无偿献血活动）。
（4）准备活动期间所需音响1套、条桌6张、签字笔2盒。
（5）联系各酒店献血活动负责人，确定到场人数及具体献血人数。

（二）献血宣传工作
（1）××年××月××日前在××市各酒店发放无偿献血倡议书。
（2）联系电视台、广播电台、××报、××网等媒体对此次献血活动进行全面宣传。

（三）现场义务献血
（1）活动当天各酒店青年员工必须在活动开始前半小时到达现场，由各酒店负责人负责整队入场，按事先划定的次序列队，等候活动开幕。
（2）活动过程中各酒店献血活动负责人负责现场秩序及献血名单的统计。
（3）各酒店安排专人负责整个活动的安全秩序。
（4）活动结束后，各酒店安排专人负责场地的卫生清理。

十、后期工作
（1）各酒店做好此次活动总结工作，从中发现不足，以便后续工作的开展，并向××团工委汇报，听取××团工委对此次活动的评价。

（2）认真听取采血负责人对组织这次活动的评价，便于下次献血活动开展。
（3）在广大青年员工中听取对此次活动的意见，总结汇报上级领导组织。
十一、活动注意事项
（1）各酒店青年员工必须体现团队精神，严格服从安排。
（2）献血期间各酒店负责人要以身作则，维持好活动现场秩序。
（3）在献血期间注意现场环境卫生的维护，活动结束后收拾场地。
（4）献血现场设立一个健康咨询点，为各位青年员工提供健康咨询。
十二、活动经费预算
（略）。

25-06 星级酒店管理人员及骨干员工拓展训练方案

××星级酒店管理人员及骨干员工拓展训练方案

一、举办时间
_____年___月___日至_____年___月___日。
二、举办地点
（略）。
三、参加人员
餐饮部领班以上管理人员及部分骨干员工。
四、观摩人员
酒店各部门经理及人力资源部成员。
五、组织人员
人力资源部成员。
六、流程
（1）宣布活动开始。
（2）分组并选出组长，想好队名及口号。
比赛顺序如下。
① 无敌风火轮。
② 珠行万里。
③ 勇往直前。
④ 七彩连环炮。
⑤ 链接加速。
⑥ 信任背摔。
⑦ 敢于说："我错了"。

每次的获胜方加一个"笑脸"。

（3）两组合并，组织各组组长进行信任背摔的活动（对方组来接），敢挑战的加一个"笑脸"，集体说"我错了"（10分钟）。

（4）分出胜负，请胜方组长选择奖励方式：100元现金还是所有人员一人一瓶可乐，并请失败方给胜利方每人一个熊抱（10分钟）。

（5）大家一起讨论今天的收获，每个人都发言，并请××、××、××、××分别发言（共40分钟），最后所有人员学习歌曲"团结就是力量"（10分钟），活动结束。

七、资金预算

（略）。

八、活动规则

（略）。

25-07 酒店员工春节联欢活动方案

××酒店员工春节联欢活动方案

为了提高酒店员工的归属感，增强酒店员工的凝聚力，鼓舞酒店员工的士气，丰富员工的业余生活，经酒店研究决定，于_____年___月___日举行员工春节联欢会，具体如下。

一、主题

放飞梦想，希望无限（活动前背景音乐为"超越梦想"）。

二、活动时间

_____年___月___日。

三、活动地点

（略）。

四、参与对象

××酒店全体人员。

五、活动主持人

人力资源部经理。

六、活动流程

1. 携手××酒店风雨同程（播放背景音乐"风雨无阻"）

本环节主要内容如下。

（1）展示酒店（可介绍酒店或酒店未来的发展方向）。

（2）新春寄语（员工入场时投入已经准备好的抽奖箱中，每个员工为自己、家人、朋友或酒店写下一句祝福，号码会提前发放到员工手中，以便于最后抽奖）。

（3）酒店领导致辞。

（4）大型歌舞节目一个。

（5）介绍酒店的员工情况（本年度酒店感动人物及优秀员工事迹，建议参照"感动中国"的颁奖程序，有颁奖词、颁奖嘉宾及影像资料）。

2. 感动时刻温情常在（背景音乐为"不能没有你"）

本环节主要内容如下。

（1）庆祝在近期过生日的员工。

（2）回顾酒店军训培训影像资料。

（3）节目两个。

3. 青春无限梦想飞扬（背景音乐"想唱就唱"）

本环节主要内容如下。

（1）节目三个。

（2）互动游戏。

4. 激情荡漾畅想明天（背景音乐"我相信"）

本环节主要内容如下。

（1）传递快乐心情（现场传动一支话筒，由主持人随意叫停，叫停时，话筒在谁手里，便由其说出对酒店想要说的话，并参加现场抽奖，现场堆放数个气球，里面有不同的奖品）。

（2）放飞希望（抽奖，由现场的观众抽取6名幸运者，一等奖1名，二等2名，三等奖3名）。

七、准备工作

（1）行政部。主要负责本次活动的规划、预算、组织，并协调各部门的工作。

（2）培训部。协助行政部完成本次活动，对活动整体策划、节目选定、化妆、服装等相关活动的费用进行报账工作。

（3）工程部。活动当天14:00前完成音响灯光调试，准备2支无线麦克风、2支有线麦克风、2个麦克风支架，负责活动现场背景音乐和员工节目的音乐播放。

（4）餐饮部。负责在活动当天14:00前完成场地布置工作（绿色植物、彩带等）。

（5）采购部。负责××月××日前将奖品、气球、食品购回，并采购一头活猪。

（6）市场销售部。负责协调拍照、准备新闻稿、拍摄国际宴会厅的背景写真并负责外围的宣传工作。

八、奖品设置

一等奖1名。

二等奖2名。

三等奖3名。

现场参与奖100名。

九、费用预算

奖品：_____元（含10元气球）。

饮料及水果：_____元（由采购部找供应商赞助）。

生日蛋糕_____元。

用餐：预计_____桌，每桌按成本价_____元准备。

以上各项费用合计：_____元。

十、其他

各部门因工作需要不能参与本次活动的员工预计有50～80人，酒店将给予××元/人的过节补贴。